学路回望

——北京大学外国语言文学学科史访谈录

北京大学外国语学院学科史项目组　采访
　　　　　　　　　王东亮　主编

图书在版编目(CIP)数据

学路回望——北京大学外国语言文学学科史访谈录/王东亮主编.—北京:北京大学出版社,2008.4

ISBN 978-7-301-13600-3

Ⅰ.学… Ⅱ.王… Ⅲ.北京大学－语言教学－教育史－文集 Ⅳ.G649.281-53 H09-53

中国版本图书馆 CIP 数据核字(2008)第 046344 号

书　　　名:学路回望——北京大学外国语言文学学科史访谈录
著作责任者:王东亮　主编
责 任 编 辑:初艳红
标 准 书 号:ISBN 978-7-301-13600-3/G·2328
出 版 发 行:北京大学出版社
地　　　址:北京市海淀区成府路 205 号　100871
网　　　址:http://www.pup.cn 电子信箱:zpup@pup.pku.edu.cn
电　　　话:邮购部 62752015　发行部 62750672　编辑部 62765014
　　　　　 出版部 62754962
印 　刷 　者:北京宏伟双华印刷有限公司
经 　销 　者:新华书店
　　　　　　650 毫米×980 毫米　16 开本　13.75 印张　232 千字
　　　　　　2008 年 4 月第 1 版　2008 年 4 月第 1 次印刷
定　　　价:32.00 元

未经许可,不得以任何方式复制或抄袭本书之部分或全部内容。
版权所有,侵权必究
举报电话:(010)62752024　电子信箱:fd@pup.pku.edu.cn

目　录

世事多变幻，人生更斑斓
　　——北京大学俄语系龚人放教授访谈 ……………………（1）

以歌德和贝多芬的精神不懈奋斗
　　——北京大学德语系严宝瑜教授访谈 ……………………（7）

生也有涯　学也无涯
　　——北京大学法语系刘自强教授访谈 ……………………（15）

谁道人生无再少？我心如故系千岛
　　——北京大学东语系印度尼西亚语专业梁立基教授访谈………（33）

延续半个世纪的学术情缘
　　——北京大学东语系朝鲜语专业韦旭升教授访谈 ………（42）

桃李无语，下自成蹊
　　——北京大学文科资深教授刘安武先生访谈 ……………（52）

教书育人四十载　译坛耕耘五十年
　　——北京大学法语系桂裕芳教授访谈 ……………………（61）

"我已把语言的种子播撒到大地上"
　　——北京大学东语系张鸿年教授访谈 ……………………（72）

春风化雨，润物无声
　　——北京大学日语系潘金生教授访谈 ……………………（81）

刻苦钻研、持之以恒、开拓进取
　　——北京大学阿拉伯语系陈嘉厚教授访谈 ………………（86）

我的社会语言学情结
　　——北京大学英语系祝畹瑾教授访谈 ……………………（96）

杏坛春风五十年，桃李欣欣中俄间
　　——北京大学俄语系李明滨教授访谈 ……………………（105）

从基础课教学到俄语语法研究
　　——北京大学俄语系吴贻翼教授访谈 ……………………（115）

治学以宽博，育人以宽容，处事以宽心
　　——北京大学德语系范大灿教授访谈 ……………………（122）

"师"歌中的韵律
　　——北京大学英语系王式仁教授访谈 …………………（131）
丹心热血沃新花
　　——北京大学东语系叶奕良教授访谈 …………………（140）
从基础课教学到福克纳研究
　　——北京大学英语系陶洁教授访谈 ………………………（148）
我与阿拉伯语是"金婚"
　　——北京大学阿拉伯语系仲跻昆教授访谈 ……………（163）
忆念恩师倍觉亲，桃李满园芬芳沁
　　——北京大学英语系王逢鑫教授访谈 …………………（174）
朴实学风、浪漫情怀
　　——北京大学西班牙语系赵振江教授访谈 ……………（193）
言传身教，师道传承
　　——北京大学英语系刘意青教授访谈 …………………（206）
后记 ……………………………………………………………（215）

世事多变幻，人生更斑斓

——北京大学俄语系龚人放教授访谈

龚人放教授学术小传　龚人放，又名任放，男，1915年6月生，吉林双阳人。1946年转入高校从事教学工作，历任西北大学讲师，清华大学讲师。1950年起，先后任北京师范大学副教授，北京大学教授、学术委员会委员。1949年至1951年，曾在北京人民广播电台主持"俄语广播讲座"。1952年代表高等学校院系调整北京大学筹备委员会参加院校调整核心组工作。1978年至1980年任高校统考招生俄语命题组组长，北京市公共俄语教学研究会顾问，中国作家协会会员。长期从事俄语教学与翻译工作，出版的专著有《俄语语法》等，译有苏联剧本多部。离休后主编《俄汉文学翻译词典》，获北京大学科研成果著作一等奖、新闻出版署辞书类二等奖，著有《乐观人生》。夕阳火红无限好，年逾九旬不觉老。目前仍在做些力所能及的文字工作。

采访人（问）：龚先生您好，首先感谢您能接受这次访谈。我们今天来是想请您谈一谈您从事俄语工作以后的教学和科研方面的一些情况，您是什么时候、在哪儿开始学的俄语？

龚人放先生（答）：我是1932年考上哈尔滨工业大学预科的，在那儿学的俄语，那是一所中苏合办的大学，校园里几乎全是俄国人，只有一个国文教师是中国人。我在那儿学了三年俄语，但是东北不是被日本占领了吗，在那呆不下去了，我就来到了北平。到北平以后，我想考北平的大学。虽然我在小学和中学读了五年英语，但若用英语考大学当然是远远不够的。可是我有一定的俄语基础，所以我决心报考东北大学俄文边政系，继续学俄语，准备收复东北后，回去做外事工作。1936年，我考上了东北大学。当时曹老也在东北大学任教，主要讲授俄苏文学课程。9月1日开学那天，学生们坐在教室里等着老师来上课。门开了，一位老师走进教室，并向大家招手示意。大家一看，这个老师个子不高，身穿蓝布大褂，青布便鞋。这哪像是教授啊！我的印象里教授都是西服革履，手里拎着大皮包的。哪有这样朴素的大学教授啊！一位学生说："喂，你走错门了呀。"但是此人并不理会，他径直走上讲台，拿起粉笔在黑板上写了"曹靖华"三个字。啊，这不就是《铁流》的译者、知名的翻译家嘛。学生们对曹靖华老师的敬仰之心油然而生。我还记得曹老第一次上课的情景，他讲的是《海燕之歌》(《Песня о буревестнике》)。他讲课很细：海燕是暴风雨的使者，勇敢的海燕在大海上飞来飞去，呼唤暴风雨来得更猛烈些吧！与之相对比的是代表其他各阶级的一些鸟，暴风雨来了，它们吓得直哆嗦。他说只有海燕十分勇敢。曹靖华老师当时讲的都是俄苏的进步文学，如契诃夫的《变色龙》(《Хамелеон》)、柯罗连科的《星火》(《Огонёк》)、高尔基的《母亲》(《Мать》)等等。因此，我们对俄苏文学更喜爱了，对俄国、苏联社会了解更深了。

1936年10月19日鲁迅先生逝世，曹靖华老师听到这个消息后，不敢相信这是事实。他说："不信不信，这是敌人造谣，鲁迅不会死的。"当曹老得知鲁迅真的逝世之后，非常难过。第二天曹老来上课，他的面色阴沉，呆呆地站在讲台上，一句话也不说，搞得学生们不知所措。沉默良久，他给我们介绍了鲁迅的生平事迹……当时教室里的气氛庄严肃穆，如同在为鲁迅先生开追悼会。曹老在当时白色恐怖下竟敢做别人不敢做的事，令人敬佩不已。

别看曹老样子古板，讲起课来却很生动，善于启发学生的思考，这无疑能够引起学生听课的兴趣。一次曹老讲的文章中有这样一句话：

Молоко бежит.曹老问,这句话应该怎么翻译?一位嘴快的学生不假思索地说:"牛奶跑了。"老师问:"往哪儿跑?"这一问可把学生难住了,这时另一位学生想了想说:"牛奶潽了。"曹老说:"这就对了。"我记得还有一次他讲到一句"На дворе снег идёт",意思是"外面下雪了",他问学生该怎么翻译,学生翻译成"雪走了",这明显讲不通啊,后来他说应该是"下雪了"。我一查乌沙科夫大词典,идти 这个词有 37 种用法之多。这个例子提醒我们在翻译时一定要注意词的"多义性"。

问:请您谈谈来北大以后在教学、科研和翻译方面做了哪些工作?

答:我是 1950 年来北大的。我来北大之后,一边搞教学,一边搞科研,还兼搞翻译,三者并行不悖、相得益彰。教学方面,当时我教一、二年级的实践语法和三年级理论语法。另外,我还讲授果戈理专题研究,同时研究《钦差大臣》的语言风格,我到现在还留着这么厚厚的一个本子。果戈理语言的最大特点就是充满讽刺,讽刺官僚。

我在 50 年代曾出版一部《俄语语法》,在俄语系里用作教材,上册由中华书局出版,下册由时代出版社出版。时代出版社,社址在上海,名字是《Эпоха》,那是以苏联人名义办的。我还曾编过广播俄语教材,从 1949 年开始北京市中苏文化协会组织一个广播俄语讲座,我在那儿讲课,一边讲课一边就编了一本教材,叫《广播俄语讲座教材》,我还留有影印样本,回头给你们看看。

问:龚先生,您可以讲讲俄语系成立的前前后后吗?

答:抗战胜利后,北京大学曾欲聘请曹靖华先生筹建俄语系。然而局势突然发生变化,蒋介石发动内战,中国前景未卜,于是俄语系成立事宜就搁浅了。直到 1951 年俄语系才在城里沙滩成立了,曹靖华任俄语系第一任系主任,俄语系成立之前只是北大西语系的一个组。当时俄语系办公室设在红楼二楼一间小屋里。俄语系成立之初,教师缺乏,只有俄语大家刘泽荣(不久后调到外交部工作)、李莎(李立三夫人)、刘华兰(刘泽荣女儿)、何瑾(母亲是俄罗斯人)。另外我们还请了几个俄国人,有一个叫舍甫琴柯,俄语水平很高,人性格很好。还有一个叫苏别斯,是个俄侨,俄语水平最好。俄语系 1950 年有学生 30 人,1951 年又招来 30 人,俄语系红红火火,逐渐热闹起来。

问:院系调整后俄语系的课程由谁来上?

答:1952 年院系调整后,学校为俄语系请来几位苏联专家,他(她)们讲授俄国文学史、苏联文学史、历史语法、语音学、修辞学、理论语法等等。俄语系当时的课程之多,犹如"满汉全席"。苏联专家讲课时,由讲师展凡当翻译,但是教了一年多以后,学生反映苏联专家课讲得太快,听不懂,也记不下来,讲课内容也太繁琐。后来改由张秋华担任翻译,方式改为专家念讲义,念一句,她翻译一句,但学生反映还是太繁琐。一次教研室召开座谈会,曹老说:"我们这里不是莫斯科大学语文系,我们是北京大学俄文系。两者不可同日而语。俄语是苏联人的母语,他们学俄语没有语言障碍,我们是刚开始学习俄语的外国人,俄语对我们来说是外语,因此我们有语言障碍。所以我们不能一味照搬苏联的教学模式,而要结合我们中国学生的实际情况。讲得太细并无大益。"后来的教学就有了一个大的转变,按中国的方式教了。

问:您翻译了不少剧本,您可以讲讲都有哪些剧本么?都是什么主题?

答:当时我有一套《苏联作家戏剧集》,共十二卷,五十多个戏剧,我从中选译了五个剧本。1.《云雀在歌唱》(新文艺出版社出版),这个剧本曾在湖南人民话剧团演出,当时这个戏剧的演出对我国发展农业很有借鉴意义。2.《最后笑的人》(新文艺出版社出版)。这个剧本讲的是一个考古研究所里的一个伪科学家,在研究方面弄虚作假,他捡来一块牛骨头,硬说是猛犸的肋骨化石。这"肋骨化石"引起了研究所里其他工作人员的猜疑,他们在共产党的领导下,经过调查研究,揭开了这位伪君子的假面具。原来他是个阶级敌人,在所里搞破坏活动。3.《嫁妆》(新文艺出版社出版)。这个剧本讲的是"星火"集体农庄的生产队长马克西姆和"黎明"集体农庄的奥丽佳想要结婚,而双方的农庄主席都希望对方能够到自己的农庄来,最后决定看秋收时哪个农庄收获的粮食多双方就到哪个农庄来。秋后两家农庄都获得了空前大丰收,奥丽佳为了帮助"星火"明年获得更好的收成,终于嫁到了马克西姆所在的农庄。4.《深入勘探》。这个剧本讲的是在一次勘探工作中,钻井里抽不出油来,工程师不承认自己有错,但是调查结果证明,是油井钻歪了,于是工程师不得不承认错误。5.《绿街》。《绿街》是一个反官僚主义的喜剧,它以铁路运营为题材,讲的是铁路员工批驳领导思想上的"限度论",铁路全线开绿灯,形成一条绿街,铁路运输畅行无阻。这个戏剧曾由哈尔滨铁路文艺工作团在铁道部上演,后来又巡回演出,演了一百多场。

问:您主编了一部《俄汉文学翻译词典》。您可以讲讲这部词典的构思、编写与出版的始末吗?

答:改革开放后,多年的精神枷锁得到解脱,我又开始了翻译创作。但是在翻译过程中,我时常感受到翻译之苦,于是就想编写一部有助于文学翻译的词典。我写了一份"俄汉文学翻译词典编写纲要"并请曹老过目,曹老对我的这一构想极为赞赏。早在抗战时期曹老就谈过:翻译家为什么对某一词语和句子这样而不是那样翻译?翻译的真实性和灵活性表现在什么地方?翻译艺术表现在哪里?这些问题做翻译的人都要随时记下来,供同行交流经验并留给后人作参考。我的这一设想正好和曹老不谋而合。曹老高兴之余,提起笔来为《俄汉文学翻译词典》题写了书名,这无疑是对我的莫大鼓励和鞭策。随后我向商务印书馆的编审潘安荣同志提出了我的设想,他当即表态:"这样的词典在我国、在俄罗斯都还没有,我们需要这样的词典,就是赔钱也要出。"北京大学社会科学处的吴同瑞同志把《俄汉文学翻译词典》立为学校重点科研项目。这部词典可以说是对数十年来我国老中青几代文学翻译家的经验总结。它涉及184位俄语作家的368部作品,477部汉译本。参加本词典编选工作的人独具慧眼,对照阅读了原著及其汉译本,并从中选出了译者闪光的语汇和富有创造性的翻译成果。他们字斟句酌,手抄笔录,做了难以计数的卡片,又一再筛选,精益求精,最后保留了10034个词条的17000个例句。这17000个译例,堪称佳译汇编。《俄汉文学翻译词典》不同于一般的双语词典,它既不是词汇大全,也不着重描述条目词的释义、用法和修辞标注,而是把句子或词语里的重点词语作为词条立目。所收词汇具有翻译特色,把难于用汉语表达的词语作为翻译的难点。《俄汉文学翻译词典》还有一个独到之处,它体现在编选者为保留不同时代译者的文体风格和语言特点(包括人名、地名的译法),选收了一些有两种以上译文的例句,借此开拓读者的思路,创造更好的译文。本词典的编选工作历时15年,15位选材人员付出了艰辛的劳动。《俄汉文学翻译词典》问世后,荣获北京大学科研成果一等奖、新闻出版总署辞书类二等奖。

问:龚先生,除了本职工作之外,您还做过哪些社会工作?

答:1952年我曾参加"京津高等学校院系调整北京大学筹备委员会核心组",组长是清华大学的周培源。核心组在教育部副部长钱俊瑞的领导下对清华大学、北京师范大学、燕京大学、辅仁大学和北京大学五所院校进行调整。核心组成员每人发给了一个"工作人员证",我凭此证到各校征求关于调整的意见。经过讨论、反复研究,最后决定清华的文理科归属北大,清华成了工科学校。其他院校有些系科也调入北大,燕京大学和辅仁大学撤消了。其实,当时一概废除欧美式的教学制度,推行苏联模式,并非上策。改革开放之后,北大、清华逐渐形成了具有中国特色的综合性的新型大学。去年五四校庆那天我坐着轮椅到校园里转了转,简直是旧貌换新颜。北大、清华两校比翼齐飞，攀登科学高峰！

问：您参加过高考命题工作，请您谈谈命题的情况，好吗？

答：提起命题，这要从头谈起。1950年，高等学校开始招生，教育部指定北京大学俄语系为俄语命题，系里让我担任这一工作。我出题之后拿给曹老过目，曹老提了几条意见，我修改以后，亲自送到印刷厂去排印。我坐在休息室里等候，教育部派来的干部把题目拿走，送到车间监督排印、打样，然后交给我，我逐字逐句仔细校对，连标点符号也不放过。三校之后打出清样，我再逐字逐句检查一遍。校对无误，我加封签字，再由那位干部带回教育部。教育部印好各科试卷，由教育部派人送往各地考试点。十年动乱之后，为落实邓小平同志指示，1977年高校恢复招生考试制度，北大经过教育部批准开始招收新生。1978年，教育部通知北京大学："聘请龚人放同志参加1978年全国高等学校统一招生考试工作"。北京外国语学院邓蜀平、南京大学余绍裔、武汉大学徐毅、哈尔滨二十二中许振奇也接到了通知，我任组长。我们来到青岛第二天，总领队教育部副部长高沂召开动员大会，他语重心长地说："今天我们在这里安安静静地开会，我很高兴，国家把高考命题工作交给我们，我们必须全力以赴，做好这项工作。据我了解，在座的有些同志在'文化大革命'中受到冲击，挨打受辱，被关进'牛棚'。现在又来考学生，不免心有余悸，顾虑重重。这是很自然的事，不过我相信，历史不会重演，'拨乱反正'以后，国家急需培养大量建设人才。你们要按照高校的正常要求，大胆出题。如果出什么问题，完全由我负责。"大家听了高沂的讲话等于吃了一颗定心丸，我们只用十天功夫就把题目出好了。考外语那天，各组组长都坐在电话机旁，等着各地考场打来电话：提问或是质疑。直到俄语考完，我也没有接到电话，心中一块石头落了地。我连续三年（1978—1980）参加了高考俄语命题工作。

采访整理：王辛夷　吴允兵

以歌德和贝多芬的精神不懈奋斗*

——北京大学德语系严宝瑜教授访谈

严宝瑜教授学术小传 北京大学教授,著名德国文学研究专家。1923年出生于江苏江阴。1937年赴四川求学,就读于国立二中。1944年夏考入西南联合大学外文系主修英语语言文学,后从师杨业治教授学习德语。1948年开始在清华大学任教,1952年调入北京大学西方语言文学系德语专业从事德语语言文学的教学和研究工作。1954至1958年公派到德意志民主共和国进修,师从著名学者汉斯·迈耶尔。从1986年起为北京大学全校学生讲授古典音乐选修课,深受学生欢迎。1989年至1990年担任德国拜罗伊特大学客座教授。发表翻译的德语文学作品和研究德语文学及古典音乐的论文

严宝瑜教授(左)与中央音乐学院方堃教授合影

* 原载《国外文学》2007年第2期(总第106期)。

多篇。1988年获民主德国"格林兄弟奖金",奖励他在德国文学研究上的突出成绩和为两国文化交流做出的特殊贡献。

采访人(问):首先,非常感谢您今天接受我们学科史项目组的采访。您现在是北京大学外国语学院德语系资历最老的教授,我们首先想请您讲一讲您当年学习德语的情况。

严宝瑜教授(答):我上中学的时候抗日战争就爆发了,我的几个朋友和我不想在日本人统治下读书,于是就经香港到了重庆。在那里,我中学毕业后在音乐学院,就是后来的中央音乐学院学了两年音乐,后来我就去了西南联合大学,在那里我真正开始学德语是在1945年,当时我上大学二年级,老师是杨业治先生,杨先生是哈佛大学的高才生。当时在西南联合大学只有外国语言文学系,并没有德语系。上世纪20年代,北京大学曾经有专门的德语系,冯至先生就是在那里就读的。我的专业本来是英语语言文学,就是说,我系统地学习了英语文学,而德语是我的副科。我们当时的学习非常认真、努力,因为怀着浓厚的兴趣。拿英语学习来说,狄更斯的小说,老师让我们读一本,我读了四本,哈代的小说,我也念了五六本。

当时,在大学二年级时,每个人都会选择一门第二外语,很多人都选择了法语。我是那一届外文系里唯一一个选择德语作为第二外语的学生。一方面因为我对音乐感兴趣,另一方面是因为我在此前学音乐的时候就自学了一点德语,比如A,B,C,D...,der,die,das,所以我想我可以"偷点懒"。(笑)当时第二外语的课程持续三年,用的是一本用英文编写的课本,每星期四到六节课。本来我应从1945年学到1948年,但是在1948年时,把德语作为第二外语学第三年的人只剩下了我一个,而校方当时规定,一门课必须有至少三个人选才能开设。于是杨先生就和我达成了一个约定:他让我继续自学,他帮我制订学习计划。其实,我本来是想学第三外语——意大利语的,因为我对意大利的歌剧特别感兴趣,而且杨先生的意大利语也非常好,他一共懂七国语言,精通两种语言。或者,我想选学拉丁文,但是,这些都没有学成,因为杨先生到国外做研究去了,当时西南联合大学规定,一个教授教学满四年,就可以到国外访学一年。就这样,我自学了一年德语。杨先生回来后,他让我做一篇毕业论文,并且帮我选择了一个德语文学的题目。那时把我吓了一跳。但杨先生说,这个题目是和音乐有关的,关于德国晚期浪漫派作家和诗人Edward Mörike(爱德华·默里克)的中篇小说 *Mozart auf der Reise nach Prag*

《莫扎特赴布拉格途中》),讲的是莫扎特去布拉格排演歌剧《唐璜》途中发生的故事。由于默里克是位诗人,所以小说写得非常富于美感。我当时欣然接受了杨先生的建议,因为一来我喜欢音乐,二来我学习德语已经学出了一点味道;我觉得我当时学得还是非常用功的,所以在那两年中,我阅读了很多德国文学的作品,比如施托姆(Storm)的《茵梦湖》(Immensee),歌德的《少年维特的烦恼》等等。我那篇论文得到了84分,当时毕业论文得到80分以上是很了不起的,这篇论文现在还收藏在清华大学图书馆里。

问:那么您毕业后就开始了您的教学生涯,是这样吗?

答:是的,当时杨先生和我商量,他说学德语的人可谓"凤毛麟角",所以他希望我留下来协助他从事德语教学。于是,从1948年起,我开始在清华大学给杨业治先生作助教。当时作助教就像个学徒(Lehrling)一样,不是你刚留校就可以马上上课。现在好像研究生都可以上课,这一点我是绝对反对的,至少一个研究生要上课的话,必须有教师来指导。几个研究生在一起集体备课,共同讨论课堂上可能出现的情况。我做学徒的时间还是比较长的,每天跟着杨先生一起去上课,杨先生在上面讲课,我坐在第一排,帮着他擦黑板,收作业,改作业。同时听他上课,那些课本来我都听过,已经耳熟能详。后来有一次,杨先生生了病,他便让我给他代课,我当时真的不敢去,战战兢兢地问他能否另外找人。他便鼓励我。后来我就慢慢地进入了教学状态。1952年全国院系调整,我便和杨先生一起到了北京大学西方语言文学系。算起来我一共在清华教了四年书。

问:下面请您谈谈您所理解的外语学习和外语教学。

答:外语学习是一件特殊的事情,它不是看你知道(wissen)了多少,而是一个你能够(können)做什么的问题。学德语并不是看你知道了德语有多少条语法规则,像背公式一样把它们背下来。相反,语言是活生生的,所以我看到校外一些关于外语教学法的广告,我觉得那是无稽之谈。

我在西方语言文学系当过系副主任,那是因为我到国外喝过一点洋水(笑),那时系主任是冯至先生,我主要协助他工作,负责的就是教学工作,这件事我管了十几年。我经常组织教学经验交流,听课,检查教学质量。现在我觉得,虽然目前在外国语学院里各个专业都独立成系了,还是应该加强互相的教学经验交流。在外语教学法上,我们尝试过很多方法。外语的方法论(Methodik)是一门学问(Wissenschaft),可以说,学外语和教外语本身就是一个方法问题。这一点我深有体会,因为我教了那么多年的外语。那时我看过很多国外关于教学法的书籍,比如关于巴甫洛夫的条件反射理论,巴甫洛夫不仅研究了动物的条件反射,而且还探讨了人类的高级神经活动,提出了第二信号系统的概念,首次说明语词对人类的条件刺激作用,每个人的母语对他来说是一种条件反射,外语学习就是要使对外语的反应变成一种类似母语的条件反射。

现在,我敢说德语我还是很有把握的,英语呢,比德语差一点,现在有很多跟我学音乐的学生要出国留学,请我给他们用英语写推荐信。我自己很害怕,怕自己写的推荐信拿出去会贻笑大方,所以我写好之后会请英语专业的老师给我把关。可他们看了之后对我说,我写的推荐信在语言上没有问题。(笑)可是,外语就好像一个无底洞,千变万化,学无止境。语言讲究各种各样的风格和层次,就像我们虽然是中国人,但你敢说你的中文就过关了吗?另一方面,外语水平又绝不能单纯以词汇量、以掌握多少语法规则作为衡量标准。

所以,我觉得,我们应该搞清楚外语到底是一个什么东西,特别是教外语的老师应当知道这一点。继而,教学又有一个方法问题。世界上有各种方法,有的方法是商业性的,有的方法却有它的道理。所以当个外语老师不容易。我的一个经验就是:通过文学作品去教好语言,通过文学学语言。现在的教科书里都是一些关于日常生活的内容,那些内容只服务于某个特定的目的。拿德语来说,有那么多的语言大师,远的,歌德、海涅自不必说;近的,公认的20世纪的德国语言大师有三个——布莱希特(Brecht)、托马斯·曼(Thomas Mann)和卡夫卡(Kafka)。一个学德语的人如果把他们的语言吃透了,他也就走上了一条正确的道路。很多人说我的这种观点脱离实际,说一个学生到外面去求职,会有谁顾及什么托马斯·曼,顾及什么卡夫卡呢?但我还是坚持自己的主张。比如,我曾经给德语专业五年级的学生上翻译课,开始我觉得上这门课有困难,当时英语系的翻译课是朱光潜先生上的,于是我又一次去做学徒,听朱先生的课。朱先生实在是了不起,能够把很多东西总结到一个新的高度上。我的很多方法都是跟朱先生学的,我让学生翻译了很多作品,既有文学的,也有哲学的,内容都比较难。有一次,我让学生翻译马丁·路德(Martin Luther)的东西。马丁·路德的家族也是爱好音乐的,他把天主教解放了出来,在马丁·路德的倡导下,教会歌曲改变了数世纪以来只许唱诗班唱歌,不许会众唱歌的惯例,恢复了会众同唱赞美诗的制度,经过改革的新教赞美诗称为众赞歌(Chorale)。众所周知,马丁·路德把《圣经·旧约》从希伯来语译成德语,把《圣经·新约》从希腊语译成德语。到现在为止,德语的《圣经》还保留着马丁·路德的译本,这是欧洲和世界文化史上的一个重要事件。他在翻译中有一套理论,他把这些理论都写在了他的公开信(Sendbriefe)里,他主张学习老百姓的语言,凭借老百姓的语言翻译《圣经》。比如他说:"Man mus die mutter ihm hause, die kinder auff der gassen, den gemeinen man auf dem marckt drumb fragen..."(为此必须请教家里的母亲、小巷里的孩子们、集市上的普通人……)他写这些公开信的语言叫 Neuhochdeutsch(近代高地德语),现代学德语的人看这些信会感到困难,因为很多单词的拼写和现在不一样。我就曾经在翻译课上拿出一封马丁·路德的公开信来让学生翻译,学生看了之后直叫唤,因为很多单词都不认识,很多单词都已经过时了,于是在西方语言文学系里便流传着这样的"笑话"——严宝瑜拿 16 世纪的东西让学生翻译。(笑)但我却觉得,这里恰恰需要学生动脑筋去钻研,因为这封信无论在内容上还是在语言上都是十分有趣的。

问: 现在请您讲讲您在德国莱比锡大学留学的经历。

答: 那段经历现在回想起来觉得很有意思。那是 1954 年,我国和当时的德意志民主共和国签署了这样一个协定——双方互派一名编辑到对方的一家出版社去实习。可是,找来找去,在出版系统里找不到一名懂德语的编辑。于是,当时胡乔木同志就委托马寅初校长从我们西方语言文学系里找一名青年教师。我记得当时马校长把冯至先生和我叫到校长办公室和我们说起这件事,我本人本来倒没什么意见,听从组织上的安排,但冯先生却不太乐意,因为他希望我留在身边协助他工作,但最终他还是拗不过马校长,于是,我就动身前往民主德国。

刚到那里的时候,我觉得好像要了我的命一样,因为我虽然学了那么多年的德语,但在听说方面还是很差的,我把这叫"聋哑病"。(笑)在北大开始教书的时候,我开始主要负责教语法,口语由我们当时的两位外籍教师——赵琳克悌和谭玛丽讲。因此,这次一个人到民主德国感到很害怕。民主德国方面为我的到来做了精心的准备,给我找来了一名英语翻译。但是,我刚到那里就发生了一件大事——因为我是作为出版社实习生去的,他们通知我去参加社会主义国家出版系统的一次会议。到了会上我才发现,与会者大部分都是那些国家的高级干部,比如有苏联的文化部副部长等等,所以,我非常害怕,就给当时我国驻民主德国大使馆打电话,说我不能参加这个会,可是大使馆的人却不停地鼓励我。更让我为难的是,会议要求每个国家的与会者都要代表该国家发言,我想,我,北京大学的一个小小的助教怎么能代表中华人民共和国发言呢?但是赶鸭子上架,只好勉为其难。那时我就想,我至少是在西南联合大学读过德语文学作品的,读过歌德,那时歌德的《少年维特的烦恼》、《浮士德》都已经译成了中文,而且当时民主德国的著名作家安娜·西格斯(Anna Seghes)的著名作品《第七个十字架》(Das siebte Kreuz)也已经译成了汉语,于是我便从中德文化交流的角度写了一篇发言稿,而且是用英语写的,我请那个翻译把这个发言稿译成德语。大会上,一些国家的官员们都长篇大论地发言,而且是说一段,翻译一段,听得下面的听众很不耐烦;轮到我发言时,我的身份就被介绍为"北京大学助教"(笑),但我是唯一一个用德语发言的,我虽然口语不行,但让我照本宣科还是没问题的,我对自己的发音也有信心,而且,我的发言中提到了中国和德国的文化交流,所以发言时间虽然不长,下面听众的反响非常好,会后有很多人围住我向我致意。

后来,我向民主德国方面提出,最好能安排我到大学去学习,来治一治我的"聋哑病",于是他们安排我到莱比锡大学听课,我的老师是德国著名的学者汉斯·迈耶尔(Hans Meyer)教授,那时,我国已经开始向民主德国选派留学生,当然也有我们北京大学西方语言文学系德语专业的学生,我虽然是西语系的老师,但由于我的"聋哑病",我也和他们一起听课、学习。迈耶尔教授对我们这些中国学生非常好,我记得很清楚,一次下课后,他主动走到我跟前,在场的很多德国学生都感到很吃惊,想不到一位教授会格外关照一个外国人,迈耶尔先生问我:"Kommen Sie mit?"如果光是听这句话,它实际上有两个意思,一个是问句,也是迈耶尔先生的本意,他想问我是不是听懂了。可我却把这句话理解成了一句命令式的句子"Kommen Sie mit!",就是说让我跟着他走,于是我就跟在他身后一直走到了他的办公室。(笑)那时中国留学生在国外,想家是很正常的,一到周末,大家就聚在一起包饺子,可我觉得,如果总是中国人聚在一起,那么对于提高我们的听说能力就没有什么好处,所以,我就建议大家,不要每个周末都聚在一起包饺子,而应该主动地参与一些德国学生的活动,多和他们进行交流,以便通过这种方式提高自己的德语水平。

问:我们都知道,您从西方语言文学系退休后就到北京大学艺术教研室为全校学生讲授古典音乐公共选修课,您能讲一讲这方面的情况吗?

答:这门课是从1986年开始上的,主要是讲授西方,尤其是德国的古典音乐,比如巴赫(Bach)、勃拉姆斯(Brahms)、贝多芬(Beethoven)、舒伯特(Schubert)那些大音乐家,当然还有法国、英国、意大利的音乐家。我记得第一次上课时十分轰动,当时使用的是北大那时候最好的教室——电教报告厅,即使是这样,来听课的学生实在太多了,最后把窗户和门都弄坏了,于是就有管理人员来找我,说这门课要是这样就没法上了,但我还是坚持要来上这门课。这样,从1986年开始,除了中间我有两年去德国作访问学者之外,我一直都在坚持上这门课,直到2004年,算起来一共上了16年。之所以有那么多的学生选修我的课程,有人曾经问我有什么诀窍,我想,第一是因为很多同学对西方古典音乐感兴趣。第二是因为我的教学方法,其实我的方法很简单:我虽然上的是音乐课,但我没有把这门课单纯当作一门音乐课来上,我是把它当成一门音乐文化课来讲的。就是说,比如我讲贝多芬,我不是单纯讲贝多芬的音乐,而是把他的音乐作为一个核心,由此扩展出去,讲那时的时代背景、哲学思潮、文学和音乐发展的趋势等等,当然不能离题太远,基本以音乐为基础,但这样一来,视野就比较开阔。很多学生兴趣非常广泛,对很多问题就要刨根问底,于是我经常被学生们包围起来。我希望学生们能体会到,音乐艺术是一个特殊的东西,它与一个时代的文化背景密切相关,这就是我当时的思路。自然,首先要真正懂得音乐。我和学生们讲,德国的古典音乐其根源在于德国的古典哲学,这和古典文学的根源是相同的。和那些专门学习音乐的人相比,我觉得他们的一个问题是他们的视野太窄了,这样有时就会只知其然而不知其所以然,所以我想我的课还是比较有趣的,因为我下过功夫研究德国文学。我今天之所以讲这个,是因为我认为我们在大学里学习应当视野开阔,应当重视人文修养,现在党中央都在提倡"以人为本",我们的大学生现在缺乏的就是人文修养,总是看重实用的一面,那种实用主义是无法欣赏一个事物的美的。

我曾经在西方语言文学系给研究生讲过18世纪德国文学,从启蒙运动、从莱辛(Lessing)开始,一直到歌德,那是德国古典文学最光辉灿烂的时期。可是现在,很多年轻人都喜欢追求新奇的东西,比如看德国最新的小说,研究德国最新的理论等等。要不要这样做,当然要,但是不能放弃核心,放弃德国文化最光辉灿烂的内容,启蒙运动、歌德和席勒,应当把他们学通,把根基打牢,然后再扩展就容易了。假如离开歌德和席勒研究德国文学那是无稽之谈。就像我们中国一样,掌握了《诗经》《楚辞》、唐诗宋词元曲等等再去看别的东西,这样才扎实,而不要搞那些"漂浮"的东西,那些表面化(oberflächlich)的东西,而应当深刻。

问:还有两个小问题,您觉得您在对德国语言和文学的教学和研究中最大的成就是什么?

答:我没有什么成就,没有出版过很多专著,我只写过很多关于德国文学的文章,翻译过一些东西;在教学上,我最大的成就就是教过很多学生,从1948年开始教本科生,到后来教研究生,我指导过10篇硕士研究生论文。我对翻译非常感兴趣,翻译过来的东西应当忠实原著,不能自己添油加醋,而且翻译过来的东西应当也是一件艺术品,应当使读者感受到原著的氛围,要在中文里反映出德语中特有的东西。我觉得这不是一件易事。冯至先生曾经说过,我们搞外国文学的人不能骗人,因为你面对的是不懂外语的读者,你翻译的不对就是骗人。搞外国文学的人很容易搞"假冒伪劣",所以宁可搞的东西少一点,也不要去追时髦,不要追求那些虚荣(Eitelkeit),那些东西只是昙花一现,没有多少生命力。

问:有什么事情使您感到遗憾呢?

答:如果我的身体允许,我还可以教音乐课。本来和文学相比,我还是更喜欢音乐。假如有来世的话,我希望我是研究音乐的,尤其是研究德国音乐,这样我还得学德语。

但无论研究什么,都要扎扎实实,我觉得我们都应该向歌德和贝多芬学习。歌德在《浮士德》里写得很清楚,浮士德临死前眼睛已经瞎了,还在憧憬着美好的未来,事实上他从来都没有感到过满足。贝多芬在写《第九交响曲》时耳朵也已经失聪,但他仍然坚持把这部作品写完。我想,无论是学习、教学还是研究,我们都应该以这种不知满足的精神不断地努力,都应该以这样坚忍不拔的意志不懈奋斗。

采访人:马 剑、梁晶晶
访谈整理:马 剑

生也有涯　学也无涯

——北京大学法语系刘自强教授访谈

刘自强教授学术小传　1924年出生于云南昆明，1943年同时考入西南联大和金陵女大，1947年毕业于清华大学外文系，获学士学位。1949年毕业于美国罗彻斯特大学教育系，获硕士学位。1951—1955年入法国巴黎大学法文系，攻读法国文学。1956年回国在北京大学西语系法语专业任教，历任讲师、副教授、教授。1992年在北大退休。主要研究方向为法国象征派诗歌、现当代文学，主要译著：《梦想的诗学》、《从文本到行动——保尔·利科传》等。

采访人(问)：刘老师您好，首先感谢您抽出时间，在身体不特别好的情况下接受采访。咱们从您在西南联大开始学法语谈起吧。请您先谈谈当时是怎么考进西南联大，怎么进的外文系，以及当时西南联大的一些情况。

刘自强教授(答)：抗日战争时期，西南联大在昆明，它由北大、清华及天津的南开大学联合组成。因为是三个学校组成，所以师资力量很强，有很多大师级的教授，因此西南联大当时在昆明很出名。当时的中学老师里就有很多西南联大的助教，甚至还有一位数学系的教授。那时我们上中学的目标，就是要在以后考上西南联大。当时考大学不像现在这么紧张，我们可以同时报考几个学校。但我在考了西南联大以后，就不考了，没等发榜，就跑到成都去了(我母亲是四川人，在成都念过书)。昆明是个小城，家里认识的朋友很多，一考大学大家都关心，问孩子考上了没有。考不上会很难为情，所以我跑掉了。到成都以后，成都的高考已结束，但还有一次补考的机会，就利用这个机会考上了金陵女大。考上金陵女大以后，我跟家里说我不回去了。因为年轻人嘛，从来没出过远门，在外面觉得很新鲜，所以就在成都上学了。在成都念了半年，我妈妈跑去叫我回家，说："你考上西南联大了，为什么不回去？我已向学校申请保留你的学籍。"我说算了吧，就让我念完这一年。那是1943年。从1944年起，就回到西南联大了。因为我在成都念了一年，西南联大承认那些学分，所以不用再念一年级，拿我从前一年级的分数请各个系的老师签字认可就行了。所以基本上是从二年级上起的。

问：那您当时考进的是外文系吗？

答：嗯，那时是叫外文系。为什么要选择外文系呢？因为那时候大家都觉得女孩子就适合学文科。虽然我的数学还不错，考试数学分数也比较高，可是就觉得自己不是学理工的料。那么学文科呢，好像学外文挺新鲜的。因为中学就学英语。我记得我们中学的时候还背林肯的"Gettysburg Adress"(《葛底斯堡演说辞》)，并且拿它难倒过一位英语老师。

西南联大英语系当时名教授挺多的，吴宓、潘家洵……不过这些老师，我去的时候都没碰上。吴宓碰上了一点儿，他应该教英国文学史，后来有别的任务，他把他的课让李赋宁先生教了。我碰上的是老温德先生(Mister Robert Winter)。不过当时法语也很重要，是必修的，而且要学三年。当时有四个法语老师：吴达元、陈定民、林文铮和闻家驷。闻一多也在昆明，在中文系。闻一多比闻家驷出名，他是比较具有战斗性的，而闻家驷则比较文气，文质彬彬。

我进联大后，有同学介绍说四位老师都从一年级教起，那么选哪一位呢？大家都推荐吴达元先生，因为他最严肃认真。所以选了吴先生。这个吴先生，差不多每一堂课，每个人的名字都点到，叫你一个一个地回答问题。回答不出来要受批评的，而且批评得还不留情面，所以大家都有点害怕他。每次都有个小的测验，背动词变位等等，测验卷子他第二天一定改完拿来。看着吴先生穿得整整齐齐拿着卷子，一丝不苟地很严肃地进来，然后坐那儿一个一个提问，大家都有点紧张。

我另外印象很深的就是金岳霖老师，他的逻辑学也是不好学，我们学起来很难。不过他人很滑稽，上课时在课堂上走来走去。有一次穿了一件美式风衣来上课。那时西南联大的老师和学生都穿得很朴素，都是一件蓝布大褂或别的布大褂。有的人据说只有一件大褂，到晚上洗一洗，第二天再穿。看见金岳霖先生穿了一件美式风衣来，大家都知道是哪儿来的。Robert Winter 先生刚从美国休假回来，带来一些新"装备"，他常穿这件风衣。这衣服金岳霖先生穿着很新奇。但这事让我们觉得这两位老师友谊很深，可以"共产"了。

另外一个印象很深的是 Winter 先生。他不像中国老师坐那儿或是站那儿讲课，而是用表情及姿势来讲一课书。比如他给我们讲 English Poetry，是依照诗的内容边讲边表演。我记得那时候他最喜欢讲的就是诗里面的节奏问题。英诗里多用抑扬格，一轻一重一轻一重，他给我们一再强调，诗没节奏就不成其为诗歌，诗是配了音乐的舞蹈。比如莎士比亚的 sonnet 十四行诗，他讲得有声有色，所以印象很深。他让我们作诗，每个人都写十四行诗。有一次，我得了九十分，所以高兴极了，我后来对诗歌感兴趣，可能是受他启发。

我们当时学法语的一本教材，叫 *Fraser and Square*，是美国人编的。里面很多解释都是英语的。别的班没用这个教材，闻先生用的好像是燕京大学教授邵可侣编的。四位老师都从一年级教起，随便你选哪一个。一年级学基本课，二年级就读一些短文，各式各样的法语短文。三年级涉及一些作家。如吴先生给我们讲莫里哀的戏剧，*L'Avare*（《悭吝人》）。

当时，Winter 先生还开一门课叫"欧洲作家"（European Writers），他不仅讲英语作家，还讲蒙田、莫里哀、薄伽丘、但丁……所以我们那个时候的课程，面比较广。法语的基础训练不像我们现在那么着重。但吴先生对语法是很重视的，不过是结合阅读，结合文学作品，所以文学面接触很广。我感觉现在的学生知识面比较窄，在强调语言基础的同时容易疏忽了这个"面"。我觉得既要强调基础，同时也要注意广度。

当时我们除了外语课，还有别的课，比如《世界史》、《英国文学史》、《中国史》。我觉得我们那时候缺一点中文的课程。学文学的，中文很重要，不管以后做什么工作，翻译也好，搞文学研究也好。但我们当时对外国的文化信息知道的不多，学《世界史》知道一些，但还是很少。现在的学生出国比较容易,也可以从网络上了解一个国家的各种信息,这倒是比我们那个时候好很多。那时候打仗,对外交流根本不可能,所以全靠课程了。这就是当时西南联大的情况。我在西南联大上了二、三年级,1946年回北京后,就到清华了。当时你可以选南开,也可以选北大。我们很多人选了清华,因为清华在城外嘛。

周珏良先生当时在清华给我们讲浪漫派诗人。这时比在西南联大时正规,有教室了,可是我们还是从前那种比较散漫的习惯,喜欢在教室乱议论。有一天上课,来了一位西装革履的人,我们一开始根本没有注意他,后来才知道是周珏良老师。同学都习惯看老师穿蓝布大褂,突然看见老师穿西装,想这是教货币银行学的吧,不像教浪漫派诗人的。于是大家背后都叫他"货币银行"。

问: 我们还想问一下,西南联大是抗战期间南迁到昆明的,当时那里的条件和整体气氛怎么样?

答: 当时联大大部分学生住城西北,靠近昆明城墙。那时晚上到二更还有人放炮报时,据说有位同学找了放炮报时这个差事。除了一两间教室在城里外,其他教室在城外,上课、学习就从城里面出城,穿过环城马路,到环城马路的北面,有一大片地方,那是划给西南联大的。盖了许多房子,有的是洋铁皮,下雨时声音挺响。有一个大的图书馆可以去看书,还有一些小教室,有茅草顶的,窗子上没有玻璃,透风,不过不冷。教室里是长条板凳,上课时大家从四面八方过来。虽然是战乱时期,学习气氛还是不错。有好多同学,汪曾祺、杨振宁等,还有老师,都泡茶馆。就是在茶馆里看书、讨论或写东西。这个环城马路也有汽车,开始车不多,滇缅公路通了之后车就多了。当时在西南联大的校门外有各式各样摆摊的,小吃,卖鸡蛋饼的、卖豆浆油条的,还有云南的一种烹调叫汽锅鸡。那时气氛比较自由,可老师学生都比较认真。而且大家好像也没觉得特别苦,还是挺愉快的。我因为家在那边,所以心里比较安定。有的同学生活就比较紧张,学没上完就走了。我上大学的时候基本上不跑警报了,不像三几年,上中学的时候日本飞机轰炸得特别厉害,所以学校都搬到山上去了。1940年过后,美国的飞虎队来了,就把日本人给卡住了,日本飞机轰炸就不像以前那么厉害了。

问: 您说起飞虎队,西南联大是不是有些毕业生去给他们当翻译?去当兵去了?

答: 飞虎队最初只是陈纳德带领的自愿来打击日军的飞行员。珍珠港事件后,美国参战,把史迪威将军派到远东战场,他成为了中国、缅甸和印度军队的总司令,大批的美军物资和人员也运到远东参战。那时急切需要翻译,就把大学三四年级的学生征调去了。我爱人那时候刚上二年级,学机械。政府并未征调一二年级的同学,但是他同冯宗璞的哥哥,冯钟辽,一直是一对搭档,两个人都要去。他父亲劝他,说好不容易有个读书的机会,你们要报国以后再去。他非要去,结果就去了。那时候学生的热情同现在完全不一样。因为国难当头啊,所以大家都是命都不要了,我能够帮助一点就帮助一点。当然,也有人重视学业,这是个人的志向。

问:说起西南联大,得提提您公公梅贻琦。他当时是西南联大的校长是吧?

答:西南联大是三个学校合并的,所以校领导也是三个:蒋梦麟、张伯苓还有梅贻琦三位校长,但是蒋、张两位经常在重庆。张伯苓先生是梅先生在南开上学时的老师。蒋梦麟大概比梅先生年纪大一点。蒋先生当时在政府里有职务,他原先在北京作过教育部长,后来在国民党政府里面也有职务。所以三个人当中主要是梅先生主持校务。还有一个原因是因为清华最有钱,清华不是有一笔基金吗?所以让他主持校务,可以用那个基金应付好多事。而南开和北大就比较穷。三个学校协调得还比较好,虽然有些时候会有些不同意见,不过没闹大矛盾,挺不容易的。在办学的同时,每个学校还有自己的研究院,北大研究院、清华研究院、南开研究院,都是分开的。所以这几个学校还是挺了不起的。科研没放弃。

梅先生主持西南联大的日常工作期间,干了不少事,包括找校址、盖校舍等等。但他一边要应付国民党,国民党当时在重庆,他常常得去那儿汇报,一边还要与当地政府(云南省政府)应酬,当时的云南主席龙云,同蒋介石之间有不少矛盾。西南联大因为不在重庆所以受国民党控制要弱一些。同时因为云南不听蒋介石的话,学术也比较自由。

问:西南联大当时培养了很多后来很有成就的学生,像您刚才提到的杨振宁、汪曾祺等都在那儿学习过。那么法语界当时和您一起的,除了吴达元他们这些老师之外,还有哪些人呢?

答:好像没有。法语啊,那时候不是一个专业,是从属于英语的,是英语学生的必修课,当然也有人研究法国文学,比如李赋宁先生,他就跟吴达元写了个硕士论文,《莫里哀喜剧中的悲剧因素》。所以吴先生老拿李先生来给我们作榜样,说他法语学得很好。我们当然不如李先生了。李先生给我们上过课,是替吴宓先生的英国文学史。

后来西南联大解散,回到北京,我们都进了清华,闻先生到了北大,吴先生到清华了。根据原来属于哪个学校就回到哪儿去的原则。林文铮好像是广东人,到中山大学或什么学校去了。陈定民不是中法就是老北大的。我没上过他的课,不很清楚。我上过闻先生的课。西南联大大致就是这样的情况,那个气氛恐怕是前无古人后无来者:自由,又很用心地读书,后来成就还不小。当时教师对学生的影响很重要,师生关系比较近。也可以随便听课,我记得上 Winter 先生的英诗时,杨振宁等也跑来听课,因为他的确是讲得有声有色。

问:我们还有一个私人问题,不知道合不合适问。您是那时候认识您先生梅祖彦的吗?

答:哦,是的。我上中学的时候就同他的三姐梅祖杉同校,南菁学校。祖彦没上南菁,他跟父母在城里住,上的是天南中学。他的三姐比我高一班,可是因为那时候跑警报我们住庙里,女生都在一起,所以挺近的。后来到我上西南联大的时候,我母亲在昆明……她是个职业妇女,经常在妇女界活动,认识了梅校长的夫人。说到这儿,我就卖弄一下我家的老底了。我父亲本来是龙云底下的一个得力干将,参加过护国讨袁运动。云南政局经过了一段时期的混乱,在局势稳定之后,他可以升迁的时候,却不干了,那时候他才三十刚过一点。扔下乌纱帽就走。走了干什么呢?他就盘下一个房子,三层并带院子的,开了一个茶馆,起了个名字叫"大华交谊社",就是说他要结交一些良师益友。做了一阵后,他觉得这也不是他的目的。于是带着我母亲,还有我,那时候我还很小,大概三四岁吧,回到他的家乡。他的家乡靠近云南四川边境,叫盐津县,在云南省迤东、昭通以下,跑到那儿去做什么呢?因为他原来是农民,祖父等都是农民,所以他跑到那儿就去种桑养蚕,还种茶叶。躬耕于田地里头,只想作个隐士。但后来不知什么原因,我父亲被当时的县长叫万景增给谋杀了。因为那个县长还要抓我们,于是我们也逃走了。当时好多我们本乡本土的乡坤,对这个事很不理解,怎么不明不白就把人打死了。这个县长很奇怪,因为他是我父亲的一个熟人,是我父亲提拔他才把他弄到盐津县去作县长的。可能是因为他到了盐津县想刮地皮,我父亲在那儿他做不了,或是因为某种政治原因,说不清。我那时候太小了,也没仔细跟我母亲谈过这事,因为知道我母亲很伤心。所以对这事不太了解。我父亲是个很有才的人,我看见过他给我母亲写的信,字写得很好,他是个儒将。万景增后来在云南省的蒙自作县长,又刮地皮,结果被解放军抓起来枪毙了。

我父亲去世早,我母亲靠教书来养家,并且继续做父亲留下的茶馆。母亲是基督教徒,四川华美女中毕业生,教会学校毕业的学生,是最早接触现代教育的一代人。我母亲中学毕业后在一个小学作教务长,十八岁就作了教务长。很能干。那个小学是美国人作校长,可是他对中国情况不太熟悉,也不太会说中国话,所以用一个能干的人来替他做一些具体的事务。

我母亲是个热心人,帮助过很多人。有一年蒋介石抓共产党,杀了好多人。有人来告诉我母亲说,盐津县有个女人叫马冰清,快临产了,说她是共产党给抓了进去。我母亲一听,就跑到龙夫人那儿去保她。她就喜欢这样不顾自己帮助别人。把她保出来后就让她带着孩子走了。因为她喜欢帮助别人,所以在昆明这个小城里,好多人有事都来找她。

抗日战争期间,她在昆明办了个旅社,这个旅社是昆明头一家(以前只有小客栈),好多外省来的名人都住那儿。后来她又办了一个电影院。我母亲自己当然财力微薄,但她认识昆明好多军政领导的夫人:龙夫人、卢汉的夫人、缪云台(负责财政、银行)的夫人等,她就跟她们商量办这件事,于是大家就凑钱,办了一个"南屏戏院"。现在影院还在那儿。现在看起来是又破又旧,很难看。不过那个时候是头一家,挺现代化的。

我母亲后来还办了一个孤儿院,因为战乱,街上有很多流浪乞讨的儿童,拣烟头的、给美军擦皮鞋的……我们家曾经有一块地皮在东门外,她就把那块地皮捐出去了,盖了一个孤儿院,大概有二百多孩子呢,一直培养到小学毕业。不容易啊,抗战时期,那么多孩子要吃要穿,全凭她到处应酬募捐。

我母亲就是这样一个人。后来她的电影院也赚钱,旅馆也赚钱。她就培养我们几个女儿。人家都说你的孩子大了,应该给她们找婆家。她说这些孩子还是读书吧,都还不懂事。她认识很多昆明妇女界的人,其中就有梅太太和蒋梦麟的太太陶曾谷。她们都出来参加云南妇女界的各种活动,我母亲当时有一辆汽车,因为她要办事,到处跑。梅校长有个人力车,梅太太可以坐那个,可有时候走得远了就不方便。母亲头次看见梅太太的时候,其他的太太各自坐自己的车走了,我母亲就特别仔细,看到梅太太一个人在那儿不晓得怎么走,就说:"梅太太,我送你回家吧。"于是她们成为了好朋友。后来我进了西南联大,我又同祖杉是同学,所以我母亲就说:"梅太太啊,我这个女儿不太听我的话,你是学界的老前辈,她听你的话,你就多教育教育她。"这样我就同梅太太认识了。祖杉也常常把我们带回家,因为梅太太会做饺子啊、饼啊什么的,就在她们家吃饭。那时候祖彦是在美军作翻译员,好不容易回来一次,大家在一起就听他说滇西前线的事,就这样认识了。

我1946年回清华,1947年毕业,就去美国了。在美国我也不想多念书,因为那时候志气不大,就想作个教员。我在美国念了一年英国文学、一年教育,拿了一个教育硕士。就想回来了。这时候是1949年,那时我母亲到香港去了,因为在昆明她是云南省的参议员,当时参议员中有两派,其中一派反蒋,她同他们的意见比较一致。后来卢汉夫人告诉我母亲说蒋介石给了卢汉一个抓人的黑名单,其中就有我母亲的名字。于是我母亲就装作去给卢太太送行,上了卢汉包的一架送家眷的飞机,到了香港。那时候毛人凤、沈醉都在昆明守着,情况混乱极了。母亲到香港后就病了,当时梅太太也在香港,照顾了她好几天。一个老太太在香港生病,回也回不去,怎么办呢?那时候我同我的小妹妹、三妹在美国。二妹呢,耳朵听不见,在法国学习画画。后来我们托人想办法给母亲办了来美国的签证。我母亲到了美国后我就不能走了,于是我就在那儿工作。工作了一年多,教一个意大利移民区小孩的英文。我小妹妹呢,还在 University of Rochester 上学;二妹耳朵听不见,母亲让她上美国来治一治耳朵。可是二妹从法国来了以后,耳聋治不好了,给她安了助听器也不管用。我母亲在美国呆不住,她是个做事的人。她说她还想回去,回到香港看看情况再回国,她要走我们也没办法,我们从小与母亲相依为命。不能让她一个人回去,所以我和二妹就决定陪着她回国。本来也是想回国的。可是出问题了,我母亲的护照是从香港签证到美国的,她可以回到香港,我们呢,持有国民党签发的到美国及法国的护照,那时解放了,英国政府承认了新中国政府,我们的护照就失效,回不来了。当时所有从西方来的船只能在香港靠岸。大陆的港口,都不能登陆。所以我们要先到香港,但是买船票到香港,要先得到英国的签证,要不然船到香港我们怎么上岸啊?但英国领事不给办,又因为我二妹在法国还有很多东西,我母亲就说:"我们绕道欧洲好了,乘船到英国玩玩,然后再到法国。说不定在走的这几个月里面情况就变了,可以回国了。"

  1951年我们来到了法国,但香港签证仍无希望。母亲陪我们住了一阵子后说:"我回去吧,你们就在这儿先念书等着。"这样我因祸得福,得到一个在法国学习的机会,确实很偶然也很曲折的。

  我在法国呆了四年多。在巴黎大学学习,就是 Sorbonne(索邦)。到1956年初回来的。开始的时候上了一个给外国人开的课,叫 Cours de civilisation française(法兰西文明)。这个课我觉得开得很好,因为从中世纪一直到现在,有地理、历史、美学,还有语言课。语言课我没在那儿上,我跑到 Alliance Française(法语联盟)去上了。我在美国几年,把以前学的法语都忘得一干二净,等于从头学。在法国呢,经济就成问题了,不过法国政府有一个给中国学生的助学金。当时在法国的中国学生都面临相同的困境。法国教育部设立了给在国立学校学习的中国学生的助学金。当时我在巴黎大学注册，我妹妹是学画的，她开始是在一个私立的画院学习，后来考进了 Ecole des Beaux-Arts（国立艺专）。所以我们两人都有助学金。国立大学不收学费，只有一些杂费，还有一个学生的工会，可以给你办好多事，比如食宿等。所以我们住学生宿舍，吃学生食堂，费用较少。那时候给我们3000旧法郎，基本就够了，但是也不宽裕。可是我妹妹画画呢，要买颜色、画布，就比较紧张。所以我的钱常常是贴到她那儿去了。我呢，根本也不用买书，到图书馆去看书就可以了。听音乐会呢，学生票便宜极了。然后还可以参加好多假期旅行，也都很便宜。那时候"二战"刚结束，学生都很穷，享受很多法国人给的优惠待遇。那时候好多女孩子都是天主教徒，给我们好多帮助，经常主动来帮助我们。我们常参加天主教徒的旅行，老嬷嬷带着上意大利去旅行，住在修道院里头，去参谒教皇，去参观，根本就不需要多少钱。所以对法国人，我觉得我很感激他们，他们对学生的照顾是很周到的。

那个时候感觉挺好。当时在法国，我们不仅受到法国人的照顾，还接触了一些中国人，都是比较有名的。程抱一、熊秉明、潘玉良，还有苏雪林、方君璧等。

几年在法国的学习也挺有收获的。觉得打开眼界了。在中国学习，我对好多东西都很陌生，可是在法国学习的时候，音乐也懂了不少，绘画也懂了不少，文学啊，从中世纪一直到现在，都是连着讲的。所以我觉得我们的大学啊，以后这些方面恐怕还得开展。

问：那您后来是五几年回国的呢？

答：1956年初。回来后，就在北京结婚了。回国也费了一番周折。Une longue histoire（说来话长）……那时我同妹妹在法国学习，虽然很欣赏在法国的生活，但也非常想回来，有一种矛盾心理。我妈妈一开始在香港，昆明解放后，原先在云南省参议会的共产党参议员给她打电报，希望她回来参加建设。结果她回来了，并且成为一个很进步的人，作过好几届的人大代表、政协委员。当时我妈妈也很希望我们回来，说两个女儿在那儿不是事儿。我们也常想回来，可是走不了啊。怎么走？

到了1954年，祖彦从美国偷跑到了法国，然后从法国经过瑞士、苏联回来了。他去看过我们，不过没告诉我们他要回来。所以我们不知道，后来从他妈妈那儿知道了。我和妹妹就想，我们也如法炮制，也到瑞士去申请新政府签证。那时候法国和中国还没建交，在巴黎还是国民党政府段茂澜大使。可是我们要到瑞士去谈何容易。从前是可以，到了1955年想回来的人逐渐多了，到大使馆去申请到国外的签证，要宣誓不回大陆才可以。当时有一个神父Père Renou，照管中国学生，常常组织大家到瑞士去过暑假。Père Renou知道我们的用意后，就帮我们的忙。他找了两个女孩，是西贡的华侨，把她们的护照借来给我们用。于是他就拿了这两个女孩及其他人的护照一起到大使馆去签证。那大使馆也不怀疑神父。这样我们两个就拿了别人的护照进瑞士，火车到边境上，瑞士的海关上来查的时候，我们胆战心惊。大概外国人觉得东方人都一样认不出来，就这样混进去了。然后在瑞士申请回国，得到了大使馆的同意。

可是还有另一个问题，英国的签证还没有啊（因为要乘船去香港）。这一次还是法国人帮的忙，他们找了四个比较有名的商家，替我们担保，凭他们的担保，我们拿到了法国政府签发的affidavit（外籍人士特持证件），巴黎英领馆在这证件上签上了香港签证，于是我们可以购买去香港的船票了。为凑路费，二妹自鸣在她的画展上卖出了两幅油画，小妹自勤也从美国寄了钱来。此外我们还申请到教育部的一笔补助费。于是两人安心地买了航行远东的英国船"舟山号"。它是当时吨位最大的航船，走起来比法国船稳、快。我同妹妹从英国南安普敦启航，穿过直布罗陀、地中海，走了差不多一个月才到了香港。我们就这样回来的，确实挺不容易的。

问：1956年您回国以后就马上进了北大吗？

答：是的，在招待所呆了一阵子后我就进北大了。我也愿意进北大，因为好多北大的老师都是我从前老师。可是我进了北大以后，却感觉很陌生，因为同从前的气氛完全不一样。我这个人很怕生，一感到陌生的时候就觉得格格不入。整个气氛都很陌生，就觉得有点害怕。法语系的老师，有来自中法大学的郭麟阁、李熙祖，来自清华的徐继曾，陈占元是北大的，还有吴达元以及沈宝基、齐香、杨维仪等。

当时好像杨先生同齐先生教二年级，强调基础训练，她们编了好多句子，是根据当时的实际情况，结合《北京周报》的说法编的句子，所以外国人就说我们的学生说话虽然很熟，可是说出来的话都像部长说的话一样。我就觉得这种东西，我不会编，很困惑。那时简直就是没法上课了。后来我教三年级的泛读，我觉得还好。但这些老师的业务还是不错的，大家八仙过海，各显神通，都很好。我觉得那个时候最好的，是北大学生。学生很精彩，不管老师给什么样的训练都可以做出很好的成绩来。所以我当时常常觉得，北大之所以为北大啊，是学生的优秀更胜过老师的优秀。

问：回国后，其他方面的情况怎么样？

答：1956年风平浪静。到了1957年就开始"百家争鸣，百花齐放"。刚开始的时候觉得真不错，可是大错特错，到后来就变成了"反官僚主义、反宗派主义"，接着就是"放长线，钓大鱼"，抓右派。这个叫人真的是恐怖！一句话说不对，就把你揪住了。从英语专业那儿开始就有学生控诉会，内容记不太清了，我当时听了就想："不至于这样坏吧！可能是年轻人太过于夸张了。"不过那时候我不太会说话，也就没说什么。可是后来王泰来他们这一班，十五个人，七个人是右派，哎哟就把我弄得很乱。那班上有很多很好的同学，成绩很不错，都被打成右派了。一个班七个右派啊……我心里头很不安。我想我在班上常常想什么就说什么，是不是因为我把法国的生活都给他们说了，结果他们受影响。于是我就跑去找吴达元先生，说："吴先生啊，他们说的那些话我虽然没说，可都是我所想的。还有他们也有可能是受了我的影响。责任应该我负，而不是学生的错。"对了，我还在班上说："你们身体都太单薄，你们应该吃牛奶长得壮一些。"可是当时哪儿有牛奶让人吃啊！吴先生说："你没说就是你没说，他们说了，就应该他们自己负责，每个人都有一本自己的账。"也许吴先生是真的那么以为的，也许他就是为了少划几个右派。后来有个"红专辩论"，目标是"拔白旗插红旗"。我当时曾说，我们是教业务的，我们的同学应有专业知识，我们不教政治，留红的干吗。你看看这种话，这种话应该是划成右派的。我也不知道为什么，我就没……大概在系里人家就把我看作是政治上的幼稚。所以说的话不算数。不过"文化大革命"就不行了。归国留学生差不多都遭殃，叛徒、特务罪名不一而足。当时的口号是："来者不善，善者不来。"

"文化大革命"持续了十年。"文化大革命"末期各校纷纷下放去劳动改造，称之为"五七干校"，我也去江西鲤鱼洲了，在那儿呆了两年，当时是整个西语系的在一起。那地方是一片荒野。一开始是我一个人，后来才把孩子带去，因为我爱人下放到三门峡了。女教工住在一个搁粮食的大统仓，因为粮食还未种出来。男教员则住矮草棚，顶一直斜到地上的那么个尖角形的东西，我们的大统仓还有窗子，他们那里没有窗子，没有光线，什么都看不见。所以听说男同志常常把鞋给穿错，因为看不见。夜里经常有紧急集合。衣服穿错的、鞋穿错的……吃的东西一开始要派人到城里去买，种出来之后才吃自己劳动的东西。在那里干各种各样的活。比如挑担子，我不会挑，就比别人大概减了一半重量，可我还是走都不会走，就压在脖子这儿，这儿有点肌肉，还可以勉强走。我现在的脊椎病就是那时候压出来的,整个脊椎被压弯了。

那个地方又潮又湿,蚊子、牛蝇很多。牛蝇跟苍蝇不一样,叮在身上轰不走的,除非把它打死了。打死也在你腿上留一大块红的。我记得我的两条腿常常肿得蹲都蹲不下来。这是白天,晚上就是蚊子,嗡嗡嗡……来了你就看见黑的一片。晚上都用蚊帐,甚至开会的时候所有的人都在蚊帐里头,大家坐在铺上,蚊帐垂下来,就在那儿"批评与自我批评"。晚上不敢上厕所,因为都是草棚,蚊子太厉害,一出去就被咬,咬得没办法,所以白天不敢喝水,怕晚上要上厕所。还有就是热。热起来是没办法,连田里头的水都在发泡。脚进去都是热的。汗就从脸上那么流下来,流到眼睛里头,眼睛就腌得好疼。汗在脸上留下一条一条的白盐痕印。这是天晴的时候,下雨更糟糕,下雨也得干活,所以大家都穿着塑料雨衣。一下雨,冷得要死。塑料雨衣开始还比较软,等穿了两天,一冻啊,就变成硬僵僵的,一磨尽是洞。所以水就渗进去了,棉袄都是湿的。脚吧,穿靴子,底比较厚,但是穿了两三天,在地上磨得滑了就不行,会摔跤。还有靴统得高一点,要不然水就漫进去了。我记得是杨业治先生,他买了一双高统靴。那天我们要到一个较远的地方干活儿去,走到路上他就喊起来了。因为鲤鱼洲那个地方,"晴天一块铜",太阳一晒就晒得干极了,硬硬的;"下雨一包脓",尽是烂泥,根本没法走。杨先生一脚插下去就拔不出来了,泥整个把他的腿给包住了。包住了大家就来帮他拔,拔半天把腿拔出来,靴子却陷在泥里头了。当时还有一个景色就是:我们穿各色各样的雨衣,因为下雨水会往靴子里灌,我们就用一种绑腿,套在靴子上,然后把雨衣接在绑腿上。所以常常上面是红黄蓝白的雨衣,底下是红的辣椒腿或是绿的青蛙腿。

当时看一些老先生实在是太可怜了。我们那时候还年轻,大概就四十多,还比较能够忍受。可是那些六七十岁的老先生就很受罪。有一次大家在堤上递砖,挨个从堤底下站一路,一直站到堤顶。一位老先生要上厕所。但他一走就少一个人,于是他就坚持着,结果就晕倒了。吓得和他一起下放的夫人以为他死了!到了冬天的时候,冻啊,冻得一个一个脸上长冻疮,像烂苹果一样。手上也是冻疮。夏天有蚊子的时候,咬得到处都是包。所以,那个地方,好多人都说是个地狱,要能够经历过来,别的任何地方都可以经历。

我大概是林彪出事的时候回到北京的,70届海军班陆军班是我"文革"后教过的头一届,刘志明他们我就教过。那时军宣队头儿跟他们说:"你们来是'上管改',所以这些资产阶级知识分子,你们得注意他们,听他们说话不对你们就得纠正。"后来,我给刘志明改练习的时候,他说:"你怎么老改我的练习?是不是看不惯我们这些工农兵学员?"我说:"我是得替你改啊,我觉得你这个不对嘛,你得注意啊。你知道毛主席说了:'官教兵,兵教官,兵教兵',互相改。你要是觉得我改的不对,你就提出来,我就改。"多年后我跟刘志明说起当年的这件事,他说:"唉呀,那时候简直是胡说八道。"他是他们班学习最好的一个。

问:1977年恢复高考招生以后,您都开了些什么课程呢?有些年轻老师记得您当时开过"法国戏剧",还有"浪漫派诗歌"……

答:那个时候开始招生,我们也高兴,认为从此以后,可以教点书了,可是回头一想啊,荒废了十几二十几年啊,你教什么啊?根本就没东西教。我觉得学问的事儿,不是像一般说的,什么学富五车,倒出来就行了。而是如逆水行舟,不进则退。"文化大革命"十年,根本就没接触到东西。在那种情况下我就想,拿什么教人啊!你必须经过一番学习,于是就想出国去进修。可是当时有好多年轻的教员,我们年纪大了,不能跟年轻人争出国的机会啊,所以没办法。不过当时有一个好处,就是有好多法国教员来教课,我就经常和同学一起去听他们的课。后来我得到系里的同意,争取到和王文融老师一起,好像是每天早上,或者是一个星期几天,骑车从北大到北外去听 Monsieur Gautier 的课,这对我很有帮助。后来 Monsieur Gautier 也到北大来了,所以就更方便了,可以跟他借一些书。1983年,我去美国看望我妹妹,利用这个机会,就到法国去了。去听了几个月的课,到1984年5月就回来了。

在法国我买了好多书,它大大地充实了我们的教学内容。蔡鸿宾老师当时在联合国教科文组织工作,还是他帮我们捆的硬纸箱,那时每人可以带八大件(电器)回国,我和我妹妹两个人,根本就没有钱买八大件,因为都买了书。回国到海关时人家问:"你们就这个啊?"我们说是,他不相信。结果就拿刀从纸箱上切开,想看看里面到底是什么。因为蔡老师捆得很好,所以纸箱没有散开,就看到里面的确是书。书对我们来说真是太宝贵了。它大大充实和更新了我的教课内容。所以后来好多年开的法国19世纪文学、20世纪文学、文学批评……都靠这些书。

法国是一个思想不断翻新的国家。大概在19世纪下半叶,就出现一些新的动向,这当中就包括象征派诗歌的出现。这里一个主要的人就是波德莱尔。他不只是影响到诗歌,整个现代文艺都受他的影响。到了20世纪,出现超现实主义、新小说。上世纪80年代,又是结构主义、后结构主义。所以对法国这样的国家,我们应该跟进人家的新东西,要不然就错失很多精粹的东西。但是在我们大学里当时有个倾向：只能教古典文学，当代的东西不能登上大雅之堂。因为古典的东西都是经过时间的挑选、历史的沉淀，都是精华，所以可以一再学习。这当然有一定的道理。可是我觉得不学新的东西是不行的，那就不能认识新的时代。我对新的东西就很感兴趣。我留学的时候就开始对波德莱尔很感兴趣。我开始去法国的时候，是想挑一个古典的作家，比如高乃依或莫里哀，写一篇论文。后来才看见他们有不少新的东西，我觉得象征派的诗歌太重要了，影响了整个现代，所以就开始研究象征派的诗歌。开始研究一个作家叫 Charles Cros（夏尔·克罗）①，这个作家很有意思，他和 Rimbaud（兰波）是同时代的，他对中国的东西很感兴趣，还写了诗歌颂李太白。这个人是个多面手，好像是他发明了彩色照相和唱机唱片。但是他的论文在法兰西科学院没有受到重视。在文学方面他说了很多与中国有关的东西。他认为若干年以后，中国人会帮助非洲人的。

我觉得波德莱尔的东西，应该介绍给我们的同学，因为他影响太大了。我记得在1978年年底还是1979年初，我在全系做了一个报告，就是关于波德莱尔的。因为他写了一首诗，表明他的诗学，他不只是把诗学从古典的理性主义中解救出来，还把诗歌从浪漫派的多愁善感中解放出来，他把诗歌放在一些感观上，同嗅觉、视觉、听觉联系起来。他说"Vaste comme la nuit et comme la clarté, / Les parfums, les couleurs et les sons se répondent"（像光像夜那样宽广/芳香、色彩、声音互相呼应）。就是说，这些东西像光明普照，像黑夜弥漫，既深邃又宽广……。诗的一开始说"La Nature est un temple où de vivants piliers / Laissent parfois sortir de confuses paroles"，这个 Nature，你可以说是外面的世界，也可以说是人的内在世界，这里头有些活的柱子，发出一些混乱的声音。这些东西是什么呢？我觉得就是你感官的东西。你可以说自然界的颜色、声音、芳香，也可以说身体里头的各种感官。到了后来，他说"Il est des parfums frais comme des chairs d'enfants"，就是说有一些芳香像小孩的肌肤，frais 很清新。你看，"Doux comme les hautbois"，就是说温和像乐器（双簧管）的声音，注意这里把触觉、嗅觉、听觉都联系起来了。"Ayant l'expansion des choses infinies"，它们都有扩张的能力。什么样的扩张能力？无穷无尽的对事物扩张的能力。"Qui chantent les transports de l'esprit

---

① Charles Cros(1842—1888)，法国诗人、发明家，著有诗集《檀香木匣》，据传早于爱迪生发明留声机，法国每年一度的最高音乐奖"夏尔·克罗学会唱片大奖"即以他的名字命名。

et des sens",它可以唱出心智的激情和感觉的激情。所以这首诗,我觉得它意义深远,从它以后,诗歌就更有声有色有味,更触及心灵,因为不管是颜色、声音还是味道都混在一起了。所以我觉得应该把这个诗人介绍给同学。可是波德莱尔是一个穷困潦倒的诗人,当时在系里面要做这个报告,要犯忌讳的,踩红线啊。所以我做了好多解释,可是做了那个报告以后,当时的代理系主任,还是党支书,就上台消毒去了,他说"这个波德莱尔是个颓废派的诗人",我也不理睬这种标签。不过后来反映还比较好。①

因为自己对新潮流、新思想很感兴趣,所以这个报告以后,我还做了关于兰波的报告。你们知道兰波对波德莱尔是很推崇的,称他是 voyant(通灵者),roi des poètes(诗人之王)。兰波平时尽骂人,根本不会那么推崇人的。所以我就把对兰波的介绍同他对波德莱尔的赞扬联系起来了。

我 80 年代去法国收集了好多新批评的材料。后来我还介绍了结构主义。我这个人就是对新东西感兴趣。我有了一点心得,就很喜欢拿来和同学们分享。可是我没接着搞下去。我觉得我没精力搞。这也是我自己的一个缺陷。家庭、孩子,同时还有教学。顾不过来。要顾这个就得有人天天做饭,没孩子来打扰我。所以我只想起个抛砖引玉的作用。我介绍给你们,你们大家来研究。我也很满意了。我讲结构主义,还介绍了一下俄国 20 年代的形式主义、索绪尔的语言学,还有人类学等。

这之后我还介绍了后结构主义,先是 Roland Barthes(罗兰·巴尔特)的 *Le Degré zéro de l'écriture*(《写作的零度》),然后就是 Derrida(雅克·德里达),我翻译了一篇他的文章②。在这以外,我还写了一篇关于后结构主义的文章③。德里达的文字是比较难懂的,因为他是讲哲学的。他所谓的结构是一个无中心结构,因为他认为结构随时都在变动。他用了尼采的话来说,说结构实际上是不断替换的没有中止的符号游戏。

---

① 参见刘自强:"波德莱尔的相应说",载《外国文学研究》,1979 年第 4 期,总第 6 期,第 91—96 页及刘自强:"《恶之花》和它的作者",为王力译本《恶之花》(人民文学出版社,1981 年)所作的序言。

② 雅克·德里达:"人文科学语言中的结构、符号及游戏",刘自强译,载《二十世纪文学评论》(下册),上海译文出版社,1993 年 5 月,第 533—560 页。

③ 刘自强:"关于后结构主义",《外国文学研究》,1988 年第 1 期,第 79—85 页,华中师范大学外国文学研究杂志社出版。

我再来说说兰波,我写过两篇文章介绍兰波①。兰波提出了客体诗。大家对此可能有点莫名其妙,为什么说客体诗?因为诗嘛都是抒情的,一抒情呢,就是主体诗了,是 subjectif,不是 objectif,关于这点我也是利用了同中国诗的对比来解释的。你知道王国维的《人间词话》里头就提出来,中国的诗境里,有"有我之境",还有"无我之境"。就是说在中国诗里,有"无我之境"。可是在西方的诗里没有"无我之境",要么是理性,要么是感情。兰波所谓的客体诗是哪儿来的呢?我觉得可能是从夏尔·克罗那儿来的。所以我就把这个提出来了,我还找了一首兰波的诗,来同中国的古典诗进行比较。这诗只有四句,西方很少这样只有四句的,有点像中国的绝句。这接近于一首客体诗。诗歌的抒情主体不出现。而中国诗常有主体不出现的情况,我用中国诗给你们说明一下。中国诗有"风雅颂"、"赋比兴"。"风"呢,是民间的民歌,或者是小诗;"雅"呢,是庙堂之歌;"颂"呢,是歌功颂德的诗;"赋"啊,是直陈式的叙述,《洛神赋》等,虽然也是诗体散文似的;"比"呢,是 comparaison,一种比喻;那"兴"是什么呢?

问:"兴"在法文里似乎没有对等译法,有汉学家尝试用 allusion métaphorique 来翻译……

答:"兴"啊,我告诉你,"兴"是一种象征,它同比喻有什么区别呢?我觉得"比喻"是与"我"有联系。而"兴"呢根本就同"我"没联系,是一种"无我之境"。这个是我的拙见,我还没有仔细去推敲。我举过一个例子,讲《孔雀东南飞》。"孔雀东南飞,五里一徘徊",是讲一个女子出嫁后,两夫妻感情很好,后来她的婆婆嫉妒她,就逼儿子和媳妇离婚了,叙述那么一个故事。题名《孔雀东南飞》,可是前两句同那故事完全没有关系,那这两句就是一种"兴"的用法。这中国诗里头有,外国诗里头没有。所以我觉得这个"兴"是我们中国人提出来,兰波从这儿学去的。很多汉学家认为"孔雀东南飞,五里一徘徊"放在这儿,毫不相干。他们想找一个理由来解释,结果说找到另一首诗中有"西北有高楼,上与浮云齐"这句话,所以说孔雀飞不过去了,呵呵。这当然是个笑话了。我只是以此说明西方没有这样的诗。后来有一个现代法国诗人,叫 Pierre Reverdy②,是一个超

---

① 刘自强:"兰波的客体诗与中国古典诗人的境界",《法国研究》,1989年第2期,第40—49页;刘自强:"兰波的象征主义与中国古典诗学",《中国比较文学通讯》(中法文化关系专号),1992年第4期,第43—46页。

② 汉译勒韦迪、勒韦尔迪,1889—1960年,法国诗人,超现实主义诗歌先驱,代表作有诗集《沉睡的古琴》、《椭圆的天窗》、《风之源》等。

现实派的诗人,他有一条诗学,我觉得可以用来说明这个"兴"。他认为:要用象征的话,或者用一种喻意,意象是从两个相距较远的现实的靠拢而产生的。靠拢的两个现实,关系越远而正确,意象就越是强劲有力。比如形容我心里的愁苦,就说杯子掉地上砸碎了,这种方式表达。总之距离越远表达力就越强。

问:可是它们之间似乎还是有些内在的关联,像那个"关关雎鸠,在河之洲。窈窕淑女,君子好逑"。前面那是"兴",好像跟人没什么关系,是动物界的事情,但是……

答:对,这个必然要有关系,是"兴"啊,但是关系不是那么直接。比如"孔雀东南飞,五里一徘徊",这个同两夫妻分离也有关系,可是隔得比较远,所以越远越好。就像李白说的"相看两不厌,只有敬亭山"。对着那个山,看它我不厌它,它看我也不厌。其实还是有人在那儿看。还有比如说,这个"采菊东篱下,悠然见南山",也还是有个"我"在那儿。不过这个"我"比较远。

中国诗里常常把"我"给删掉。比如王国维讲李璟的"细雨梦回鸡塞远,小楼吹彻玉笙寒",也没说出哪个人来,不过"梦"不是还同人有关系吗?诗歌是抒情的,但是用一种新的方式,表达越不相干,力量就越强。所以我觉得兰波所谓的客体诗是从中国弄去的。后来,我还翻译了一些波德莱尔、夏尔·克罗的诗,也翻译介绍了法国现当代的其他一些诗人。[①] 另外,我还算是比较早地介绍了 Duras(杜拉斯)那本著名小说《情人》[②]。在"新小说"当中,我最感兴趣的就是 Duras,她那本 *Moderato Cantabile*(《如歌的中板》)也写得非常好。

后来我还介绍了 Proust(普鲁斯特),我觉得普鲁斯特受波德莱尔的影响很多。他写的那本 *A la recherche du temps perdu*,用了很多声音啊、芳香啊、气味啊,我觉得整个在以小说的形式实践着波德莱尔的"相应

---

① 刘自强先生对法国现当代诗歌的翻译集中收录于《外国抒情诗赏析辞典》,北京师范大学出版社,1991年,第 688—689 页,第 702—705 页,第 745—747 页,第 774—778 页,第 792—793 页,第 796—803 页。另见亨利·米肖诗一束,刘自强译,《外国文学》,1987年第4期,第 54—56 页及博·魏央诗三首,刘自强译,《诗刊》,1981年10月,第 33—43 页。有关刘自强先生对 19 世纪以来法国诗歌的研究介绍,可参见新版《欧洲文学史》(李赋宁主编,商务印书馆,1991年)相关章节条目,如第二卷第 106—114 页,第 245—250 页,第 486—498 页及第三卷下册第 641—648 页等。

② 刘自强:"玛格丽特·杜拉丝和她的小说《情人》",《当代外国文学》,1985年第4期(12月),总第 22 期,第 169—171 页。

说"。这部小说大概别人也介绍过,不过我为什么有多余的话呢?因为我同别人有不同意见,所以我得说。有很多人都以为这是一个回忆,或者是意识流啊。我觉得普鲁斯特说那个气味,茶啊,蛋糕啊,并不是简单把当时的那种情况反映出来,而是用艺术的手段来再现一种感觉状态,是一种文学手段的创新。我觉得不应该把书名译作《追忆似水年华》,而应是《寻觅失去的时光》。虽然不是那么诗意,可是更贴近原题。① 从前严复就提出翻译的准则是"信,达,雅",头一样就是"信",然后是"达",然后是"雅"。"雅"当然得雅,但是不能把基本的"信"给丢了。

我最后再补充说一下我的翻译吧。我的短翻译,好多小诗歌就不说了。我已有四本书翻译出来。一本 Gaston Bachelard 的《梦想的诗学》,三联出版社。还有一本是《利科传》,Paul Ricœur。前一本是关于文学欣赏的书,比较容易读,而且我花的时间比较多,所以这本书我比较喜欢。Paul Ricœur 呢,涉及的面很难,我自己有好些地方都觉得疙疙瘩瘩的,所以我很遗憾,这本不好懂。后来我就希望能够再版一下,改一改,当时翻译的时候时间太少了,也是急着出版,就出了。然后还有两本没出的,一本就是 A la recherche du temps perdu 的头一卷叫 Combray。还有一本就是程抱一最近的一本法文小说叫 L'éternité n'est pas de trop,我翻译的中文名字叫《此情可待》。原来我翻译的是另一个名字,叫《此情悠悠》,因为讲一个爱情故事,两个人后来分开了,但感情很深远。我就请程抱一给我看一下,他就把它改成《此情可待》,这也可以。正在翻译的时候,我爱人病了,后来去世了。中间我曾跟我爱人说,这故事挺好玩的,我翻完了给你看看。他去世以后我好难受,于是我就把从前翻译的这东西拿出来,接着翻完了。它转移了我的注意力,在我很难过的时候助我度过了一段很长的时间……

采访人:杨明丽、王东亮
访谈整理:刘娟娟

---

① 刘自强:"普鲁斯特的寻觅",《当代外国文学》,1987 年第 3 期,总第 29 期,第 167—171 页。

谁道人生无再少？我心如故系千岛[*]

——北京大学东语系印度尼西亚语专业梁立基教授访谈

梁立基教授学术小传 1927年生于印度尼西亚万隆市。北京大学东语系教授,东方学研究院发展指导委员会委员,东南亚研究所名誉所长,印度尼西亚—马来西亚研究所名誉所长,全国高等院校东方文学研究会副会长。历任《中国大百科全书》外国文学卷东南亚文学主编、《外国文学简编》(亚非部分)主编、《东方文学史》副主编、《世界四大文化与东南亚文学》主编、《印度尼西亚语汉语大词典》主编

[*] 原载《国外文学》,2007年第4期,总第108期。

等。长期从事印尼—马来语言、文学、文化和东方文学的教学和研究工作,用两种语文发表了大量有关印尼—马来语言文学和两国文化交流的专著和论文。1986年应邀赴巴黎、莱顿、伦敦进行有关东方文学和印尼文学的讲学,1994年被马来西亚国民大学聘为客座教授,主讲中马文化交流史。2004年获马来西亚首相巴达维颁发的"马中友好人物奖"。2006年获印度尼西亚驻华特命全权大使苏特拉查颁发的"贡献奖"。

采访人(问): 梁教授您好!今天很高兴能对您进行访问。听说您是在印度尼西亚万隆出生的,那您是哪一年回国的呢?

梁立基教授(答): 我是万隆华侨中学第一届高中生,1950年毕业后便报名参加印度尼西亚归侨同学会,成为解放后第一批印尼归侨学生。我回国的动机很单纯,就是为了振兴中华。当时投奔祖国的道路并不平坦,由于朝鲜战争,中国大陆已经被封锁,局势十分紧张。我们是乘坐两千多吨的旧货轮从雅加达直达天津港的,途中曾遇到敌方侦察机的跟踪,后又遭到强台风的袭击,历尽颠簸,最后终于回到了祖国的怀抱。到了天津之后,我才知道台湾方面曾企图中途拦截我们的船,幸亏我国政府采取了措施,加上台风的到来使敌机无法继续跟踪,才能化险为夷。这是我第一次感受到祖国母亲的关怀和温暖。回国后我考入了东北大学化学系。

问: 您曾在东北大学就读化学专业,后来为什么转而从事印尼语教学工作了呢?

答: 是的,我本来是念化学专业的,想为祖国的工业化做贡献。第二年暑假我回到北京,中央侨委要我参加接待第二批印尼归侨学生的工作。后来中国和印尼建交,国家很需要培养印尼语翻译干部,而我又有这方面的优势,便要我转学到北京大学东语系新建立的印度尼西亚语专业。我毫不犹豫就欣然同意了,因为祖国的需要就是我的志愿,而能为促进祖国和我的第二故乡印尼的友好关系尽自己的绵薄之力更是我平生的夙愿。东语系当时名为东方语言系,主要任务是培养翻译干部,那时东方国家纷纷摆脱了殖民者的统治而宣告独立,中国作为东方大国正需要大力加强与他们的关系,共同反对殖民主义和帝国主义,积极建设自己的新国家。所以大量培养合格翻译干部成为当务之急。

问: 您参与了很多重要的翻译工作,其中您最大的体会是什么?

答: 1952年开始,我就经常被借调参加接待印尼代表团的翻译工作。1956年印度尼西亚总统苏加诺访华时我也参与了翻译组的工作。当时苏加诺总统在清华大学万人大会上发表慷慨激昂的演说,我们翻译组便及时进行全文翻译,于当天通过电台向全国广播,让全国人民都能听到。后来我也参加了中共八大的翻译组工作以及四卷《毛泽东选集》的翻译定稿工作。通过这些翻译实践,我深深体会到要成为一个合格的翻译干部,不但需要熟练掌握对象国的语言,还需要深入了解其社会、政治、经济和文化的历史与现状。语言是不可或缺的交流工具,但是要想真正促进相互了解,深化两国人民之间的友谊,还必须了解彼此的文化及其交流史。

问:您一直把季羡林先生看作是您学术的领路人,您是怎样走上文学的学术研究之路的呢?

答:1956年,周总理提出"向科学进军"的口号,当时我们年轻教师的精力主要放在语言教学和翻译工作上,对于科学研究还比较陌生,存有神秘感。季羡林先生作为系主任,针对我们这些年轻教师的实际情况举行了有关如何从事科学研究的启发报告。他根据自己多年从事科研的经验给我们讲解如何处理好"博"与"约"的关系,首先要扩展自己的知识领域,打下坚实的理论基础,然后选定自己的研究方向,找准突破口去深入进行研究。季先生还给我们深入讲解如何查阅资料和收集积累以及最后如何写成学术论文等等。我自己本来很喜欢文学,常阅读国内外的文学作品,于是我便决定以印尼文学为自己的研究方向,先从加强文学理论的学习开始,阅读东西方各种文学理论著作。我认为每种文学理论都有它可取之处,应当博采众长,不断扩展视野,避免教条主义。与此同时,我大量阅读已发表的印尼文学史专著和文学评论以及各个时期的文学作品原著。在印尼的学术界,对印尼文学和文学史的研究在二战独立后才开始起步,因此有关著作很有限,还没有一部从古至今的印尼文学史书可供参考。所以开始的时候,我感到万事起头难,只能一步一步地摸索前进。经过长期的摸索和积累,我对印度尼西亚文学的发展历史才逐渐有了自己的认识。我认为印尼文学的发展史除了植根于自己的民族土壤,还受到世界四大文化的影响,中国文化、印度文化、阿拉伯伊斯兰文化和西方文化在不同的历史时期里都对印尼文学的发展产生了直接和深远的影响。季先生说过,文化一旦产生就向四周扩散,这就是文化交流。文化是动态,是在内因和外因作用下不断发展的。所以研究印度尼西亚文学史,不但要看到其内因,还要看到其外因,外因要通过内因才能起作用。因此,研究印尼文学,还要研究与其相关的外国文学。这便是我后来也搞东方文学的缘由。

问:1983年《外国文学简编》(亚非部分)的出版是东方文学研究历史

上重要的里程碑,您作为主编之一能否给我们介绍一下当时编写的初衷和主要从事研究和编写的队伍?

答:《外国文学简编》(亚非部分)可以说是我国第一部东方文学教材,但这并不是我第一次参加编写东方文学的工作。"文革"结束后,国务院决定集中全国的专家学者编辑出版最完整的大型辞书《中国大百科全书》,季先生担任了"外国文学卷·东方文学"部分的总主编,而我也担任了东南亚文学部分的主编。后来大学恢复正常之后又重新开设外国文学课,人民大学出版社负责出版教科书《外国文学简编》,而其内容只有欧美文学部分,没有东方文学。我们和一些搞东方文学的老前辈向教育部门及出版社提出意见,认为给学生讲外国文学不能只讲西方文学,应当包括东方文学,才能给学生以全面的外国文学知识。我们的建议被接受,于是由搞希伯来文学的老前辈朱维之教授、搞日本文学的老前辈雷石榆教授以及全国搞东方文学的老师们成立了《外国文学简编》(亚非部分)的编委会,朱先生、雷先生和我被推举为主编。这样便组成了我国第一个东方文学的研究队伍。这个队伍主要由两部分人组成:一部分是东语系研究国别文学的专业老师,另一部分是中文系文学专业研究东方文学的老师。这两部分力量各有专长:东语系的老师具备语言优势,可以直接阅读对象国的文学原著,在点上更容易深入;而中文系文学专业的老师则文学理论扎实,文学知识面广,在面上更有优势。由这两方面的人所组成的最早队伍对发展我国东方文学研究的事业发挥了非常重要的作用。

问:这是第一部东方文学的系统著作,可以想象当时的编写一定是非常艰苦的,出版的过程顺利吗?

答:《外国文学简编》(亚非部分)由朱维之先生、雷石榆先生和我共同担任主编,我们进行了多次商议,先定出编写大纲,后进行章节分工,按统一体例和规定字数开始着手。我们把整个亚非部分的文学先按地区分类,如东北亚、东南亚、南亚、西亚、北非等地区,后按时间顺序,将各个时期的文学发展代表作家、代表作品分章节进行介绍,有的还要对一些原著进行翻译,经过多次的编委会集体讨论,三年后才完成最后定稿。

《外国文学简编》是欧美部分先出,由于出版社担心亚非部分销量不好,所以一再要求压缩字数。对这一点我们是坚决反对的,因为东方文学不像西方文学同属一个体系,东方文学大体分为三个体系而且有纵有横,内容十分丰富,若一再压缩将显得空泛,不能反映全貌。正因如此,我一直在争取,尽管争取的过程是相当困难的。后来北师大中文系陶德臻教授在电视大学开设外国文学课,讲授东方文学时指定采用人民大学的《外国文学简编》(亚非部分)作为教材,这样就一下解决了出版社所担忧的销量问题。出版社立刻要求我在一个星期内作最后的修定,我心想别说一星期,就是三天三夜不吃不睡也行啊!该书头版二十万册很快就销售一空,六个月内再版了两次。几年来经过两次大的修订,总销量已逾一百四十余万册。这本书不但对东方文学的教学具有重要的意义,也对我国第一个东方文学研究会的诞生起了非常关键的推动作用。

问:在80年代曾经有荷兰学者德欧教授来到印尼语专业讲学,当时是您极力推动这件事情并且做出了很大努力。

答:是啊,80年代印尼语教研室正处在困难时期,由于中国和印尼已经断交,当时与印尼学者根本无法进行直接的学术交流。我作为教研室主任只好另想办法,我认识荷兰莱顿大学的德欧教授,他是研究印度尼西亚文学的权威,他撰写的有关印度尼西亚文学的著作被视为这方面的经典。于是我便产生了"曲线救国"的想法,通过与西方学者交流来弥补不足。80年代开始改革开放,允许邀请外国学者前来讲学,我便打了报告给系里和学校,希望能批准我的申请,邀请莱顿大学的德欧教授前来讲学。得到系里和学校的同意后,我便给德欧教授发出邀请信。他接受了邀请并同夫人一同前来。

问:那德欧教授对于中国和中国人民的印象一定很不错啦!听说德欧教授这次北大讲学后与您成了非常亲密的朋友。是这样的吗?

答:德欧教授是第一次来我国,对中国人的认识还得有一个过程。最初见面的时候,让德欧教授感触最深的是,他发现中国人和他想象中的完全不一样。中国人不是人们说的总是板着面孔,不容易接近。当时由我安排他们夫妇住在勺园,他们的生活都由我直接照顾。在一段时间的相处后,我们终于成为可以推心置腹的朋友了。

德欧教授对中国文化很感兴趣,为了让他更好地了解中国文化,我向外事处提议,在讲学结束后让我带他们俩到古都西安参观。得到批准后,我便陪他们到西安参观兵马俑,当时在西安还允许下到坑底近距离仔细观看一个个兵马俑。德欧教授看后非常感慨,他说:"中国早在两千多年前就有了如此发达的文明和技术,而当时荷兰还不知道在什么地方呢!"经过这次的讲学和学术交流,我们与莱顿大学建立了非常好的关系,印尼语教研室每年得到一个去莱顿大学进修的教师名额。我作为教研室主任提出,让没有出过国的老师先去进修。后来我们教研室的年轻老师都先后得到机会去荷兰莱顿大学进修一年。

问:到荷兰知名大学进修对于进行印度尼西亚文化研究来说真是太

宝贵的机会了,说明这次讲学对于印尼语教研室还是具有很重要的意义。当时您也受到邀请去欧洲几个国家讲学了,对吗?

答:是的,80年代可以说是印尼语教研室与西方学术交流最频繁的时期,教研室先后请到了法国著名学者苏尔梦和隆巴尔、荷兰的斯托霍夫教授等前来讲学。在和他们进行学术交流的过程中,除印尼文学外,我也向他们介绍我们研究东方文学的情况。他们对这方面非常感兴趣,因为在西方还没有人把东方文学当作一门独立的学科来研究。他们一般只进行地区或国别文学的研究,所以他们纷纷表示在这方面北京大学开了个好头,应该进行进一步的交流。1986年我受到法国社会科学高等学院的邀请先去巴黎讲学,后受德欧教授的邀请到荷兰莱顿大学讲学,最后应伦敦大学亚太研究院的邀请到伦敦讲学。在讲学和同西方学者交流的过程中,我比较详细地介绍了我们对东方文学的看法以及研究的现状。他们很赞赏,说北京大学已经处于领先地位了。

问:在这一时期您与印度尼西亚有这方面的学术交流吗?

答:80年代前期主要是与西方进行学术交流。到了1988年我才受到邀请去参加印度尼西亚第五届语言大会并被指定为大会的报告人。当时两国还没有复交,虽然贸易上已经有了直接往来,但文化上的接触是自两国断交后破天荒的头一回。参加第五届语言大会的有来自世界各国许多著名的学者,而中国学者则是第一次参加。这也是我时隔二十多年第一次有机会回到第二故乡印尼。踏上印尼的归程是很费周折的,人到香港后却无法得到签证,最后能出席语言大会是与印尼华人和在香港的归侨不遗余力的支持和帮助分不开的。我在大会上用印尼语所作的报告《中国的印度尼西亚语言教学与研究》引起了听众的广泛关注,当时印度尼西亚的华人特别对我关于"中国与支那"问题的对答表示非常赞赏。这次可以说是两国文化交流的"破冰之旅",也是1990年中国与印尼两国复交的先兆吧。

虽然两国复交了,但两国的学术交流基本上仍处于停滞状态,这是因为印尼"新秩序"政府仍对华语和中国文化实行封杀政策。但我并不放弃努力,曾于1995年与印尼《时代》(Gatra)杂志社和日本学者进行合作在中国举办第一次学术研讨会,名为"印度尼西亚语言在东亚"。之后还组织了东亚学生的印尼语作文比赛,我校学生包揽了第一、二名。获得第一名的学生被给予奖励,得到去印尼访问一个月的机会。

问:在与印度尼西亚学术交流不太多的这一期间,您却发展了与马来西亚十分频繁活跃的学术交流,是这样吗?

答：当与印尼学术交流难以开展的时候，1992年马来西亚在吉隆坡举行第一届国际马来语言研讨会，向我发出了邀请并指定我作为大会报告人之一。我很高兴接到邀请，但当时因没有经费，我根本就无法参加。后来还是印尼和马来西亚的华人特别积极热心，主动提出承担全部费用，他们要求我全力准备论文，别的不用操心，全由他们去安排。在大会上我用马来语所作的报告《中国的马来语教学与研究》引起很大的轰动，因为这是中国学者第一次出现在马来西亚的学术论坛上，而且我在报告中引用了鲜为人知的我国史料，论证中马文化交流的历史源远流长，15世纪明朝时期中国就已开设马来语课了。当时全场反应很强烈，马来族的最高学府马来西亚国民大学（马国大）的马来文化研究院院长立刻邀请我去该校作学术报告，并当场决定聘请我为该校客座教授，用马来语讲授有关中马语言文化交流的历史。马国大对我的讲座予以高度重视，安排得很隆重。最后一次讲座是在马六甲进行的，马六甲在中马文化交流史上扮演了非常重要的角色，是郑和下西洋的后勤基地，所以马六甲州务大臣亲自出马率领政府官员和议员三百多人前来听讲，后来还专门接见了我，表示愿意加强与中国的交流。

　　问：之后您还应邀用马来语写作了学术专著《光辉的历史篇章——15世纪马六甲王朝与明朝的关系》，引起了很大轰动。2004年在北京庆祝中国马来西亚建交30周年的研讨会上，马来西亚首相巴达维亲自向您颁发了"马来西亚—中国友好人物奖"，以表彰您在促进语言、文学、文化等各方面的交流所做出的杰出贡献。

　　答：我在马国大讲学时，院长就提出希望我能用马来语写一本有关马中文化交流史的专著。于是我着手写作了《光辉的历史篇章——15世纪马六甲王朝与明朝的关系》这部书，书中大量引用了我国史书的记载，与马来的经典著作进行比较，论述中马关系不但源远流长，而且有过光辉的历史记录。这是第一部由中国学者用马来语写作的有关中国—马来西亚关系和文化交流史的专著，受到了马来西亚学术界的很高评价。马来西亚首相巴达维任外交部长期间曾在北京作有关马来西亚与中国友好关系的报告。报告一开头就提到了这本书，说明他也看过了。他在报告后接见我时还特地表示，希望我以后多写此类著作。本来也是这样，我从事学术研究与学术活动只为了一个目的，那就是科学地论证中马友好关系的真实历史，阐明中国"和为贵"传统文化所起的重要作用，以消除"中国威胁论"的影响，促进两国人民之间的相互了解与信任。

　　问：由您编写完成的《印度尼西亚文学史》（上、下册），被誉为目前世界上唯一一部全面系统论述印度尼西亚从古代到近代文学史的专著，2003年出版时引起了学术界很大轰动，您能为我们介绍一下这部书吗？

答：其实这部书最初的写作动机是为了教学。我很早就开设了印度尼西亚文学史课程，但那时只有讲义，一直没有成形的完整的教材，而印度尼西亚国内也还没有一部完整的从古至今的文学史著作。为了满足教学的需要，同时也为了向国内介绍印尼的文学，我经过多年的积累和研究，便决定着手写一部从古至今完整的印度尼西亚文学史，后来这部书于2003年分上、下册出版了。据我所知，这可能是目前最完整的印度尼西亚文学史了，该书获得了"北京大学优秀科研成果一等奖"。

问：您曾经说过，能把中国诗歌两大高峰的代表唐诗和宋词翻译成印尼语是您一直以来的愿望，那么现在您是否已经如愿以偿了呢？

答：算是已经如愿以偿了，现在汉语印尼语对照《唐诗一百首》已经于2005年在雅加达出版。该书首发式由印尼教育部长亲自主持，有五百多人参加，相当隆重。《宋词一百首》不久也将在雅加达出版。我觉得能把中国古典诗歌的两个高峰介绍给印尼广大读者，对促进两国文化交流和加深印尼人民对中国文学文化的了解会有重要意义。长期以来，我一直致力于促进中国和印尼的友好关系以及双边的文化交流，为了表彰我在这方面的一点贡献，去年印尼驻华特命全权大使给我颁发了荣誉奖，这是印尼驻华使馆建馆以来第一次向中国人士颁发奖状。

问：《宋词一百首》也即将出版，那真是很值得期待的事情。梁教授，您与东方文化和文学结缘半个多世纪了，最后您能否简要评价一下东方文化和文学呢？我们又该怎样看待东方文化组成部分之一的中国传统文化？

答：世界文化主要分为四大文化，中国文化、印度文化、阿拉伯伊斯兰文化和西方文化，前三者同属东方文化体系。季先生说东西方文化是"三十年河东，三十年河西"，这是从宏观上看世界文化发展的历史轨迹，不是说二者今后就这样轮流坐庄。东方文化在上古和中古确实有过"三十年河东"时期，领先于西方文化。而西方文化经过文艺复兴之后到近代才开始进入"三十年河西"时期，领先于东方文化。我们从事东方文化和文学研究的人首先要看到东方文化有过辉煌的"三十年河东"时期，不可妄自菲薄，不要受"欧洲中心论"的影响。现在东方民族重新崛起，但这也不意味着又轮到东方文化"三十年河东"了。东西方文化是两种不同的文化体系，主要是思维方式不同。东方文化主综合，讲合二而一；西方文化主分析，讲一分为二。二者各有优势，季先生主张"以东方文化综合思维模式济西方文化的分析思维模式之穷"。我们研究东方文化和文学需要看到这一点。要从宏观上进行历史的比较,又要从微观上作深入的探讨和了解,因为宏观是建立在微观的基础上。拿东方文学来讲,要建立科学的东方文学体系还必须加强国别和地区的文学研究,特别需要介绍具有代表性和重要影响的作家及其作品。在这方面我们东语系有很大的优势,也有很大的责任,我们应该把国别文学史写出来。季先生任总主编的东方文化集成为我们提供了很好的平台,已经出版了好多部东方国家的国别文学史。我们还应该加强研究和介绍突出的代表作家及其作品,把代表作从原文直接翻译成中文,为全国研究东方文学的人提供充分和可靠的资料,以便提高东方文学研究的总体水平。

我国在东西方文化和文学的研究方面,长期以来存在重西方轻东方的偏向,这是有历史原因的。五四运动主张对西方文化采取"拿来主义"的态度,吸收其先进的科学民主思想,那是历史的需要。但同时提出"打倒孔家店",把儒家思想看作是封建糟粕加以全盘否定,那是过犹不及。早在两千五百多年前,孔子就提出:"礼之用和为贵","君子和而不同,小人同而不和",要求在承认多样性和多元化的基础上实现和谐合一,反对党同伐异的霸权主义。这已经成为中国文化的传统理念和价值取向,对今天构建和谐社会与和谐世界仍有现实的指导意义。东西方文化各有所长,应优势互补。季先生认为:"今天在'拿来主义'的同时,我们应该提倡'送去主义',而且应该定为重点。"这是全球化时代构建和谐社会与和谐世界所应该采取的基本态度和立场,我们研究东方文化和文学也应该把"拿来和送去很好地结合起来"。

采访人:郄莉莎

访谈整理:郄莉莎

延续半个世纪的学术情缘

——北京大学东语系朝鲜语专业韦旭升教授访谈

韦旭升教授学术小传 1928年10月23日生于江苏省南京市,在故乡度过小学、中学时代。上过大行宫小学、南京市立一中和五中、中央大学附中、社会教育学院附中,1947年进入国立东方语文专科学校学习韩国语,曾因参加学生运动被捕而一度失学。1949年复学后进入北京大学东语系朝鲜语专业学习。1953年毕业,留校任教四十余年。曾兼任北京大学东语系教学与科研秘书,系文学研究室副主任,中文系比较文学与比较文化研究所教授,北京语言学院汉学系兼职教授,广西师大《东方文学丛刊》、延边大学《朝鲜学—韩国学丛书》特邀编委,北大亚非研究所特约研究员,政府特殊津贴者,中国朝鲜-韩国文学研究会前副会长、现顾问,中韩文化关系研究会会长。主攻朝鲜(韩国)古典文学和朝语(韩语)语法,着重研究《抗倭演义

---

* 原载《国外文学》,2008年第1期,总第109期。

《壬辰录》》与《玉楼梦》,以及中国古典文学对朝鲜古典文学的影响。出版有专著、译著等等。曾赴平壤从事《壬辰录》研究,应邀赴美国、朝鲜、韩国、日本、澳大利亚等国参加学术会议、讲学并在韩国东国大学任课。2000年9月出版了韩国学研究综合文集《韦旭升文集》(共6卷,250万字,中央编译出版社出版)。2005年10月获得由韩国总统卢武铉颁发的"宝冠文化勋章"。

采访人(问):韦老师,您好,首先非常感谢您接受采访!您是北京大学东语系朝鲜语专业的第一届学生,您对朝鲜语专业的设立过程一定非常了解,您能给我们谈一谈朝鲜语专业是如何成立的吗?

韦旭升教授(答):原来的北京大学东语系,即以系主任季羡林先生为首的东语系,只有印地语、阿拉伯语等两三个语种,仅仅两个班,教师也就六七个,是个很小的系。这个数字是否确切还需要再核实一下,但当时的语种的确很少,教员和学员人数也很少。根本没有朝鲜语专业。我们现在的朝鲜语专业呢,原属于南京的国立东方语言专科学校(以下简称东方语专),那是一所大专性质的学校,所开设的语言相当多,大约不下十种,其中就有朝鲜语,那个时候叫做韩语科。解放那会儿,东方语专的教员和学生有不少人没走,由中央决定,将东方语专合并到北京大学来。党中央非常重视东方,觉得东方是革命的基地,当时东方的很多殖民地国家、半殖民地国家都在闹革命,所以中央就决定把东方语专合并到北京大学。

问:您个人又是如何进入朝鲜语专业学习的?

答:我进入朝鲜语领域可以说是一波三折。1947年,我高中毕业后就考入南京国立东方语专,主修韩国语。但到1948年夏天,我上学还不到一整年,就因为参加学生运动而被国民党当局逮捕。经过律师辩护,将近两个半月后释放。但我已经被学校"开除",陷于失学困境。这种困境一直持续到1949年南京解放后才被解除,当年6月我终于复学,回到了阔别一年多的校园。才复学一两个月,也就是1949年的8月,东方语专接到中央关于将学校并入北大东语系的指示,号召师生们自愿集体北上。当时我们特别兴奋,就坐火车来到北京。火车足足坐了四天四夜啊!哪里有什么"卧铺"、"餐车"?条件很艰苦啊,当时南方战争还在进行着,火车随时有被飞机轰炸的危险,但是我们还是平安地来到了北京。

到了北京之后,原来东方语专韩语科的学生就不多了,因为经过这次变动后,学生们走的走,散的散,学生人数少了很多,于是就把先后入学的学生合并在了一起。我是1947年入学的,后面还有一批是1948年入学,就把这两批学生合并在一个班上。说实话,解放前东方语专学习韩国语的学生,没有几个是好好用心学的。虽然有些基础课程如历史、地理等是中央大学的教授来兼课,但因为学的专业语言是小语种,前途渺茫,学校管理也不正规,再加上又是动荡时期,大多不安心学习,所以语言基础不扎实,到了北京后需要从头学起。其实按入学东方语专的年份,我此时应该已经是三年级的学生了,但因为我在东方语专的时候没有好好学,忙着参加学生运动,再加上中间又失学,间断了一年多,所以以前学的那些朝鲜文已经忘了不少,因此又从头学起了。

我们来到北京后的所有的原东方语专韩语科学生,全都重新从最基础的发音开始学起。北大朝鲜语专业的第一届学生除了原东方语专的九名学生以外,还有两名由组织上从北方的高中毕业生中选拔调进来的,属于"调干生"。这两人就是后来长期任东语系党总支书记的贺剑城和曾任北京外国语大学党委副书记的刘毓骧。

问:您作为我们北京大学朝鲜语专第一批学生,能否回忆一下当时朝鲜专业的教学状况,包括课程设置、使用的教材等等?

答:北京大学朝鲜语专业刚成立的时候,主要面临着两个问题:一个是教师问题,一个是教材问题。当时的教师只有两位,一位是马超群,一位是李启烈,这两位都是在华朝鲜侨民,祖籍都是朝鲜半岛,原来都是1948年才开始任教的原东方语专老师。我在1947年入学东方语专的时候,他们二位还没有进东方语专,那时教我的是权泰锺先生(后回韩国,已故)。来北大后,就由马、李两位老师讲课。不叫"韩国语科"了,改叫"朝鲜语科",后改称朝鲜语专业。课程设置,大体上分为会话和课文两门。

问:那当时教学方面最大的困难,是不是就是您刚才所说的教材问题?

答:你说的没错,当时最大的困难的确就是教材问题。最初都是从朝鲜的报纸或者朝鲜的杂志上摘选一部分下来,作为上课的教材的。摘选的教材都是现选现用,比如这周上课要用的内容,要到上一周才能印出来发给大家。教材是一个星期发一次。关于入门部分,我记得用的是老师自己编写的一些并不是非常科学的系统教材。至于语法课,一开始是没有,后来是在我们要求下开设的,老师也就是从一些语法书上摘下了一部分作为语法课内容,进行教学。因此我们当时并没有学到系统的完整的语法知识。总的来说,我们当时所学的课程内容是忽深忽浅,教学安排也不是很科学的。

延续半个世纪的学术情缘

问：新中国成立后，中朝两国间交往密切、交流频繁，有不少朝鲜专家来到中国，那么来到北大的朝鲜专家对于东语系朝鲜语专业建设以及您本人有何影响？

答：我是1953年秋天毕业后留校任教的。当时我只有25岁，属于年轻教员，在教学上我还需要不断地学习，"充电"，而跟着朝鲜专家学习就是提高业务水平的最好机会。当时有两位朝鲜专家对我个人的影响很大：一位是朝鲜的语言学专家柳烈，他是1953年来北京大学的，我毕业后担任他的助教。在此期间柳烈开始编写一本朝鲜语的系统的基础教材。柳烈的语言学理论不仅令我个人受益匪浅，他对于我们朝鲜语专业语言课程的建设也贡献很大；另一位是1957年来到北大的朝鲜文学史专家李应洙。正是李老师的到来，朝鲜语专业才开始开设朝鲜文学史课程。而李应洙老师对我们所做的朝鲜文学知识的传授，对我以后走上朝鲜文学研究道路也起到了推动和启蒙作用。

问：朝鲜语专业设立后没多久，就赶上了亚洲的一场热战——朝鲜战争的爆发。那么，对于朝鲜战争的爆发，当时朝鲜语专业的学子们有何反应？朝鲜战争的爆发对朝鲜语专业的发展有何影响？

答：北京大学的朝鲜语专业自建国初期设立以来，就因为我们国家与朝鲜之间所保持着"牢不可破的兄弟感情"，导致我们朝鲜语专业在东语系的众多语种中备受关注，而这种关注，在朝鲜战争爆发期间达到了顶点。

朝鲜战争是1950年6月25日爆发的，当时中国作为朝鲜的亲密战友，自然不会对此袖手旁观，所以从一开始就积极声援朝鲜。当时在中国国内，就掀起了一股社会各界表态支援朝鲜人民的热潮，而朝鲜语专业的学生，更是首当其冲。我们在北大党委的领导下，集体表态支援朝鲜。我记得当时的《人民日报》还对此刊登过有关材料。

1950年10月25日，中国正式派出志愿军支援朝鲜时，国家对朝鲜人才的需求其实已迫在眉睫。但那个时候，我们北大朝鲜语专业刚刚建立一年，还不可能为国家输送合格的朝鲜语人才。1953年7月27日签订停战协定，朝鲜语仍然是人才短缺的语种。1954年朝鲜语专业招收的学生人数，就是当时朝鲜语专业红火程度的最好证明。1954年朝鲜语专业一下子招收了20个学生，数量达到了语言专业招收学生的上限。也就是在这个54级的班中，后来走出了两位共和国大使。朝鲜战争的爆发使朝鲜语专业成为当时北大东语系最红的专业。

问：您能否谈谈历届朝鲜语专业学生的来源？

答：前面讲过，北京大学朝鲜语专业首届学员是原东方语专学生加上少量的调干生。后来则主要是统一招生考试考进来的。

但有比较特殊的一种，是抽调加考试录取的。1954 年入学的学生就是以此种方式进入东语系的。具体做法是，由外交部人事方面提出外事工作人员的必备政治条件，然后由学校派人，在招生当地教育局的协助下，到一些中学了解情况，根据该校组织上的推荐和所提供的有关档案，进行审查和选拔，然后通过该中学负责人，动员审查合格的应届毕业生报考北京大学东语系，参加全国统一的入学考试。而后根据考试成绩，择优录取。这一年我担任了东语系北京地区的审查和招考工作。后来当了驻外（韩国、蒙古）大使的张庭延和裴家义，连同他们的夫人，就是这次录取到东语系朝鲜语专业来的。

问：您在执教后有没有去对象国学习深造过呢？

答：我从没有出国留学过。什么学士呀，硕士呀，博士呀，一概与我无缘。我 55 岁的时候（1983 年）才有幸得到一个机会到朝鲜从事短期（9 个月）的对《壬辰录（抗倭演义）》的专题研究。9 个月里我做了几件事：把《壬辰录》的朝文本全部翻译成中文本；把《壬辰录》的手抄本（即汉文本）复印并和朝文本做了对比，以备今后整理标注；最重要的是写了 24 万字的《壬辰录研究》专著。

在我回国后第三年的 1987 年春季，在此专著还没能出版以前，我就是拿着这个《壬辰录研究》的全文 24 万字的打印稿，应邀首次赴美国加州大学参加有关壬辰战争问题的国际学术会议的。这是我首次赴美国，由此产生了影响而在后来获得韩国学术振兴财团的主动支援，使此专著正式出版（山西北岳文艺出版社，1989）。中国版的《壬辰录研究》出版后的次年（1990），又由韩国亚细亚文化社重印了它，以精装本形式在韩国发行。这就是我于 55 岁时首次，也是毕生唯一的一次短期出国专门从事学术专题研究的经历和结果。

后来的多次出国是参加学术会议或讲学，不是留学。

问：您从事了几十年语言教学工作，那是从何时开始转向文学领域的相关研究的呢？因为在您的学术专著中，大部分都是与文学相关的研究成果。

答：我想这大体上应该以"文化大革命"为界吧。"文化大革命"之前，我以语言教学为主，那时我还是年轻教员，虽然也开过几次文学史课程，但仍然以语言教学为主，还多少搞了点语言研究。"文革"期间，教学工作基本处于中止状态。确切地说，我是 1973 年又重新恢复教学并从事

《朝鲜语实用语法》的写作的。到1976年,我连续教了几届工农兵学员。我特别难忘1976年最后一届工农兵学员如饥似渴的学习热情,以及他们对我的感情。我的文学研究是在1976年才正式开始的。当时现代文学研究和当代政治的关联较多,我不好掌握,于是选择了古典文学作为我的研究方向。此时我已经快要跨入半百之龄——50岁了。

问:那您研究文学的高潮时期是什么时候呢?

答:应该是从1980年开始的吧。虽然之前我已经开始从事文学研究和教文学课了,但我本人的学术高潮期应该说是从1980年起到1990年为止的这十年时间。

进入上世纪80年代后,改革开放的春风也吹到了学术界,为学术带来了春天,学术环境因而变得相对宽松自由。那时候我已经52岁了,但我实在是不愿意错过这样一个研究学术的大好时机,所以决定从这个时候开始专注于朝鲜古典文学的研究。我和许东振合作的《朝鲜语实用语法》(亦即《韩国语实用语法》)是在1976年基本完成的。而这以后的几本文学专著都是在1980—1990这一时期写作的:一本是《朝鲜文学史》(1986年出版),一本是在朝鲜写作的《壬辰录研究》,一本是后来回国后写的《中国文学在朝鲜》。所以说1980到1990年这十年,是我文学研究的最高潮时期。

进入90年代以后,我主要参加了一些在美国、韩国、日本、澳大利亚等国以及我国台湾地区和大陆举办的各类学术活动,这段时间我偏重于论文的写作,而不是整本的专著了。

问:您获得"宝冠文化勋章"的《韦旭升文集》可以说是您个人学术生涯的回顾和总结吗?

答:我离休后,想把自己的大半生作一个回顾与交待,工作与事业也算是一个方面,于是整理了以往发表过的和少量尚未发表的论著、译著和古籍整理等。在平素一向作为我事业后盾的妻子经常卧病在床和频繁住院的困难情况下,用了三年多的时间,编、修、增、删,最后竟整理成一部260万字的东西,也就是后来由中央编译出版社出版的六卷本的《韦旭升文集》。这是由韩方资助出版的。

问:能否请您介绍一下《韦旭升文集》出版后的国内外反映?

答:文集出版后不多久,大约在2001年1月在北京大学举行了首发式。除国内的知名人士、东语系主任、外校有关韩国学机构负责人、韩国人士等参加了这个首发式以外,当时的韩国驻华大使洪淳瑛还特派专人送来了表示庆祝的大花环。

这以后,韩国首尔的学术界人士在东国大学举行了规模较大的《韦旭升文集》出版纪念会(2001年12月12日),大约有八十多人参加。韩国学术界元老车柱环(大韩民国学术院副院长)和赵东一等一些知名的学者发表了热情洋溢的讲话。当时中国驻韩国大使率使馆数位工作人员参加,大使还用韩国语作了较长时间的演说。

2005年10月9日,韩国总统为我颁发了"宝冠文化勋章",总理李海瓒在首尔国立剧场舞台上,亲手把它佩带在我胸前。

问:您是第一个获此殊荣的中国人吗?

答:对。这是第一次给韩国本土以外的韩国学研究者颁发这样高级别的勋章。一年后的2006年10月,韩国才向美国哈佛大学的一位教授颁发了同样的勋章。我高兴的是,在韩国学研究领域内,在赢得韩国学研究的对象国——韩国的承认方面,中国人走在了美国人的前头,北京大学走在了哈佛大学的前头。

现在我国正兴起一个研究韩国的高潮,许多单位和学者都做出了很好的业绩,他们也应当,也必然会得到国际承认的。

问:对于自己41年的教学研究工作,您最深的感触或体会是什么?

答:首先我感谢改革开放的春天,它为当时已到"知天命"之年的我,提供了一些有利的客观条件;其次,我感谢北大的人文环境,它熏陶和鼓励我一辈子,使我在这古稀之年仍发奋不已;最后我要感谢朝鲜、韩国及日本、美国等国学者对我的友好关注与支持,以及与延边地区朝鲜族同行们的真诚愉快的合作与来往。我忘不了延边大学前任副校长郑判龙教授以及现任校长金柄珉等两代学者对我的关注和精神支持。我可以用以下两句话来概括一下我对这些国际国内同行的感情。以前古人不是说"海内存知己,天涯若比邻"吗? 我做了点修改,我说"海外存知己,天涯若比邻";"湖外存知己,天涯若比邻"。"湖"者,北大未名湖也。这些同行间的交流与交往,很有利于我学术研究的深入。

问:可以谈谈您是怎样进入韩国语言文学领域的吗?

答:我年轻的时候,对于和我们共同抗日的朝鲜人民就已经产生了很大的好感,原因是那时发生过这样一件事:日本占领南京时期,一名身穿日本军装的日本兵,走进了我家开设的店铺里间,悄悄地对我们说:"我并不是日本人,我是韩国人,是被日本抓来当兵的。我恨日本军阀,我们两国现在同受日本压迫,我们要联合起来反抗日本统治。"当时我才是个十三四岁的孩子,听了他的话,很出乎意外,却也懂得了韩国人,对他们产生了极大的好感,并留下了深刻的印象。但那时还没有决心终身研究他们的语言文学。后来我在高考中被录取到东方语专韩国语科,这以后,就跨入了此领域。上述少年时代的印象,始终保留在我心中,成为我对朝鲜、韩国好感的一个因素。

问:您从事韩国学研究的基本观点是什么?

答:一句话:立足中国,就是"面向中国,为了中国,适合中国"。文章和论著越具有中国气派,也就越能得到世界的重视和承认。我前几年写的论文《韩国学研究和"立足中国"问题》,比较具体地说明了我的基本观点。延边大学的同行们对此文很感兴趣,把它登载于金柄珉教授等学者主编的韩国学丛书《朝鲜—韩国文化的历史与传统》中。2007年秋在延边大学举行的国际学术会议上,蔡美华教授还提及此文的一些话,并谈到建立韩国学研究中的中国学派问题。

问:能否谈谈北京大学对您的成长产生过哪些影响?

答:北京大学是我在中学时代就已十分向往的学府。从1949年8月跨入北大的门槛起,半个多世纪以来,我在这里受到的极其浓厚的人文气氛的熏陶,使我很自然地感受到一种由五四以来就形成的文化学术动力在推动我坚持不懈地前进。学生时代我常常一头钻进图书馆,整日在书海中徜徉。要不就是去旁听早已如雷灌耳的著名学者如俞平伯、冯文炳、侯外庐等教授的讲课。所有这些,虽然和专业课程没有什么直接关系,但正如前面讲过的,它确确实实对我的精神成长和以后的学术研究,起了很好的作用。

如果要为我的成长说点感谢话的话,我就首先要感谢北京大学的这个人文环境和气氛。《中国文学在朝鲜》的日本译者野崎充彦谈到此书时说:"不管在韩国还是朝鲜,还没有一本专著像此书这样综合性地论述朝中古典文学的关联事项,尤其是本书雄浑的笔致令人赞叹不已。"我所取得的这些成绩正是充满宝藏的北大图书馆所赐予我的精神营养所形成的。

问:出版个人文集是好事,可您文集的"跋"("说点心里话")中却隐含着某种伤感的情绪,这是怎么回事?

答:虽然我对朝鲜、韩国早就怀有好感,但年轻时可没想到过用一生的心血投入朝鲜—韩国文化研究。我年轻时候的志向是想给人类做出更大的贡献。宋朝的哲学家张载说过:"为天地立心,为生民立命,为往圣继绝学,为万世开太平。"我那时就想实现这个目标,还为此读了不少书。又想,即便是做不出那样大的贡献,退一步,做一个像贝多芬或托尔斯泰式的人,做出能使人们受益匪浅的贡献也好。可是面对我大半生的劳动果实,回忆起多年辛苦的努力和艰难迭起的人生经历,我却无法感到我的这一点点工作成果对人类会有那样既深且广的益处。但已年过七十,此生已矣! 年轻时想做的,再也无法做到了。怎不感慨万千?

其实,事情也有另外的一面。我的这个"志大才疏"的思想状况倒也曾促使我坚持不懈地读了一些艰深的经典著作,扩大了我的眼界并给了我十分有益于学术研究的观点,并且丰富和深化了我的思考。再就是它使得我总不满足和不满意我既有的成绩,推动我不断向前,倒也起了一定的积极作用。

问:您的一些论著出版后的"命运"如何? 哪些是您自己最偏爱的?

答:我要感谢北京大学出版社,它在朝鲜学研究受不到多大重视,因而也得不到多少利润,甚至会亏本的时候(1986年),毅然接受了《朝鲜文学史》的出版。出版后,最初受到冷遇,销路不畅。但过了些年,情况有了点变化。韩国甚至出现了此书的盗版本。随着形势的发展变化,国内也产生了不少读者。现在买不到此书了。有人甚至对我说,这本书多年来使得一批有兴趣或有志于韩国文学研究但不懂韩文的人,具有了韩国古典文学知识。经修订后,目前它已被批准纳入"普通高等教育'十一五'国家级规划教材",即将再版。

另一本纳入同一类"国家级规划教材"的是《新编韩国语语法》(已由外研社出版),这是我和另一位作者合作的产物。连同它的前身(《韩国语语法》),在连续多年一再反复重印的情况下,总共出版了大约8万册。

1989年出版的《中国文学在朝鲜》则早已经被全文译成日文和韩文分别在日本、韩国出版了。

专著《〈抗倭演义〉及其研究》的情况前面已经说过了:国内版出版后,又由韩国亚细亚文化社翻印,在韩国出版。

至于我比较偏爱的论文,则是《〈玉楼梦〉中的音乐要素和中国传统音乐观》,因为它把我平素的个人爱好和所研究的对象结合起来了。但我在此文的写作过程中和写作以后,总还是感到我的音乐知识不够,力不从心。

问:在您的学术研究道路中,您最难忘的良师益友是哪些人?

答:对于一切教过我的,有真才实学、认真负责而又热情满怀的老师,我都不会忘记。其中来自朝鲜民主主义人民共和国的有柳烈、李应洙和在朝鲜平壤时期的学术指导和联系人申龟铉老教授。韩国的学者中由于多次相互往来而成为我的挚友的,有车柱环、丁奎福、苏在英、金泰俊、李相宝等多位教授。还应当提到的是延边大学的作用。学生时代的朝鲜语语法知识、写作能力和口语能力的提高方面,延边大学给了我们很大帮助。当时的老师如金昌杰、李圭海,以及初而为同学,后来成为学术同行与工作伙伴的郑判龙、许虎一、李海山、许东振和年轻一代的金柄珉、金宽雄、金虎雄等先生,都是我难忘的同行兼益友。

还应该提到的是解除了我的家务负担,保证我全力从事学术工作的已故慈母与前妻刘风珍的支持。我的成果中凝结着她们默默流下的汗水。

问:韩国文化的研究,国内现在几乎成了个大热门,对此您有什么看法?

答:中韩建交带来的两国经贸、外交、文化关系的发展,使得两国彼此对于对方国家的文化研究,产生了极大的推动力,出现了名副其实的"史无前例"的现象。山东大学威海分校、延边大学甚至先后成立了"韩国学学院"。许多地方社会上还自发地兴办起了不少规模大小不一的韩国语学校或培训班。此外还有不少人去韩国留学。约两千年的中韩交流史上,韩国学习中国文化的人很多,数不胜数,但中国人如此"成群结队"地学习韩国文化的现象,则从未见过。由于目前这种热烈现象的出现背后,有十分深远的历史原因,我估计中国学界的韩国热还会长期持续。

这种热潮也给我们从事韩国学研究的人提出了更高的要求,提醒我们不能停留于原有的成绩和水平,催促我们更为奋力向前。但可以断言的是,韩国学研究人才与成果辈出的现象必然和正在来到。我为此高兴,并满怀乐观地注视中韩文化交流形势的发展。

采访人:董 洁
访谈整理:董 洁

桃李无语,下自成蹊*

——北京大学文科资深教授刘安武先生访谈

刘安武教授学术小传　1930年7月出生于湖南常德,汉族,现任北京大学教授、博士生导师。1949年秋入湖南大学中文系,1951年春入北京大学东语系印地语专业,1954年冬被派往印度留学。1958年夏回国被分回北大任教至今。长期从事印度文学的教学、研究和翻译工作,2000年夏退休。2004年11月,被中国译协授予资深翻译家称号,2005年1月被评为北京大学哲学社会科学资深教授。

采访人(问):刘老师,首先谢谢您接受我们的面谈采访。今年(2006)是北京大学东语系成立60周年,您是东语系历史的亲历者,也是北大印度学科的资深教授,能否请您先谈谈印度学科当初的一些情况?

刘安武教授(答):我们都知道,季羡林先生是1946年来到北京大学

---

* 原载《国外文学》,2007年第2期,总第106期。

创办东语系的。当时的东语系有阿拉伯语、日本语、印度语等专业。东语系成立时印度专业还没有学生。1947年也没有学生,1948年就有两个学生学习梵语。这两个学生,一个是从西南联大来的,他入了西南联大教育系,休学之后,1948年复学的时候,北大没有教育系了,他就转到东语系印度专业。还有一个也是1948年开始学习梵语的,可是他们没有学到毕业。解放之后,面对轰轰烈烈的大变革,他们就没有兴趣和外国古代语言文字打交道了,两个人都没有毕业就离开了学校。后来先后到北京的中学教英语了。此后到1960年,一直没有招梵语的学生。1960年招了第一届梵语巴利语班,其中几个后来成了有名的学者、教授,在某些方面继承了季羡林、金克木先生的学术传统并扩大和拓宽了他们的学术领域。1984年招了第二届梵语巴利语班,这一届学生后来不少转行了。

印度语学科除了梵语巴利语、印地语之外,还包括乌尔都语。乌尔都语1954年起招第一届学生,"文革"前后各招了几届学生。不过招生届数最多的还是印地语,我所在的班算是最早的,但比我们早的还有一个同学,是从东方语专合并过来的,还读了研究生,后来在人民大学清史研究所工作,没有用印地语,用的是英语。

问:请问您是怎样来到北京大学印度学科求学的?

答:我是在1951年2月份进入北京大学东语系印地语专业的。我们班共有十个学生。还有两个比我们高一级的其他专业转来的同学和我们一起上课。加上他们,我们一共是12个人。我们是从各个学校抽调来的。有从中学来的,有从大学来的。当时国家有关部门为了将来开展对外文化交流和广义的外交工作,从某些中学和大学抽调一批青年学生来学习东方语言。我当时是在湖南大学的中文系。1949年7月湖南解放时我正好高中毕业,本来想参加人民解放军南下的,只因我父亲已去世,母亲舍不得让我去当兵,所以就考大学。那时,其他大学都已经招过了,只有湖南大学还没招生,我就考了湖南大学中文系,但仍然念念不忘要参军。我当时模模糊糊的想法就是:将来要当作家。写小说要有生活,生活在哪儿呢?我知道生活主要来自工农兵,离开工农兵,生活就成为无源之水。我的母亲在1950年7月去世,1950年10月抗美援朝战争爆发,学校里开始动员参军参干,我没了牵挂,于是就报名了。经过体检,我被批准了,而且公布了名单,学校和系里的欢送会都开过了,都戴上了红花。结果我没有走成,因为全校只要100人,还有8人是预备的,我是其中之一。我就没有去成,却被调来北大学习东方语言。于是我和外语系的一个二年级的同学就这样来到北大。这样我们就学了印地语。也没有什么填报志愿,分到哪种语言就学哪种语言。人的一辈子有的时候有一种偶然性,其实这是一种转折。我如果解放后参了军,或者是参加了抗美援朝,或者一直念中文系,那肯定不会是今天这个样子。对于这个专业,我也谈不上喜欢,我还是喜欢中国文学。当时念外语也没有什么将来搞文学研究的想法,服从国家需要就是唯一的任务。

问: 作为第一批学习印地语的学生,能否请您谈谈当时的学习情况,比如教材、课程设置以及教学安排?

答: 我入学的时候,谈不上正式的教材。第一学期是金克木先生上印地语课,后来就是印度外教上课。让金先生上印地语,这可委屈了他。因为这不是他的所长。金克木先生和季羡林先生都懂好几种外语,最擅长的是梵语巴利语。我羡慕他们懂几种外语,读的书又多。我学一种外语,使出了好大的力气还不怎么样,第二外语就更差了。金克木先生懂英语,又自学了法语,在印度几年,学了梵语巴利语。印地语是他在印度人中间,和印度人交往学会的,对他来说,学懂一种外语是多么轻松。解放后高校提倡学俄语,据说金先生和季先生听了听语法,看了看书,就慢慢看懂俄语了。

从1951年10月开始三反五反,我们都去参加三反五反工作了。当时上级抽调一些人组成检查组去工商业主的家里和企业里调查他们的经济问题。这种小组的组成人员一般有一个组长(革命干部担任,掌握政策),有一个会计(查账),有一个武装人员(保卫),此外还有做思想工作的人(根据企业大小,一至二人),给工人讲道理,宣传政策,做动员工作。我们就是担任这个角色。我们全班都参加了这种宣传思想工作。工作结束后,我被学校留下来继续搞三反五反工作。原来北京市一些高校校内的三反五反还未完,大批人的问题还未弄清楚,于是高校集中到北海原辅仁大学进行清理,被清查对象有几百人,各高校都有专门的清查组。我在宣传组工作,参加宣传、组稿、整理政策案例进行解说等。7月结束工作,我回到学校。当时正值院系调整,我来到燕园。三反五反结束,我也入了党。

最初教材是由金克木先生编的,后来由好几位外教连续选编印地语的各种精读、泛读教材。应该说,经过几届学生使用,对初编的教材进行了修改补充、丰富完善,到1957、1958年开始逐渐有了比较正规的教材。当时没有印刷条件,虽然是油印的,但是已经是比较适用的教材了。1958年正是大跃进的时期。我从印度回国到北大报到之后,六七月,系里让我去帮忙办展览。北京市要在农大办一个高校大跃进成果展览。学校里面有十几个系,每个系都选出一些人张罗这件事。当时是大跃进,系领导提出三五年我们要搞出什么东西来。我们教研室提出要编出一年级至五年级的各种系统教材、语法、文学史、印地语汉语大词典、汉语印地语大词典、成语词典等等,一提就提二三十种。结果就有人把这些还没有着手编的教材、词典等裱成像正式出版物似的模型。我对领导说:"我们还只是解放思想想出的计划呀!计划还没有落实,那计划怎么能当成成果呢?"其实各个教研室都一样,各系都一样。由于我刚回国,没有经历过前期已经出现苗头的熏染,还不习惯,所以才提出问题。我们现在说当时的浮夸,往往提到亩产几千、几万、十几万斤的新闻报导,其实我们身边的例子有的是。

问:您还曾经去印度学习过,为什么提前毕业去印度呢?能否谈谈当时的情况?

答:我在1954年11月提前两个月毕业去了印度。这个事情的背景是这样的:1954年10月份印度总统尼赫鲁到我们国家访问,这在当时是件大事。据说在双方会谈时,谈到开展文化交流,双方同意互派留学生。于是教育部让北大派了两个学生,即刘国楠(可惜他于1987年过早地去世了)和我两个人到印度去留学,没多久就启程了。行前有关方面的负责人指出,这是新中国第一次派往印度留学的学生,也是第一批派往非社会主义国家的学生,意义重大,希望我们好好学习,增进和印度学生的友好关系。我们11月到达印度,被安排在德里大学天鹅学院印地语系学习。去了不到半个月,新德里举行了一个国际学生的集会,把我们请去了。尼赫鲁参加了那次集会。当时我们跟尼赫鲁说:"尼赫鲁先生,上个月您到中国访问,我们都在大街上列队欢迎您。"——尼赫鲁曾经到北大发表过讲话,当时我们也还不知道能够去印度学习——我们还说:"当时,我们在北大听您说印地语都高兴极了。"其实尼赫鲁在北大办公楼礼堂开始的时候说了几句印地语,还是我们班的一个女生做的翻译呢!就几句话,然后就是用英语讲话。我们特意说,他讲印地语我们很高兴。他问我们是学什么的,我们说是学印地语的。他问学了多久了,我们说三四年了。他问,那你们现在来学什么呢?我们说,还是学印地语语言和文学。他说,印度的文学在梵语中,你们可学学梵语。我们把这个事情汇报给了使馆,结果使馆没有理睬这件事情。他们说,不用那么认真,还是按国内交待的任务学印地语语言文学。我们在印度的三年半的时间,是中印关系最好的时期。当时我们受到很多优待,连上下飞机都是不检查的。

问:您在印度期间一直学印地语吗?如何选课呢?

答：是的，我们学习了3年7个月。第一年是在德里大学的天鹅学院，以后我们转到北方邦贝拿勒斯（现瓦拉纳西）大学去了。我们主要是自由选课。出国前，教育部的人告诉我们，出去不用拿他们的学位，要灵活点，主要是了解哪些课程对我们将来有用，就学哪些课程，不用死抠学分什么的，所以我们选课比较自由。他们系里开什么课，我们觉得不错，就听去。

问：您觉得比较有印象的课有哪些呢？在求学期间有什么特别体会吗？

答：比如作家研究。他们的作家研究和我们的不一样，他们所欣赏的那些作家，我们不一定欣赏。因为我们最主要的是从思想方面谈作家。他们讲的文学史我们也去听，他们讲的散文写作我们也去上，写了文章交给他们改。还有应我们的要求开设的翻译课（汉译印地）。他们不懂汉语，我们就把英语译本给他。什么重要的报告呀评论呀，我们翻过去，他参照正式出版的英译本给我们改。这个英语本只是参考，后来我们就不用英语本了，我们觉得将来我们的工作不会借助英语，而且我们的英语也并不怎么样。汉语翻译成印地语的时候，有一些它的特点。有的时候直接翻过去还好一些。由于以前没有总结归纳，我们自己开始摸索，如果这样摸索几代的话，那就好了。但是后来没有人继续去研究，所以现在外文局凡是翻译印地语的人，都是按照英语的模式。当然从语法结构框子来说，英语和印地语比较接近，都属于印欧语系。但是有一些东西，印地语的习惯和我们汉语差不多，通过英语一转的话，反而失去了很多精彩的东西。我们也没有想到学了回来会直接运用到教学中去。当时还不知道以后回来干什么呢！

我对留学印度感受最深的是有足够的时间看书，你一天看24小时也不会有人干涉。当时中国刚解放不久，社会大变革，政治运动、政治活动、政治学习、党团组织生活和各种会议很多，很少时间潜心学习。到印度以后环境完全变了，我们有了充足的时间读书，效果也不错。另外，由于校方照顾，问我们学习上有什么要求，我们提出给我们安排一个咨询老师，为的是我们在读书中遇到问题，有人给我们解决。学校这样安排了每周两小时，我们受益很多。有的问题老师解决不了，也会指出找什么参考书，或通过其他途径解决。对此，我至今仍存感激之情。

问：那您1958年回国之后的情况呢？

答：1958年以后，说实在的，搞什么业务呢？当时国内在搞大跃进，解放思想，大鸣大放。随便就可以不上课，去参加社会活动，参观徐水人民公社,去看人家大炼钢铁或大搞试验田。当时有关三面红旗,知识分子下放劳动思想改造的口号喊得很响。1960—1961年,我就下放十三陵一年。"文化大革命"的时候,1969—1970年和1975—1976年又先后两次下放了各一年。这么瞎折腾,怎么能搞好教学、科研?其实,我们出国学完回来,正该要发挥作用呢,可惜时间就浪费在这些事情上面了。还要说明的一点是,要花很多时间在担任的社会工作上面。

问:您回国之后就是一直是政治运动,一直到"文革"结束?

答:是呀,一直到"文革"结束一两年之后,才开始重视搞业务。1977、1978年好多时间在拨乱反正。你要知道,当时为了粉碎四人帮,消除其影响,肃清流毒,政治活动也很多。就是说搞业务的时间相对还是少,而且也没有那个气氛。说实在的,像我们这一代,或者比我们早一点,或者比我们晚一点的,耽误了很多时间。

问:那"文革"期间是否有很多年没有学生呢?

答:1966—1969年就没有招生。1970年开始实验性地招收工农兵学员。那时候乌尔都语班学生还不多,可能一二十人吧。但是当时印地语的短训班人可就多了。短训班是学一年,在北大校本部学习。而长训班的学生在江西鲤鱼洲的基地上学的有五十多人。短训的走了之后,江西的长训班学生就回来了。当时印地语的短训班约有八九十个学生学习,分成好几个班。长训班被分成三个班,我分别承担了长、短训班各一个班的教学任务。

问:1978年之后,一切恢复正常了,您是怎么开始搞印度文学研究的呢?

答:其实1958年回国之后,我被分到搞文学,我对这个也有兴趣。而且过去我是念中文系的,所以教研室的同仁都建议我搞这个。我在印度学习的时候看了不少文学作品。回国时正值大跃进,在这种气氛下,就让我从9月开学时给四、五年级开设文学史课程。我匆匆上马,开始讲"印地语文学史"和配合文学史的"印地语文学作品选读"。时间仓促,逼得我开夜车。当时的政治活动又多。我说,别叫文学史了,就叫印地语文学吧。不过这样逼两三次,第一次是提纲似的,隔两年,就加工修改成一个讲义,到最后"文化大革命"开始的那一年,我就编出了一个比较完整的讲义了,大约25—30万字。我把前面的十几万字交给印刷厂打印,当时"文化大革命"要开始了,乱哄哄的。开始的时候,我还想着把这些东西要回来。我跑到印刷厂去,要我的讲义。不料竟然被印刷厂的打字车间弄丢了。我觉得实在是可惜。没有办法,只好根据原来的那些素材再重新整理了一遍。"文化大革命"开始之后,什么课也不上了,那么几年,我就没有理它。一直到粉碎四人帮之后,重新开始招生,要上课了。我就把它重新整理,写成了《印地语文学史》。我对这本书花了不少时间。但是还是比较粗糙,受当时时代的影响,政治色彩很浓。现在也没人去搞了,很遗憾。1983年整理好了,结果刚成立的学校出版社嫌发行量会很少,没有给出版。后来在人民文学出版社的一位负责人的大力支持下,于1987年正式出版了《印度印地语文学史》。

问: 接下来您又从事了哪些方面的学术研究呢?

答: 随后在80年代,我参加了季羡林先生主持的十多项大小课题。从编《中国大百科全书·南亚文学》、《中国大百科全书·亚非戏剧》、《简明东方文学史》、《东方文学史》、《古代印度文学史》等。90年代由于我承担了主编《泰戈尔全集》的任务,又承担了社科课题《普列姆昌德评传》,所以就没有精力参加季先生主持的其他课题了。

问: 那么在后来的研究中,您体会最深的是哪项研究呢?

答: 体会比较深的是《普列姆昌德评传》(国家社科项目)。为什么要写它呢?因为这是研究生的一门课,普列姆昌德是印度现代大作家,不研究他不行,不开研究他的课不行。我对这个作家比较熟悉,还翻译过一些他的作品,在印度还参观过他的故居,我喜欢他的作品,不喜欢他的作品是没有兴趣写他的评传的。在系统写评传以前,在文学史中讲到他,课堂讨论中评论他,论文中也一再分析过他,甚至以他为题目多次在学术会议上讨论他,所以也就比较顺利地写出来了。主要的问题是取决于对作家了解的程度。写完后正好中国国际广播出版社想出版学术著作,得知这部书还是国家社科的项目,所以就出版了。

关于写《印度两大史诗研究》,也是起源于要开这门课程,作为印度语言文学专业,要不研究两大史诗和开设这样的课程也是说不过去的。我不懂梵文,但在没有人直接从梵文研究两大史诗和开课时,用印地语去研究总算是"聊胜于无",所以我就勇敢地或者说冒险地开始了。要看完《摩诃婆罗多》可不是一件容易的事。我集中近一年的时间看完了它。看一遍不行,有些地方还得反复看和琢磨,要不就搞错了。我们中国出的有关介绍印度的书中介绍到《摩诃婆罗多》时几乎都出错,或者介绍得似是而非,因为很少有人是看了全书后写的介绍,不出错才怪呢!这个课题是作为北大研究生院重点课程建设的项目完成的,后来又承担了教育部人文社科课题"印度文学与中国文学的比较研究"。这项研究我不是按照历史发展系写的,也不是按照某种分类,而是选了一些比较有意义的题目,写了十几篇论文。去年这本书也出版了。另外补充谈一件事，90年代我和两位同行倪培耕、白开元还承担了主编《泰戈尔全集》（共24卷）的工作，全集接近一千万字。我还主编承担了十来个剧本的翻译。完成这个项目之后，我本来还想写《泰戈尔评传》，这当然也不容易，但希望在退休前开这门课和搞这个课题，但未能实现。不过现在看来精力也不够了，只好知难而退了。

问：那么这些年来，您一共翻译了多少作品呢？

答：我主要是翻译了普列姆昌德的几部小说集、泰戈尔的十来个剧本。我认为翻译比写作要轻松点。翻译并不用琢磨问题的深度，而是根据你对语言的掌握和理解。书读多了，理解就不会出错，当然这并不是绝对的。所以翻译不需要你花太多功夫去琢磨一个问题，你掌握了那种语言，你不会理解错，然后你再用自己的语言把它表达出来。如果你写作还顺利的话，那就不会太费劲。你看，我刚才说的，泰戈尔研究是一个难题。这个难就是说，在众多人研究的基础上，你要有一些新意。像普列姆昌德没有人写过，你写成什么样都填补空白。所以从我的角度上来说，翻译要容易一些。我这十来年就没有搞翻译了，而且现在外国文学的翻译也不热门了，何况印度文学翻译！

问：那你们翻译的《泰戈尔全集》都是从什么语言翻译的？

答：《泰戈尔全集》大部分从孟加拉语翻过来。特别是诗，全部是从原文译的。其他小说、剧本部分从印地语翻译的。极少部分是从英语译的。（包括原文就是英语的作品）我们之所以同意从印地语翻译，就是因为从印地语翻译，也比从英语翻译好，多少保留了一些印度味。我译了十个剧本，其中有几个是第一次介绍过来，有几个过去有英译本，这次也从印地语重译了。也可以说，我们翻译的《泰戈尔全集》是前进了一步。再过若干年，全都从孟加拉语翻译过来，就更进步了！

问：教书育人是老师的首要任务，您能谈谈您是怎样培养硕士生的吗？

答：前不久，我还去参加了我校世界文学中心成立20周年的纪念会。世界文学中心是在1986年成立的。1985年东语系文研室（成立于1979年）开始招收硕士生，东方文学方向第一次招收了6个学生，其中有两个是印度文学方向的。1986年世界文学中心成立之后，东语系后来招的东方文学研究生就划入了世界文学中心了。印地语的第一批两位硕士生是1979年入学的本科生毕业之后读硕士的。我指导东语系印地语专业本科毕业的硕士研究生和世界文学中心招的硕士研究生共11名，指导博士生6名,还指导了来北大进修的国内访问学者5人。以上硕士生、博士生和访问学者中,除了两位去美国留学和一位不知近况者外,有8位已经成为教授、研究员和编审,其中还有两个已经是博士生导师,其他的都已经是副教授或其他副高职了,他们在有关印度学科方面都做出了自己的贡献。

问:请您谈谈对印度学科发展的回顾和展望。

答:对我国学界来说,印度学科是一座半开采的富矿,它可以供我国各方面的学人去挖掘。当然,近期它不可能成为显学。特别是印度语言,是个复杂的问题,除了作为研究工具外,在许多场合,英语都替代了印地语、乌尔都语和其他印度主要的地方语言。如果一个人能既掌握印地语又熟悉英语,那就可以在各方面占有优势,既可以从事学术研究,又可以参与广义的外交和社交活动,当然这只是从语言工具这方面说的。研究古代印度的典籍,除懂梵语外(梵语较难,通过梵语掌握材料很有限),最好还要懂印地语,而几乎所有印度古代梵语的典籍都有印地语译本,用印地语写的研究专著就更多了。印度学科虽近期成不了显学,但它是有志于学术研究者较理想的专业,这座半开采的富矿总会提供宝贵的东西而不会让辛勤的开采者空手而归。

采访人:高　鸿、王　旭
访谈整理:高　鸿

教书育人四十载　译坛耕耘五十年[*]

——北京大学法语系桂裕芳教授访谈

桂裕芳教授学术小传　1930年9月生于湖北武汉。1949—1952年就读于清华大学外文系,1952—1953年就读于北京大学西语系。1953年毕业后留校,从事法国语言文学的教学和研究工作,任教授、博士生导师。曾受聘为巴黎高等师范学院客座教授,联合国教科文组织翻译审校,国务院学位委员会外国语言文学学科评议组成员。主要译著有:《变》、《爱的荒漠》、《追忆似水年华——在少女们身旁》、《梵蒂冈地窖》、《窄门》、《恶心》、《自由交流》、《童年》、《写作》等。主编《莫泊桑小说全集》,选编《洛蒂精选集》与《世界中篇小说经典·法国卷》等。1991年,译著《追忆似水年华》(合译)获第一届全国优秀外国文学图书奖一等奖,译著《爱的荒漠》(独译)获第一届全国优秀外国

[*]　原载《国外文学》,2007年第1期,总第105期。

文学图书奖二等奖;1993年,获法国教育部颁发的文化教育荣誉勋章(Palmes Académiques, Officier);2004年,因在法国文学译介方面的突出贡献获中国翻译家协会颁发的"资深翻译家"称号。

采访人(问):桂老师您好,感谢您抽出时间接受我们学科史项目组的采访。我们想请您从1949年考进清华开始,讲讲当时您为什么选择学法语,以及在清华学法语时的各方面情况。

桂裕芳教授(答):好。我是特别喜欢讲清华的。考取了清华以后,要从武汉到北京来。但当时不能从武汉坐火车直接到北京,京广路不通,打仗时破坏了,当时只能先到郑州,在车站露天里过一夜,第二天走陇海路到徐州,再转京沪路到北京。但是大家都觉得很有意思,为什么呢?因为清华的那种精神一开始就有。当时孤身一人,谁都不认识,清华的老同学在武昌与汉口间轮渡上坡的地方贴了一个大布告:凡是北上求学的,愿意跟我们一同走的,某月某日跟我们联系,我们一同走。这样我们就凑了一车厢人,跟着老同学一起来了。是坐货车来的,没有座位,大家就把行李搁在下面坐着,这样到的北京。一到北京车站,学校已经有车在那儿等了。当时的大学对新生非常热情。一个大巴,一百多人,就这样来到了清华。

上清华读的是外文系,当时主要是英语。后来成立了俄语组,俄语组的领导现在还在清华教书呢。以后又成立了法语组。我为什么学法语呢?因为俄语我不是特别感兴趣,而上英语的人又太多了,每次上课一大屋子,座位也不好找。于是我就选学法语,师从吴达元,我们有六七个人,此后就不学英语了,从一年级下学期开始以学法语为主了。我们的老师吴达元也特别好。他那时候是副系主任,在清华大图书馆下面有一间办公室,他就让我们在他那个办公室上课。同时他还请罗大冈、齐香、陈定民等老师给我们上课。大家围着一张大办公桌坐着,每个人拿一只笔,也没黑板,老师要写字的时候,有时就用一张大纸在前面写。

跟我们接触最多的还是齐先生,她是和罗大冈先生一块儿从南开大学过来的。他们过来之后法语阵容就强啦。当时清华的法语老师有吴达元、齐香、罗大冈、陈定民、盛澄华以及后来的徐继曾等。

问:当时上课分不分精读课、泛读课?主要学习一些什么内容?

答:不分。比方说基础的,动词变位什么的,吴达元就找了一本美国大学法语的教材,美国人学法语用的,用英语解释法语。我们一般都有一些英语基础,所以进度很快。然后是陈定民给我们上的好像是他编的一本法语课本,也是一篇一篇的东西。然后有听力,徐继曾老师上的,用的是很大的一个机器,听的材料是很老很老的,语速非常慢,"Bonjour, Monsieur Durand…","Bonjour, Madame Dupont…",反正就是这些东西。没有专门的口语课。我们学习用的课本好像基本上都是原著,但都是很短的,没有现成的阅读教材,主要是老师上课找一些东西。因为我们人少,所以比较方便。

问:那就是说清华这一段学习生活给您留下了很深的印象。大学头三年,那时候是二十岁左右……

答:对。我在进清华以前耽误了一年。因为解放,大军南下的时候,我在南京,在金陵大学。但是南京那个时候所有的大学都关门,学校让大家都回原籍去,在别的地方借读,以后再回来,学历还算。我就回到了武汉,我不想去借读。我有一个同学的妈妈是教英语的,家里好多好多小说,我就在她家里看。第二年,我也不想去南京了,我就考了清华,所以我晚了一年。当时想往北边走,离家越远越好,想飞得远远的。

问:那时正好赶上新中国成立,清华校园里的氛围和生活是怎样的呢?

答:氛围好极了,非常好,欣欣向荣。但生活还是很苦。清华有很多食堂。这些食堂都是学生轮流参加管理的。吃饭的地方有一个大木桶,里头搁的饭是高粱米,或者是小米饭。我记不清楚了,高粱米肯定是有的。然后大家就是随便吃,围着一张桌子,凑八个人就行了。吃饭不用交钱。那个时候还是供给制,也不交学费。你对这个食堂不是太满意,可以到另外一个食堂。反正水平都是一样的。住宿就住在学生宿舍。四个人一间宿舍,两张高低床。宿舍同学也相处得挺好。如果是大雪天,我们女同学就不到男同学食堂那边去吃,食堂就弄个大车,把饭都推过来,送到均斋。下面有个大房间,然后我们就下去吃饭。想的非常周到。

问:那时候,清华一年招收的学生没有多少吧?整个学习气氛,还有学校的学术氛围也是非常好吧?

答:学生没有多少。学习气氛,还有学校的学术氛围不能说特别好。这里头有个变化。我在一年级上学期刚到清华的时候,有许多的课。有赵诏熊的"英国戏剧",有李广田的"中国文学",还有一个很有名的教授雷海宗讲"世界通史"等。都是必修课。但是到了第二学期,还是二年级,我记不清楚了,运动来了,这些课都没有了。而这些人呢?李广田调到昆明去了,当昆明大学校长。雷海宗调到南开去了。一些老师调走,有些课就停了,就没有了。我还上过"希腊神话",罗念生的。你说多好!就上了一学期,也没了。然后就只上法语了。还有一些大课,每个礼拜在清华大讲堂上大课。讲怎么从猿变作人的,社会发展史。总之政治加强了。

在这以后,除了学法语,就是进城"打老虎"。知道什么是"打老虎"吗?就是"三反五反"。清华的学生进城,分到各个区。我分的是广安门那个区。就住在他们的工会,然后让你负责一个行业,我负责的是钉马掌的。因为广安门那边进来有很多骆驼、很多马。只有七八个学徒,有一个小资本家。上面给你的任务就是让你到那小资本家那里去,给他做工作,发动工友揭露他有多少偷税漏税。还有的人是专门负责铸铁行业的,总之各种各样的。这样一去就是两个礼拜到一个月。

还有就是宣传抗美援朝、反对崇美恐美亲美。很多很多的运动。我们出去以后,学校里头的老师呢,他们就搞"忠诚老实"运动。就在老师之间交待自己有什么事儿。有时候我们在校的时候,就参加他们的大批判。我记得吴达元也上台。一个大屋子,老师们特别是系主任、副系主任有些职位的老师,就讲自己怎么不好怎么不好。大家就提点意见。

这个完了以后,国家就稍微开放一点儿了。就来了很多外宾。需要翻译,英语的好找,法语的没有人,就到学校来找人。那时候我也不会使用时态,imparfait(未完成过去时)根本不会用的,passé composé(复合过去时)也不会用,讲什么事都加一个va什么什么的。就这样用人,有时候一去就是一个月。你得先培训,完了以后要做总结写报告。至少得一个月。所以基本上没有系统地学习,像法国文学史没学过,就读过一些片段的东西。那个时候的学习实际上是被冲击的。最后比较系统地学,还是到了北大以后,尤其是当了老师以后。

问:1952年全国院系调整后,您进入北大继续学习。当时的院系调整在中国可以说是一个重要事件,对这个事件一直不乏争议。您个人当时经历了这件事情,这件事情现在已经过去半个世纪了,能不能和我们谈一谈呢?

答:我觉得从清华来说,那个时候,实际上到快要合并的时候,整个教学秩序已经打乱了。因为那么多运动的冲击,很多课程后来都没了。我一进来的时候那些课程,你说多好!都是基础课!可惜后来被冲击被打乱了。所以到北大来以后,又重新来,慢慢地组织各种各样的课程。合并以后对于北大来说是一件好事,那时北大真是人才济济,尤其是英语,那不得了,个个都是大师。法语有原老北大的郭麟阁、陈占元、邓林、曾觉之、闻家驷及叶汝琏等。从清华过来的是罗大冈、齐香、吴达元、陈定民、徐继曾、盛澄华等。后来沈宝基从军事外国语学院调过来。北大法语师资最强是那个时候。但是工作也很难做,清华的一套教学方法与北大的一套不是合拍的,并且那么多名师在一起,工作比较难做,工资待遇什么的很难摆平。

合并的大前提我认为是错的,我是反对这个的,就是学苏联。所有的学科都归类。这样清华就散了。航空系到航空学院,水利系到水利学院,文科和理科都合并到北大,清华只剩一个工科,连外语都没有。北大的医学院也是那个时候分出去的。北大原来也有工科的,就分到北航了。原来北大好像还有农学院,也分出去了。就是把北大也肢解了。所有的学校都这么分,搞成专业比较单一的学校了,给每个学校定性,比如北大是文理综合,不是的就分出去。

问:1952年院系调整以后,北大法语专业是每年招一个班吗?各个年级师资是怎么分布的呢?都开设哪些课,对学生有什么要求?

答:是的,每年一个班。每个班不超过二十人。(后来的70届是两个班,一个陆军班,一个海军班。刚恢复高考那阵77届是两个班,快班慢班。79届也是两个班。1980年恢复正常。)50年代一年级始终是吴达元把关,因为他语法的条理特别清楚,他编了一本语法书。而且他很严格,一般就是他把关。到二年级就是齐先生。然后三、四年级就看情况了,或者是郭先生,或者是罗大冈。罗大冈也就教了一个班。然后各种选修课就在四年级了。一年级、二年级老师比较固定。课程后来也比较正规了,精读、泛读、口语、写作等。写作是二年级就开始有了。还有语法课。过去在清华的时候不专门讲语法的。

当时整个框框是向苏联学习的,提出掌握"听说写读译"五种能力。在这方面每个教师的理解也不太一样。比方说"听说写读译",我认为"读写"是基础。当时北大学生的口语并不是太好(现在肯定比当时好,因为条件比那时好多了,又有外教啊),而北外学生的口语比较好。但是你到了一定的工作岗位以后,人家都说北大的学生有后劲儿。这后劲儿一方面是他有其他的课程,比如文化课的基础;还有一个就是他读得多。你读得多,吸收的东西就多。有这样的基础提高口语很快的。

问:您的教学生涯是从1953年开始,从当助教开始的吧?在教学上,有哪些老师给您留下的印象比较深呢?

答:对,我一开始是跟吴达元做助教,他上课我就坐在后面听。他讲语法,讲完以后给学生布置作业,我来改。改完以后,他看一遍,看改得对不对,那个时候就是这样,老教员带新教员。准备教案也是这样的,比如找"活用词"用来讲课,就是从课文上找出若干主要的词来,围绕这个词编三四个句子,老教师给你改,看举的这些例子合适不合适。"活用词"是很有讲究的,除了书上的练习以外,你自己一节课至少得准备一百句。杨维仪编这个是编得最快,也编得最好。而且不是单句,是编成一个故事。有一次上完课以后,学生跑去问她:"老师,您这是哪个作家写的啊?"她的实用语言特别好。她没有拿什么硕士博士,什么都没有。但是她很小到法国去,在那儿念的中学,所以实用语言特别好。那时候还有一个李熙祖,他是大学毕业,在法国生活了一段时间。也是口语特别好,什么土话他都知道。

其实从我个人受益方面来说,印象比较深的还是罗大冈,因为他视野比较开阔,我们是他在北大教过的唯一的一班,也是最后一班。一篇文章,他拿来给你讲,很有语感,很简单的词他可以给你讲出很多东西。这个字词的区别啊等等。培养你一种语感。你觉得这两个词是有点不太一样,怎么不一样,他可以给你讲。他是比较好的。还有一个问不倒的老师,叫曾觉之。他真是问不倒,法语方面、语言、文学、古希腊……什么他都知道。我只要有不懂的,就去找他。他家在城里,但他平时都住在学校,住在未名湖边的一个方亭子后面那个小楼里,周末才回家。当时学生只要有问题就可以直接上老师的宿舍里,找老师问问题。不过他没有上课,因为他是客家人,他说话学生听不懂,比陈占元先生口音还要严重。还有吴达元、闻家驷啊,都是知识渊博、教学严格的老师。

问:"文革"前的十几年,虽然一直有一些政治运动,正常的教学秩序还是有保障的,也为国家培养了不少人才。面对政治运动的冲击,教学是怎么坚持下来的呢?当时的师生关系是怎么样的?

答:确实为国家培养了许多人才,很多毕业生以后从事法语教学研究和文学翻译,或在外交、外贸、新闻等其他行业工作,国内国外都有。那时候,总的来说教学还是正常的。虽然很多时候被运动打断,但是我觉得有一点很重要,就是教师的确是兢兢业业,就是总有一种想法,不能误人子弟。虽然有些时候政治运动很多,其实教师也不是太满意。但是当你面对学生的时候,你不能误人子弟。这一点,好像所有的教师都是这样,就是说应该做什么你还是得去做,不能够打折扣。

至于师生之间的关系,"反右"以前是非常好的。学生常常到教师家里,听听音乐聊聊天。还有在一个小组里面的老师也是常常在一起听音乐,讲讲小组里面的事情。"反右"以后就说这个是糖衣炮弹,是教师在向学生施放糖衣炮弹。而且还有很多人身攻击。像齐先生挺爱漂亮的,她总是穿件旗袍,漂漂亮亮的,坐着三轮车来上课。但是她上课是非常非常认真的,一点儿不马虎,学生很喜欢她。可是一到"反右"的时候,在这种大气氛中,学生当然要批啦。所以大家相互之间就都不敢接近了,师生之间也比较小心了。学生要监督你的。但我觉得从学习上来说,教师和学生之间的关系还是不错的。对学生还是很负责、很关心的。一直是这样的,教师在课堂上讲错了的,他自己发觉了一定要告诉学生,如果不知道就会和学生说:"这个我记不清楚了,到底要怎么说我下去查一查,下一堂课来告诉你们。"一定是这样的,绝对没有自吹自擂虚假的东西,都是真的东西。我觉得这个还是要肯定的。

问:"文革"开始后北大就停课了吧?教师的情况如何呢?

答:大部分教师去了江西鲤鱼洲。我也去了,并且把我的两个小孩也带去了。在那里呆了一年半,种地,种稻子。挺有意思的。苦是特别苦,但是挺好笑的,每天都笑破了肚皮。因为我们什么农活都不会,所以老出些洋相,很可笑。那个地方是特别的一种红土,一下雨特别滑。每年2月份,28天有26天下雨。我们去了以后,住大仓库,每天出工以前,工宣队跟我们说,你们要好好的,不要想着回北京去吃小灶,不要想着去当大使,你们要好好地劳动。然后我们背着锄头就下地了。那个时候只有一个人坚持学法语,就是郭麟阁。他在"文化大革命"中间遭批判,说他是中统和军统,在东操场开批斗会。我说他根本不像。"文革"后就平反了。就他坚持在鲤鱼洲学法语。其他人根本就不想外语了。因为都是被扫地出门的啊,我那个房子挂上一把锁就走了。大家对将来根本就没有想法了。

教学重新走上正轨是在恢复高考以后,大家干劲十足,学生也很努力。77届和78届,这两届的学生是最好的。因为压了十年的人才啊!那时候的人是真的认真学习啊?!而且所有的学科所有的学校都这样。教这帮学生是最省心的。可惜咱们一个也没有留下来。全都出国走了。很多人当时去了美国,并且也不搞专业了。很可惜啊!

问:您1944年从教,是北大法语专业最资深的教授。80年代以后,您成为我们这个专业的学科带头人,除了一直承担重要的教学任务,也指导过硕士生、博士生,主持过教学行政管理工作。那么,从学科发展的角度,从历史的角度,您觉得有什么经验教训值得总结,对我们现在的教学工作有什么期望?

答:我觉得,从我开始在北大教学到现在,法语教学有一个变化:以前完全是纯粹的语言教学。语言抓得很紧,那个时候的政治条件使我们不能把文化跟它挂钩。就是语言,纯粹的语言。你们现在是语言跟文化结合在一起学。我觉得这是新的,这是很好的。我们那时候不允许学资本主义国家的文化。比如:词汇中不许出现 pain(面包),一定要学的话,就必须得加上"à la vapeur",就是"馒头"的意思。或是"黑面包"之类的。后来有人说黑面包更贵啊!呵呵。我记得"文革"后期我们编教材,一个家里如果是两个孩子,你要算父母是多大。在独生子女的政策出来以前生两胎可以,不能在那以后。总之,编课文、出词汇要考虑很多政治方面的东西。

我觉得现在你们搞的我是非常赞同的,就是把语言和文化背景结合起来。这个我非常赞同。还有一个,也是我自己的缺陷,我觉得应该在哲学方面再下点功夫。因为比方我做翻译,到后来我觉得不是文字的问题,而是思维方法、思维习惯,思维方面的问题。如果原作者是用正常的语言来说,那么我们用正常的语言翻译,如果他用特殊的语言,你就不应该用中国的通常的语言来翻,也应该用特殊的语言来翻。这里头我觉得有许多思维方面的问题。这方面可能我们还欠缺,反正我那一代是非常欠缺的。你们现在好一些了。我觉得让学生读一些这方面的东西可能是有好处的。

我退休是在1997年,我跟法语教学已经脱离快9年了。但是我觉得现在的学生好像不如以前的学生那么爱学习。可能现在的学生情况和以前不太一样,以前的学生毕业就有工作,包分配,现在的学生毕业以后到底到哪里去,怎么找工作,一直是个问题。所以到了三年级、四年级以后心就有些散了,还得到处跑,到处去找工作。社会上方方面面的影响、诱惑也很大。所以从教学来说,我们也不能完全按以前那样要求。不过,四年还是基础,对吧?基础的语言、基础的文学概况、对社会生活方式的了解,只能这样。听说写读还是基本的,最基本的能力。

问:您刚才谈到翻译问题,我们正好在这方面有问题向您请教。您翻译了很多作品,有的成了经典译文,在中国译协2004年表彰的一百多位"资深翻译家"中,您可以说是译介法国文学的代表,柳鸣九先生在一篇文章中也称您为北京"译界六长老"之一。那您可不可以给我们谈谈从事文学翻译方面的情况,比如什么时候开始从事翻译。另外您翻译的书籍涵盖很多领域,却对现当代法国文学情有独钟,我们想知道这些选题都是您自己提出的吗?

答:我第一本翻译的书是罗马尼亚的,具体什么名字,我记不得了。大概是1957、1958年的事了。做笔译工作则更早,是齐香先生介绍我去做的。那时我刚刚做助教,收入不多,四十几块钱,不怎么够用。齐先生说,有个刊物需要法语翻译。那刊物每个月出一期,是世界保卫和平委员会的,在王府井那边。编辑每个月给我一篇,什么内容都有,一会儿讲舞蹈,一会儿讲柴可夫斯基,他给你一篇就翻译一篇,然后寄给他,他就给你寄钱,然后也出版。60年代中断了。其实我在翻译上没什么长劲。每个人翻译的情况可能不一样,有些人可能底子比较厚,既可以翻译这个也可以翻译那个。我翻译理论性的不行,我觉得太别扭,还有太文雅的不行,因为需要文字特别讲究。我只能翻译一种东西,那种文字一般的,另外也是我喜欢的东西。

选题方面,一般是出版社找我约稿,通常我自己也比较喜欢,比如普鲁斯特《追忆似水年华》的第二册《在少女们身旁》,写得真是好,特别好。属于完全由我自己推荐的有萨罗特的《童年》和布托尔的《变》。这都是我喜欢的书,我喜欢的书有同一种倾向,都是比较清新的语言,表达一种复杂的、不断变化的思想和感悟。

说起来,我开始喜欢这一类作品是因为接触到 La Modification《变》)。我刚留校任教的时候,有一个法国专家在北外和北大兼课。那是我头一次见到的有过接触的法国人。兼课的时候她就给我们年轻教员上课,让我们每两个礼拜交一篇作文,到她那里去,到友谊宾馆,她给我们讲评。有一次她就跟我们讲:"最近出了一本书,这本书啊,刚开始书打开的时候是主人公刚上火车,过了几百页、二十三个半小时以后,他从巴黎到罗马,还没有走出车门,正要下车。"我就觉得这本书特别的奇怪,所以就找来看,跟人借的,我记得是跟蔡鸿滨老师借的。这本书让我感觉到真实,感觉到它写出了人的存在的复杂性,思想情感的复杂性,感觉到人的思维跟他的表达方式、跟外面的世界整个地搀和在一起。

这种新的东西是真正的真实。我最近在读尤奈斯库的剧本,我觉得特别有意思。那里面说,现实主义并不一定真实,我完全赞成这点。新的文学形式更能表现真实,就像小说《变》中所写的那样。实际上生活中就是这样,就像那个小说主人公身上所发生的那样,比如你人坐在这儿,你这时脑子里想的可能是你爸爸戒烟啊,或是从前的事情……全都混在一起,这才是真实的。

问:读您的翻译文字,感觉到准确或者说精准,可以说毫无隔阂地完整再现出原文的风貌,比如您翻译的普鲁斯特《在少女们身旁》这段文字:"在这种时期,悲伤虽然日益减弱,但仍然存在,一种悲伤来自对某人的日日夜夜的思念,另一种来自某些回忆,对某一句恶意的话、对来信中某个动词的回忆。"又比如您翻译的杜拉斯的《写作》中这样的话:"你找不到孤独,你创造它。孤独是自生自长的。我创造了它。因为我决定应该在那里独自一人,独自一人来写作。事情就是这样。"这样的时刻,我们忘记是在读译文,我们忘记了译者,感觉就是在读普鲁斯特,就是在读杜拉斯。您很少谈翻译体会,也不参与翻译理论论争,可您能否告诉我们这样"忘我"的翻译境界是如何达到的,您是以什么样的翻译标准要求自己的?

答:我觉得就是忠实。忠实于原文的风格。原来提翻译的"信、达、雅",我觉得就是一个"信",忠实。没有"信",什么都谈不上。如果原作者就是不要"达",那你何必要给他"达"呢?如果原文不"雅",何必要让它"雅"?

像杜拉斯的作品,短句很多,重复很多,作为译者,你必须得重复,因为它本身有个韵律、节奏问题。而普鲁斯特喜欢长句子,蜿蜒曲折,连绵不断,有时候半天没有一个句号,翻译起来也要尊重他的语言风格,在中文习惯允许的范围内传译。《变》的句子也很长,记得作者布托尔本人说过:他写这本书,就是要打破人们对法语的一些误解。一般人们认为传统的法语就是很短、很清晰的句子,不会有很长的句子。所以他有意在句法上突破,写的句子特别长,后来甚至发展到探寻文字与音乐乐谱之间的关系……

当然,译者自己是有判断和好恶的,翻译过程也不是完全无动于衷,但是这些个人情绪思想变化,你不能加进去啊,不能带到译文里去。那就等于是你要对原文加以说明似的。我觉得没有必要说明。既然原作者没有说,你就没有权利去说。中文的习惯当然要考虑,你不能翻译出中文没法读的东西,必要的时候,在忠实于原文的前提下,当然得加一点东西,或者分一分,加个句号、逗号什么的。其实中国作家也有写长句的,像王蒙的有些作品,他80年代写意识流小说的时候,就出现好几页也没有一个句号,长长的一句话连个逗号也没有。中国作家也有这样的。

问:听出版社的编辑说,您的翻译手稿几乎没什么改动的痕迹,甚至可以直接排版印刷,您在着手翻译一本书的时候,是一个什么样的工作状态呢?

答:还是有涂改的。以前我是译一遍再抄一遍,后来我发现抄的功夫比译的功夫还费事,所以我现在就是译的时候稍微慢一点、细一点,最后再抛开原文看一遍,看中文通不通顺。一般开始要翻译的话,如果我知道这个书,读过这本书,我就不用再读一遍了,为的是翻译的时候保持一种好奇心,翻了第一章,想知道第二章是什么样子,他会怎么写,这样就比较好。如果给我一本书翻译,是我以前没有读过的,那我就先大概看一遍，马马虎虎看一遍，把握一下大概线索，大概知道一下开头和结尾，但是一定要保持好奇心，有新鲜感。要不然，如果这本书你都烂熟于胸，翻译起来就没什么意思了。不光是故事情节的走向，文字本身的走向也让人关注，能保持一种好奇，这样翻译起来就完全投入在里面，就感到一种兴趣和乐趣。

问：您从事法语教学和法国文学翻译这么多年，等于说上大学后一直在跟法国的语言文化打交道，法国政府也因为您在传播法国语言文化方面的贡献向您颁发过荣誉勋章。采访结束之前，您能否谈一下您对法国文化的总体看法？

答：反正我还是蛮喜欢法国文化的。我觉得很浪漫，很活泼，老是要想些新的花样，不断出新。思想上没有框框，很有创造力，很大胆。不管是在哪方面，他们好像不太喜欢人云亦云，他们鼓励创造性，鼓励每个人应该有属于自己的个性。我觉得这一点是很好的。这是法国文化的魅力所在，是它与其他文化有所不同的地方。

采访人：杨明丽、王东亮

访谈整理：刘娟娟

"我已把语言的种子播撒到大地上"

——北京大学东语系张鸿年教授访谈

张鸿年教授学术小传 1931年12月出生于河北省永清县,北京大学东语系教授,北京大学伊朗文化研究所文学组负责人,获国务院颁发的政府特殊津贴。1956年毕业于北京大学俄罗斯语言文学系。1960年结业于北京大学东语系波斯语言文学专业,1986年前往伊朗进修。长期从事波斯语言文学的教学和科研工作至今,1996年夏退休。迄今已出版《波斯文学史》、《波斯语汉语词典》(编写组组长)、《列王纪全集》、《果园》、《蔷薇园》、《鲁拜集》、《四类英才》、《中国史纲》、《中国故事》(波斯文译著)等近二十多部专著、译著和多篇学术论文。1992年获伊朗德黑兰大学国际波斯语研究中心文学奖,1998年获伊朗阿夫沙尔基金会第六届文学历史奖(国家级奖),2000年伊朗总统哈塔米授予"中伊文化交流杰出学者奖",2004年获中国

* 原载《国外文学》,2007年第3期,总第107期。

翻译家协会"资深翻译家"奖,2005年入选伊朗国际文化交流名人堂。

采访人(问):张老师,您好!今年(2006)是北京大学东语系成立60周年的日子。波斯方向是亚非语言文学学科的重要方向,您是波斯语的第一届学生,又是第一批教师,我们想请您介绍一下当时是如何选择波斯语专业的?

张鸿年教授(答):我出生于河北省永清县,幼年在私塾和现代学校里接受了基础的国文教育,打下了一定的文字功底。记得当时在私塾,我们还要背三字经呢。那时候的幼儿教育是先死记硬背,不求甚解,等长大一些了再逐字逐句地解释。其实这样的安排也有它的优点,就是可以培养儿童对于语文的感觉。虽然后来我上了现代教学制度的学校,但是直至今天,我还能够记得当初在私塾背诵的那些经典。当时我整个的初中、高中,应该说都没有认真学习。初中呢,打球玩儿,高中呢,又参加到运动里去,所以学得很不扎实。正好高中毕业的那一年我得了肺病,到天津去修养了一年,我也乐得修养一年,复习复习功课,因为实在是没坐下来看过书。复习功课的时候就考虑到专业。本来想考中文系,后来偶然看到招生简章,上面说招俄罗斯语言文学,而且介绍上说,前两年和中文系一块儿上课。我想这样很好,学出来掌握两种专业。当时这个俄文啊,你们可能体会不到,比现在这个英文的热度不差的,全国上上下下都在学俄文,你会两个俄文字是很光荣的。给你举个例子,当时很多中文系和西语系的同学甚至跑到我们宿舍来,向我们请教俄语问题。我记得还有句名言,是刘少奇说的,"俄文是第四座大山"。实际上我之前也接触到了俄罗斯的一些文学翻译作品,包括马雅可夫斯基的诗歌、《卓娅和舒拉的故事》、《钢铁是怎样炼成的》等等。虽然是中文本,但是对俄罗斯文学有了一定的了解。当时就参加了全国统一高考。1949年是学校自主招生,1950年是学校招生加教育部指导,1951年正式招生。1952年高考对全民开放,任何人想参加高考的,单位都不得阻拦。这个考试还是有点儿难的,考了外文、中文、数学、史地大概这几门,竞争也挺激烈的。也就从我们这届开始,北大从沙滩搬到了燕园,我们住在民主楼三楼阁楼,还是半军事化管理,吃饭也不要钱。我们五十个人一个班,华侨、部队、机关干部各占一部分,应届毕业生只有四个,我算是社会青年,因为毕业修养了一年嘛。那个时候非常缺人才,特别调些人到高等学校来学习。我进入北大后,1952到1956年上的俄罗斯语言文学专业,俄文系毕业后,就确定我留校了，1956年教了一年俄语二外。当时的工作都是听从组织分配的，让你去哪里就去哪里。1957年由于工作需要，我被借调到刚刚创建的波斯语专业，为聘请的外国老师担任课程翻译工作。按照原来的计划，我的借调期限只有一年，一年后就回到俄语系工作。可是这期间，由于国家急需波斯语专业的人才，组织上又安排我继续留在波斯语专业，在做翻译的同时也学习波斯语。当时这个班上有13名学生，很多学生是各单位选派过来进修波斯语的。就这样，我边翻译，边学习，毕业时，就留在波斯语系搞教学了。所以，你看我的简历，既是北京大学波斯语专业第一届毕业生，又是北大波斯语专业的第一批教师，如果不了解的人，一定觉得很奇怪吧。

问：您先学了俄语，再学波斯语，两个语言有什么区别，哪个难一些？

答：两种外语呢，我觉得俄语比较严谨，语法比较周密。另外，它与波斯语不同的是它的发音是每一个音都表现出来，很明确。所以你听俄国人发音，就是很清楚的，甚至比英文还清楚。俄语念出来这个音，写出来就是这个音，所以从发音上来讲很简单。那么到我学波斯语的时候，先看字母就很难受，因为自己原来学斯拉夫字母，很清楚，但是一看波斯文字母，当时自己还不是学生，已经工作了，我还来晚了一个月，真困难。让我去翻译，专家在上面用俄语讲，我听俄语没问题，但是波斯语我反应不出来，我也不知道他指的是哪个字。总之，开始的时候蛮困难的，比如波斯语的元音不表示出来，kā 和 ka，h 和 kh 的读音区别我始终搞不清楚，还有书写的连写问题。那时候专家经常纠正，搞得我也很狼狈。所以那时我还闹了一阵情绪，想回俄语系，因为俄文都在脑子里面了。可是当时班上有一部分人懂俄文，一部分人不懂，还是需要我来翻译。后来我就多方寻找，终于找到一本俄文的波斯语教材，我发现专家也是用那本书，正好咱们图书馆有，真是太巧了。当时的工作对我来说是非常容易了，我也完全可以胜任了。我们班开始是13个人，由于这个专家有点儿脾气，看见学生不行，就请他走，这样一直淘汰，毕业的时候就剩了5个人，包括我。他越淘汰，他自己心情也越紧张，因为学生越来越少啊，所以他就把我纳入到学生里面去了，开始还让我上黑板做作业，刚开始还不习惯，后来慢慢就习惯了。1960年毕业的时候，东语系就留下了两个人，一个是张殿英，他后来在我们系做书记了，一个是我。张殿英是做政治工作的，不管波斯语。有的时候忙啊，新招来的一个班也需要翻译，上个班有四五个人懂波斯语，所以就由我们这个班的人，包括我，轮流到他们班每天做翻译。也就这样，我听从组织的安排，一直留在了波斯语专业，这一留就是五十年的时间啊。

问：这五十年，作为中国第一位波斯语教师，您现在一定桃李满天下了吧？

答：是啊，这么多年我都一直负责波斯语教学工作，也教过很多学生。1960年我们波斯语专业才算正式招生，到"文革"前，先后培养了五届波斯语专业本科毕业生。这些学生，作为新中国最早培养的波斯语人才，后来在中国的外交、文化、教育等领域都做出了很大的贡献，很多人还担任了很高的职位。你看，像你们经常在电视上看到的中东问题专家华黎明大使，就是58级班上的，他后来担任了驻伊朗和荷兰大使。可惜在"文革"期间，我们北大波斯语教学基本中断了。本来我是要和其他老师一样下放劳动的，正是波斯语救了我。因为上面要求把《毛选》翻译成各种语言，我们波斯语也不例外。因此我和其他老师一起被借调到外文局翻译《毛选》。当时我们被安排住在友谊宾馆，条件也算是不错的。由于我们人手少，我们用了四年的时间才翻译完《毛泽东选集》。回学校之后，正好赶上我们招收了一届工农兵学生，我就逃过了这一劫，没有下乡。我们是1971年招生，我是招生前三四个月回来的。一直到1982年，北大波斯语本科班重新开始正式招生，我们才又回到了原来的工作岗位上。这样，学生一届又一届，我们的招生也逐渐走向正轨。

问："文革"期间招了一批学生是怎么回事呢？

答：是这样的，在1972年尼克松访华之前，基辛格访华，那个时候英语就热起来了，周总理就开始抓外语教学了。所以1970年就派了很多解放军来学外语。周总理还召开了外语教学座谈会呢，专门找了咱们系里的教员座谈，谈论外语该怎么学等问题。因为当时这个阻力是相当大的，那时可是完全闭关锁国啊。而且这个教员好像还专门把学生带到总理那儿去，总理还专门听了一堂课，抓得很具体。当时招生比较简单，都是从解放军调，东语系那时不得了啊，都是解放军。我们1971年招的这个班是"老百姓班"了，是从内蒙和东北招的下乡知识青年。那个时候我们师生关系还是不错的，学生对老师也还是挺尊重的。当时学生上学的口号是"上管改"，就是"上大学，管大学，改大学"，我们老师叫做"三员"，大概意思就是对学生全面服务，是学生的辅导员、教练员和勤务员。我们是军事制度配置，每个专业一个排，我是排长。那时候我们和学生天天在一起。男同学住35楼，我虽然不住那里，但是早上八点就到了，到晚上快十点才回去，吃饭生活都在一起，我们的办公室就在那儿。学生学习很方便，有问题可以随时来问，和现在不一样。那个时候学生对老师是呼之即来啊。不是有过这样的现象吗?有的学生躺在床上,老师到宿舍对他进行辅导,可见那个时候教员的地位还是挺低的。我觉得学生还是尊重老师的,因为他毕竟要向老师学东西。一般我们叫"评教评学",就是每教几个星期,老师和学生就要互相提意见,也是一个形式吧。他们1971年那个班,从农村来的,非常兴奋,也很珍惜这个机会,劳动起来干劲儿十足。记得那时候给我们波斯语的任务是拆房,他们十五分钟就拆了一间房。

问:您不仅教书育人,在波斯诗歌的翻译上,特别是《列王纪》的翻译上更是颇有建树。那您是什么时候开始翻译工作的呢?

答:回答这个问题,我先讲讲之前的话啊,就是有个定位问题。改革开放以后,让我们开始上文学课,我当时面临的问题就是怎么定位:是写文章,写波斯文学史、作家论、文论,还是搞翻译。这个大方向,在当时我还是经过思考的。我现在回想起来,觉得定位是对的,一定要把主要精力放在翻译上。因为记得当时我给一个东方文学研究生班讲波斯文学课,我就极力地推荐,所谓"老王卖瓜,自卖自夸"啦,夸波斯文学好啊,很丰富啊。但是有个学生就和我说了,老师,你讲得好我们也信,但是我们看不到真东西。因为他们很多都是从中文系调来的,还是有一定的文学修养的。他说,你拿东西来,我们一块儿分析,我就知道好在哪儿了。你这样讲,引用几句,又不是全部,我们看不出好在哪里。这件事情对我的触动还是比较深的。你细想一想,咱们中国当时郭沫若啊,潘庆舲啊,都翻译了一些,但是不够好。像萨迪的作品只翻译了《蔷薇园》,《果园》没有翻译,哈菲兹的作品翻译了一些,海亚姆的诗集翻译了不少,但是都是从英文翻译过来的。所以我当时定位的时候,决定不能定在写作上,虽然这也是一条路,但是一定要拿出真东西来,你给同学看,究竟是什么东西。那个时候我就下了比较多的功夫去配合文学史做了一些翻译。我们上的都是配合东方文学史的课,每次只有几个学时,到处讲,党校啊,培训班啊,很杂。我在讲的过程中逐渐拿了一些东西出来,我就感觉效果不错。有一次在劳动人民文化宫开了一个班,有上百人,要带着扩音器去讲。讲到海亚姆的时候,我就发给他们油印的片子,有几十首海亚姆的诗歌。我就讲,今天我用十几分钟给大家介绍一下海亚姆的生平,完了以后你们自己看。海亚姆的诗歌很灵活呀,都是四行诗,几分钟就看完了。你们看完了,自己用半个小时去写几句,下一堂课我们讨论。哎哟,那个课上得很热烈,我就感觉到这个课他们也感觉到有收获,又认识了这个诗人,还知道这个人的诗写得很好,所以就更加鼓励了我搞翻译的决心。

我开始翻译还是在"文革"以后了。最开始是1982年着手翻译《波斯文学故事》,这本书后来在1983年由山西人民出版社出版了。这算是我翻译的第一本书了,呵呵。那个时候,国家刚刚稳定下来,这些外国文学翻译作品还是很受读者欢迎的。我翻译完这本书后,就开始翻译菲尔多西的史诗《列王纪》了。其实,早在"文革"之前,50年代吧,《列王纪》就被人民出版社列到要翻译的外国文学计划里了。1983年,我开始接手这个《列王纪》的翻译工作之前,其实人民出版社已经前后找过两个人来翻译了。但是因为那个时候个人和客观社会原因,都没有能够继续下去。后来人民出版社就找到我,问我能不能翻译。当时我是接下来了,不过面对这么一本历史巨著,又是诗歌翻译,心里还是没底。在接下来的几年里,我就慢慢翻,最重要的是保证质量。在1985到1986年教文学史课的时候,就开始陆陆续续地译了一些。1986年,我还专程前往伊朗德胡达研究所交流了半年,向伊朗著名的学者夏希迪博士、达比尔·西亚基博士和苏托德博士等学习《列王纪》。这几个博士你们也是知道的,到今天仍然是波斯文学领域最著名的专家。这半年时间,我一点儿都不敢浪费。每天从宾馆到研究所,向老师请教,下午回来再自己琢磨、翻译。就这样,我在伊朗期间基本上完成了《列王纪》"四大悲剧"的翻译工作。2001年,我和宋丕方共同合作完成了《列王纪》全集的翻译工作,并且被收录在"波斯经典文库"中。当时正赶上中伊建交30周年,江泽民总书记和伊朗哈塔米总统都在这套丛书上签了名留念。翻译《列王纪》之后,我又接着翻译了萨迪的《蔷薇园》、《果园》,海亚姆的《鲁拜集》。在翻译的同时,我就顺便对波斯文学史进行了整体梳理,大概在1993年出版了《波斯文学史》一书,这样就让喜欢波斯文学的人对波斯文学的发展有了一个大概的了解,哪个时代比较重要,有什么特点,哪些作家比较重要,还有哪些作品有代表性,一目了然。

现在我手头上做的工作,仍然和《列王纪》有关。要研究《列王纪》,真是一辈子都不够啊!我现在做的是对《列王纪》的专题研究。之前我参加了国家课题"世界神话史诗研究",负责伊朗《列王纪》的研究,当时完成的字数是十万字。现在我正在从事的这个项目也是个国家项目,是《列王纪》的专题研究,内容约二十万字,准备在2008年出版发行。我目前的工作就是在原来那个项目十万字的基础上,对内容再进行扩充。这个研究的创新在于,除了过去对史诗故事和人物的分析之外,还将对波斯琐罗亚斯德教的经典《阿维斯塔》的神话故事与《列王纪》的史诗故事进行比较研究。过去的《列王纪》研究大多都基于故事本身,什么人物性格啦,战争啦,但是如果你们阅读了《阿维斯塔》的神话故事就会发现,里面和《列王纪》的故事有太多的联系和相似之处。我希望能够通过对《列王纪》故事来源背景的研究，进一步分析书中的一些人物和故事的历史演变过程，这样也可以帮助其他《列王纪》研究者们更好地理解这部波斯史诗巨著。

问：能否向我们介绍一下您是如何翻译波斯诗歌的？我们知道波斯语诗歌讲究对仗，有格律和韵脚，很多还带有神秘主义思想，您是如何把握这几点的呢？

答：我也没有那么深的翻译理论。我觉得翻译的过程中，首先是大形式不能错。像海亚姆的诗，台湾有人翻译成五行，就不合适了。另外思想上不能错，人家是哲理诗，你不能把意思歪曲了。从处理语言来讲，《鲁拜》是十一个音节，还是比较古老的波斯诗歌形式，有的人就要翻译成十一个字，我没有刻意那么做。因为我觉得毕竟波斯语汉语不一样，它的音节不一定代表我们的一个字，我觉得重要的是顺口，念起来舒服，但是也要注意诗句中的"顿"。例如：今天/我迎来了/很多朋友，有三个顿。翻译诗歌时，要看怎么把它处理得舒服一些。你不能够说：今天/我迎来了/美丽的春天。这样太平板不行。我觉得翻译的时候就要自己念一念，自己默念也好，出声念也好，要把诗歌的顿压好。一般都是三顿到四顿的样子，每一句的顿最好一致，这样念起来舒服。而且《鲁拜》你要注意它最后一句，是结论性的，也是最精彩的，你就要花点儿功夫，和上几句结合起来，从顿和意思的角度配合好。所以我没有什么太多的形式，从语言上讲，舒服就好，这是一个体会。你看现代的很多新诗都不是完全对仗的，当然能够上下对仗的更好。另外，就是尾韵 AABA 也是一定要的。我翻译还有个习惯，就是改的不多。我的翻译往往是一次翻译基本成型，修改的地方不多。

问：那在您翻译的这么多作品中，最满意的是哪一部呢？

答：嗯，我最满意的要算是海亚姆的四行诗《鲁拜集》了。我翻海亚姆的时候十分用心。不是说其他作品的翻译不用心，而是我自己就很喜欢海亚姆的诗，他的诗蕴含着深刻的人生哲理，让我能够产生共鸣。大家都知道，海亚姆的诗在西方这么有名，就是依靠菲兹杰拉德的英文翻译。这里插一个故事啊。我的大儿子有一次和一个新西兰的羊毛商谈判，价钱上老是争执不下。后来休息喝茶的时候，那个羊毛商人就主动提起海亚姆，并背了一首海亚姆的诗。我这个大儿子他并不懂海亚姆，但他从我这里听说过这个人，也知道我翻译过。他就和那个商人说，我父亲就是翻译这个的呀，噢哟，那个新西兰商人就感到很亲切，也很好奇，问我儿子你父亲是做什么的呀，为什么翻译海亚姆呀。就这样两人一下子就拉近了距离,最后谈判就谈成了。所以我觉得海亚姆在西方是一个文化的象征,他们知道中国也有人懂海亚姆,马上就会觉得很亲切。我们再转回来啊,像中文出了很多译本,都是通过菲兹杰拉德的这个译本翻过来的,胡适、闻一多都译过一些。我们懂波斯语的人,一对照原文和英文译文,就看得出来菲兹杰拉德的翻译非常的随意,对原文结构、内容等的改动都很大,很多时候是凭借着他自己的理解来翻译的。所以我们过去看到的中文译文,和原文隔了两层,很多诗句的意思都和原文对不上了,更不要说海亚姆的思想了。我翻的时候,也不是埋头自己翻,还是参考了很多其他译本的。其中,我利用最多的是一本俄文的科学翻译本。所谓科学翻译本,就是说它并不要求翻译出的译文要有韵律,有诗歌的美,它的最重要的目的是要忠实地还原原作中的每一个词的意思。在选择诗歌方面,因为海亚姆的诗作很多都没有确定是否是真作,究竟是101首还是更多,没有人能说得清。菲兹杰拉德就翻译了101首,我想尽可能地多译一些,后来一共译了293首。我在书的前言里也解释了为什么选择这些诗来译。说到海亚姆的四行诗的哲理,是最吸引我的地方。他的诗不难,用词很简单,说的道理也很简单,但是特别的深入人心。比如那陶罐诗,讲人生来是泥土做了,等死了以后又变成泥土,整个宇宙生生不息,确实很发人深省。

问:我们看到系里的成果展上,波斯语专业曾经获得了很多奖项,许多成果都有张老师您的身影。

答:这些奖当然得了很多,但是说实话,我们也就是做了该做的事情,也说明伊朗政府比较重视他们的文化传播。这其中,有一个奖,名字叫阿夫沙尔博士基金会颁发的"文学历史奖",我得的是第六届,他每一届只奖励一个人,你看前几届的外国人有印度、埃及、巴基斯坦的学者,伊朗学者有菲尔多西大学的校长,有达比尔·西亚基博士。所以我觉得这个奖还是比较重要的,说老实话,我和这些大学者并列是根本不可能的。像达比尔·西亚基博士,是个伊朗的大学者,是我的老师,在伊朗教我《列王纪》的,你问他《列王纪》的问题,他都不用查书,全部都能背下来。夏希迪博士也应该得奖,但是他是这个委员会的一员,他自己就没有得了。你看,这个奖由外交部、德黑兰大学、文化指导部还有基金会这四个组织投票决定,可见他们很重视这个奖。他们是1997年颁的奖,我因为生病去不了伊朗,当时的大使、文化参赞特地来到北大给我颁奖,还专门印了一个小册子,有我的小传、照片,很隆重的。另外还赠送了一块挺漂亮的丝毯,后来捐给了学校,现在可能还陈列在校史馆。所以说这个奖对我来说是一个很大的鼓励,可是凭良心说,我真是和其他获奖者差远了,当人家的学生都不够。

问：我们的采访就要结束了,您对我们正在学习的北大波斯语专业的本科生和研究生有什么寄语和期望吗?

答：我觉得吧,如果要学好波斯语,最重要的就是要扎扎实实地学习。要知道所有的语言都是百分之八十靠背,百分之二十靠理解。要先打好基本功,在这个基础上,可以适当地扩大知识面,但是一定要切记,不要好高骛远啊。我当时学习俄语的时候就走过弯路。当时我听说读俄文原文的马列经典著作对学习语言有很大帮助,我读了几本,花了我很多的时间和精力,但是效果很不理想。后来我总结了一下,发现是因为这些著作的单词太多,很专业也很难,我把大量的精力花在了查字典上,等看完了书,单词也没怎么记住,这就是好高骛远了。相反,当时读的一些简易读物,倒是起到了很好的效果。所以啊,这也算是我的经验之谈,你们在课外读物的选择上,不要一味地求难,而是要找到适合自己现有水平的读物,这样才能获得最大的收益,否则有可能像我当初一样变成查字典练习,而不是阅读练习的怪圈了。那么,在口语练习上,你们要多背句型。把一些平时遇到的有用的句型记下来,背下来。当你们面对伊朗人的时候,就要问问自己,看看自己心里怕不怕。要是怕,就是还没有准备好。如果你心中已经有了900个句型,你面对伊朗人的时候自然能够非常自信坦然了。还有呢,就是要尽量做到在对话的时候不出错,这就要求你们平时也要勤于练习,不要偷懒。在学术研究上呢,我觉得理论非常重要。你们看,过去有所谓的"义理、考据、辞章",这其中最先开始的就是"义理"。所以,我建议你们多读一些理论著作,像马克思主义的一些哲学思想,辩证法啊,多具备一些理论基础知识,才能在思考问题的时候有一个基本根据,写出来的论文呢才能更加有理有据。另外啊,除了多读书,我自己这么多年来还有一个习惯,就是多读报。我很早就有了看报的这个习惯。每天坚持读报看书,从报纸上了解各种新的信息。

采访人:沈一鸣、郑青亭
访谈整理:沈一鸣

春风化雨,润物无声[*]

——北京大学日语系潘金生教授访谈

潘金生教授学术小传 北京大学外国语学院日语系教授、日本古典文学博士生导师。现任《国外文学》顾问、中国日本文学研究会理事。1933年8月28日出生,江苏盐城人。1960年9月毕业于北京大学东方语言文学系日语专业,后留校任教,曾任东方学系东方文学教研室主任、日语教研室主任和副主任等职,并担任过《北京大学学报(社科版)》编委、北京大学《国外文学》常务编委、中国翻译工作者协会理事等职。主要从事日本古代文学、日本文言语法、日本古典作品阅读与鉴赏的教学和研究工作。

---

[*] 原载《国外文学》,2008年第1期,总第109期。

采访人（问）：潘教授，您好！首先，非常感谢您接受课题组的采访。请问您是怎么开始从事日本古典文学教研工作的？您在日语系是元老级的教师了，能否请您谈谈日语系当初的一些情况？

潘金生教授（答）：我于1960年毕业留校后，主要担任教研室秘书，做些行政工作。其间也曾参加一些低年级的教学辅导，以及编写、翻译、进修实习等工作，直到改革开放以后，才开始一边工作，一边教课。当时国内能教古典的老师非常少，日语系也只有刘振瀛先生一个人能够担当古典文学的教学。因为他早年留学日本，熟悉日本古典，最早开设了日本文学史、日本古典文学阅读、日本近代文学阅读等课程。他培养了一大批优秀的日本文学研究人才，比如，曾担任过亚非研究所副所长的卞立强，社科院研究员叶渭渠、唐月梅等人都是刘先生的学生。我当时跟着刘振瀛先生学习文言语法和古典文学。每次上课前我都会先做翻译，然后请刘先生改，再比较自己跟他之间的差距。我觉得通过笔译能够找到贴切的词语来表达日语的意思，对自己学习古典是一个很有用的办法。当时，其他的教员要么是搞语言研究，要么是调动到别的学校，最后就剩下我继续从事古典文学方面的教学工作。

问：您开始教课之后，主要教授哪些课程呢？请您谈谈您在教学方面的情况。

答：这二十多年来，我主要从事古代文学、日本文言语法、日本古典阅读与鉴赏等相关领域的教学和研究。三者虽自成体系，但也有一定联系，可谓相辅相成。首先是日本文言语法，这门课多年来一直由在文言方面有深厚修养的刘振瀛先生开设，后来决定由我接任。实际上我在这方面并无基础，于是，我便利用暑假抄了整整一本文白对照的文言语法书，边抄边学边记，得益不少。但临上课时又遇到不少难题。此时，除了向刘先生请教外，主要是到日本专家那里登门求教，当时几乎是每周都要去一次。后来，我通过自编文言练习，与人合作编写《日本近代文言文选》等，以及多年的教学实践，才开始逐渐胜任此课。第二，日本古代文学这门课也是由刘振瀛先生开设的，大概从刘先生退休前后开始，教研室决定由我来接任，我向来对文学很有兴趣，但在这方面却缺乏研究，当时抱着"边学边教，边研究边请教"的决心开始走上讲台。每次上课之前，我都会查阅大量资料，写出详尽的讲稿，发现问题时便在课前或课后到刘先生处请教。后来，我又参加了《日本近现代文学阅读与鉴赏》、《东方文学史》中有关日本古代文学等的编写工作，以及反复进行的教学实践，就这样，经过多年的日积月累，慢慢地增强了讲授日本古代文学的信心。第三，"日本古典阅读与鉴赏"这门课是为配合日本古代文学的讲授而开设的,旨在有助于深入理解文学史及其作品,并提高其鉴赏能力。阅读古代作品的难度较大,不易掌握,尤其是平安时代的作品,涉及各种文体、修辞、习俗、语法等。为此,除了在选材上要注意内容的多样、语言的难易循序渐进的原则等外,还应该强调内容与形式结合、互相印证,并在中、日文二者比较的基础上多读多查阅字典,逐渐准确地理解原文,否则谈不上鉴赏。为了便于初学者阅读古典,我也曾选择古典作品中的名篇加以详细的注释并翻译,且都予以发表。比如,《古事记》、《源氏物语》、《平家物语》、《徒然草》等等,我还与人合作编写了《日本古典文学读本》一书。

问:您在教授这些课程的时候,有哪些新的发现?请您谈谈您在教学方面的重点。

答:在多年的教学实践中,我有以下几点体会:

第一,文言文法的教学重点应放在助动词和助词上。我认为,日本古文中语气、感情、神韵等微妙的差异几乎都来自这二者。这一点在教学中,尤其是在阅读古典作品时感触更深。为此,我也曾对其用法多样、差别细微的助动词,从词源、意义、接续等方面进行过一定的比较研究,并撰写了若干篇文章。退休之后,我在修改、补充以往发表的助动词研究的基础上,编写一本《日本文言助动词实用研究》,这也许有助于对助动词的理解。

第二,语言也是随着时代、社会的变化、发展而日渐产生若干变迁的。比如,在平安时代文言动词活用种类有九种,及至近世后减为五种,与现代日语相同。这一现象在战乱频频、动荡不安的中世最为明显。正因为此,中世语言的变化在日本国语史上最为剧烈,对该时代乃至日后的日常语言生活,文学作品以及诸多文献均有着重要影响。比如,连体形取代终止形,兼表单纯结句的终止法等。日本明治政府于1905年也曾为此郑重颁布了"关于文法容许事项"的文件。所以在教学与研究中必须强调语言变迁现象,并且,还应该在语言的历史变迁中去把握它的发展、应用和识别。

第三,日语的敬语异常发达,尤其在等级森严的平安时代贵族社会及其文学作品中,比如《源氏物语》,其表达方式复杂、繁多、规则严密、自成体系,绝非现代日语中的敬语可以同日而语的,故有"读日本古典而不识敬语者几寸步难行"之说。虽说要掌握敬语难度较大,但为了学生日后的工作和研究,必须强调敬语在阅读中的重要性,并结合课文传授敬语知识,切实提高应用、识别敬语的能力。

问:您在这么多年的教学过程中,总结出了哪些经验,又有些什么样的体会呢?

答：在我多年的教学实践中,有以下两点体会,不过,这也是我自身还需努力的地方。

第一,我认为无论讲授或研究日本古代文学,首先必须把它们放到时代、社会、文化等的大背景下,对其形成、发展、变迁等进行全面而客观的考察、分析,同时还必须弄清并联系日本民族长期形成的特定的文学观念、文学传统、审美取向以及表现手段等进行综合研究,否则就无法正确地显示出有别于其他民族的日本文学的特点。

第二,关于文学语言在作品中的重要意义。文学反映现实的功能是借助语言唤起读者的美感而得以实现的,故而称其为文学的第一要素。它与作品的内容、思想紧紧地联系在一起,语言表现也是艺术性的重要一环。我国的文学史也十分强调语言艺术以及它对作品的影响,如在论及李、杜的诗篇、元曲《西厢记》、小说《红楼梦》等名著时,无不另设章节评说其语言表现及其重要意义。

日本的古代语言也有其鲜明的民族特点,如纤细、含蓄、凝练、柔和等。它善于刻画内心世界的悲哀、感伤的愁绪。叙述哀婉、凄苦、绵绵不断的恋情。描绘风花雪月、时序推移等自然景色,具有十分丰富的表现力。比如,以日本"假名散文文学"——《源氏物语》为例,这一物语使用典雅流畅、委婉曲折、准确洗练的"和文体",其中还插入和歌与汉诗,使韵散结合,为作品增添了典雅和浓郁的抒情气息。正是由于这一文体与"物哀"这种缠绵悱恻、含情脉脉、哀怨悲人的贵族情趣结合,从而达到完美而和谐的统一,所谓"意与言合,言随意遣,浑然天成"。这也是《源氏物语》作为日本古典名著而经久不衰的重要原因之一。

至于和歌,它在用词上更加注重隽永、凝练、纤巧,并十分讲究声调和修辞技法。它与其内容、思想、风格等水乳交融,合为一体,使作品产生一种强烈的感人至深的艺术感染力。

从上面两个例子就可以看出,语言表现在作品中的重要意义。因此,我们需要加强这方面的讲授和研究,这将有利于提高语言表现的鉴赏能力,深入而全面地理解作品的整体。

问：请您谈谈您在日本古典文学研究方面的情况。

答：首先,我想谈谈《徒然草》中的"无常观"。我在日本古代文学中,对中世"隐者文学"——《方丈记》和《徒然草》中的"无常观"所做的比较研究着力尤甚。我曾对其形成的时代、文化背景;变迁以及个人经历和兴趣爱好等都进行过较为详细的考察。我认为兼好法师在《徒然草》中所表露的"无常观",还有作为中世美意识的"无常观",对该时代以及后世均有深远的影响,因此也就具有很高的研究价值。仅就江户时代而言,《徒然草》一书就有 26 种通行本和 36 种注释本,其影响之深远,由此可见一斑。

兼好法师是一个具有远见卓识、极其重视现世人生价值的合理主义者。他在《徒然草》序段至 32 段中所持的"无常观",虽与《方丈记》中所持的同是感伤、哀叹、无所作为、一味地祈求来世的无常观,满目皆为"末法之世"的"无常之相"。但在严酷的瞬息万变的现实面前,他并没有止步不前,而是顺乎时代的发展,从肯定现实和人生的角度出发,重新诠释了"积极的无常观"——人,正因为人世无常,就更应该珍惜生命;正因为无常来势迅猛,生命苦短,更应该珍惜寸阴,何不日日享受存命之乐。就这样,他赋予了人生以新的积极意义。这一"积极的无常观"可谓是时代的产物,留下了深深的时代烙印。

至于作为美意识的"无常观",它与上述佛教无常观同样产生于社会动荡、祸福无常的中世,也是时代的产物,因而它极其重视现世的人生价值和社会功能。人存命于无常之世,与其求而不得,反为痛苦之源,不如从"无常之相"中去发现美的世界,获得意外的愉悦,因此,它能给世人以安慰,增添"生"的情趣和希望。这种美意识主要表现在"无常之美、不完全之美和俭约之美"等三方面,说到底,这是对人世无常的一种解脱和补偿,是促使内外"中和"、自我平衡的一笺良方。

问:请您谈谈您的留学经历和您的收获。

答:我先后两次去日本进修,一次是在"日本国际交流基金"的资助下讨论并修改一篇有关中日两国语言比较的论文。虽然前后只有两个月的时间,但是收获也不少。第二次去日本创价大学进修一年,当时我已经 49 岁了,所以分外珍惜这次机会。平时除休息日和集体活动外,我几乎每天都去图书馆学习,并每周一次去日本老师家听有关《徒然草》的文章和语法的讲解。此外,还购得不少图书资料。我觉得这一年过得很充实,为日后讲授和研究日本古代文学等打下了一个较好的基础。

问:对现在年轻一代的教师们,在做学问方面,请问您有些什么样的建议和意见呢?

答:首先,治学应踏踏实实地打好基础,切忌浮躁。然后,要虚心、勤奋、多读、多写。最后,还可以选读一些我国有关历史、文化、文学等方面的书籍,借以提高自身的文化修养和驾驭语言的能力。

采访人:翁家慧
访谈整理:翁家慧

刻苦钻研、持之以恒、开拓进取

—— 北京大学阿拉伯语系陈嘉厚教授访谈

陈嘉厚教授学术小传 1933年9月出生，福建龙海市人。1951年10月考入北京大学东方语言文学系学习阿拉伯语，后留校任教，曾任东方语言文学系系主任、东方学系系主任，教授、博士生导师。曾获北京市总工会"首都劳动奖章"，中华全国总工会"全国优秀教育工作者"称号和"五一劳动奖章"。曾主编《现代伊斯兰主义》，负责《毛泽东选集》(2—4卷)阿拉伯文译稿审定工作，组织《阿拉伯语汉语词典》的编写，负责《汉语阿拉伯语词典》定稿工作。

采访人(问)：请问您是怎么开始学习阿拉伯语的？

陈嘉厚教授(答)：我是1951年10月进北大的。1951年初，我在抗美援朝运动中参军，后被分配到北京的一所军委干校学习，再由干校派到北大东方语言文学系来"代培"。同来的约50人，其中包括我在内有11人分配学阿拉伯语，其余的分别学印地语、泰语、缅甸语、越南语和印尼语。1954年东语系以急需教员为由,征得"代培"单位的同意,让我提前工作,留校任教,一直到2000年退休。

1951年北大校址还在城里沙滩,那里有著名的"红楼"。当时生活条件很差,记得我们数百名各系一年级男生,冬天就挤宿在北大三院一个没有暖气设备的礼堂里,大门大窗都透风,夜里冻得睡不着觉。

当时,阿语教研室只有三位老师:马坚、刘麟瑞和王世清。教我们的是王先生。我们班有17人,除我们"代培"的11人外,其余的人是从其他大学二年级调来的。教材是老师自己编写刻印的,和现在的教材相比,显得非常简单,课文又短又浅,单词没几个,发音就教了一个多月。当年政治运动很频繁,年底全国开展一场轰轰烈烈的"三反五反运动"。我刚学完阿语发音,就被调到北京市"三反五反"办公室材料组工作,到2月底才返校,紧接着又被调到校"忠诚老实运动"办公室做外调工作。6月初才回到班里学阿语。这时距期末考试仅有一个来月,我只有拼命地补课和追赶,考试才勉强过关。

1952年全国高校开始院系调整,燕京大学被取消。9月,北大迁入前燕大校址(即今日的北大校址)。从这学期起,我才有机会安下心来学习阿语。

问:那您从那边搬到这边来是怎么样学习的呢?

答:这一学年,除了社会工作(班团支部书记)外,全部时间和精力都用于学习。我记得,当时的认识是,阿语很难,要学好就得有极强的进取心——奋发图强的精神:一是要勤奋刻苦;二是学习要得法,好方法好比用联合收割机收麦子,差的方法好比拿镰刀割麦子,效率很不一样;三是勇于开创、主动进取、善于总结自己的学习经验,吸取别人的学习经验,创造自己的新经验,高标准要求,奋斗目标明确、具体可行,使自己学习总是处于积极主动、不断进取的状态。

拿上课来讲,我总是要做好预习,一方面可以培养独立阅读的能力和习惯,另一方面可以把不懂的地方标出来,弄清难点。上课时,我的注意力集中在三方面:一是听老师讲解,对比我预习的理解程度,差错在哪里;二是提问我预习中不懂的地方;三是听同学的提问和回答,对于同学的提问,我先于老师在心中回答,等老师回答时,再比较我的回答有哪些差距;对于老师问同学的问题,我也在心中抢先回答,最后再与老师的评判做比较,看有哪些差距,问题出在哪里。这样,一堂课下来,我的注意力非常集中,脑子很活跃,动个不停,弄清了很问题,获得了不少新知识。至于课后的家庭作业,以单词造句为例,老师要求只造一句,我起码造四五句,并注明哪句最好,哪句有疑问,哪句可能是错的或差的,而老师在批改作业时,就会帮我解决问题。有时,我还会在造句练习时,把学过的单词"综合运用",写一篇小短文交上去。口语练习,大家不习惯说,一般只限课堂上在老师的指导下进行,所以普遍得"聋哑病"。我的方法是,课外活动除高声朗读外,每天要自言自语说几句阿语,定出指标,如由最初的每天五句,逐渐增加到每天几十句。所谓自言自语,是独自一个人对着墙、对着树、对着湖说阿语,这种口语练习方式效果虽不如人与人之间对话,但在找不到合作者时,自言自语也不失为一种较为有效的补救方式。我在真正学了一年的阿语后,就开始大胆地阅读比课文难许多倍的课外阿文资料,如《争取人民民主,争取持久和平》报,《一千零一夜》原著(是刘麟瑞老师借给我这本书的)。这些书报,开头很难,几乎寸步难行,但坚持下去,反复读,反复体会,反复联想学过的东西,反复分析上下文,终于迈出了小步,继而中步、大步,受益匪浅。对于阿语以外的课程,如哲学、中国革命、中国历史、国际关系史、政治经济学等等课程,我同样采取主动进取的学习态度和适合自己的一套方法。

问:您是从南方福建来的,那里的口音和阿拉伯语的发音还是有一些差异的,那么当时老师是如何给您纠正发音的呢?

答:我是福建闽南人,自然有地方口音,而且还比较重,因此阿语发音是我的一大困难。几乎每个字母,我都是反复练习,反复辨认,反复纠正,最后才学好的。学发音先要弄清发音部位和发音方法,但理论上懂了,不等于就能发好音。每个字母往往是一开始发音不到位,方法掌握不准确、不熟练。这些都要靠自己反复体会,反复练习,请老师指正,请同学指正。又如舌尖颤音[r],我是苦练了一个多月,可以说是时时处处练,日日夜夜练,终于有一天舌尖颤动起来了。我兴奋不已,"乘胜追击",又练了一个多月才达到舌尖颤动自如。我学发音的体会:一是要苦练,二是要细心体会,三是要请老师和同学指正。

问:您留校后是怎么开始教学工作和继续学习提高的?

答:我于1954年9月留校,一开始有两项工作,一是教研室秘书,作为教研室主任马坚先生的助手,处理日常教研室的行政与教学事务;二是马坚先生编写的《阿拉伯语语法》教材,由我刻腊版油印。学习提高方面,是随原班同学上阿语课,再就是由马坚先生辅导阅读一些古典名著,三是自由地广泛阅读。

工作的第二年,1955年9月开学,一年级招两个班,让我单独包教一个班,去年(1954年)新来的杨有漪老师教一个班。杨老师是和刘、王两位先生一起留学开罗的老教师，发音特别好，水平高，经验多。教研室老师担心两班唱对台戏，我肯定要败下阵的。为了给我"壮胆"，把我教的班叫"甲班"。系党支部书记也看到我的任务艰巨，找我谈话，一方面给予鼓励，一方面要我做好"可能教不下去"、"败下阵来"的思想准备。当时一个班每周的阿语课16学时，再加上班里学生思想工作、备课、改作业等等，以及教研室秘书工作和上马坚先生的阅读辅导课，我忙极了，经常开夜车至深夜，或通宵达旦。

我阿语水平远不如老先生杨有漪，除了继续努力学习提高阿语水平外，就是抓好备课工作，做到自己先彻底弄懂再教别人，而且要做到"备三教一"（即要教一份，我得先准备三份），不懂或没有完全会的就事先请教杨有漪先生、马坚先生。至于教学方法，一方面承传老教师的经验，一方面参考其他专业、系教师的经验和我自己当学生时对教与学的体会，这应该是青年教师的长处。一年下来，甲、乙两班学生的程度差不多。同学们和老师们对我的反应都不错。这是拼搏的结果，也是老师支持、指导和党的教育的结果，更是师生合作、互相推动、教学相长的结果。教学工作是青年教师成长的捷径。

问：您的翻译水平的提高和阅读有很大关系吗？

答：是的，阅读对提高翻译水平很重要，但不是唯一的决定的因素。要学好一种外语，阅读和翻译练习都很重要，缺一不可，而且二者相辅相成，互相推动，使掌握外语的程度不断提高。低年级就开始独立阅读，至少可以培养这门外语的独立自学能力，学校毕业后具有继续自我提高的潜力；可以对课堂学到的单词、造句、语法、篇章起到温故而知新的作用；可以扩大很多新词汇、新的表达方式和新的语言风格；可以迅速扩大与所学语言有关国家的历史文化知识，而这是学好一门外语必不可少的知识。阅读时，要有意识地从语言和文化知识两个方面去体会和吸收，这叫"有效的阅读"。阅读可以帮助翻译练习，避免汉化的翻译，而翻译练习又可帮助深入理解、体味、消化、吸收阅读的东西。

所以，我一直坚持阅读和翻译练习。当时，社会工作和教学工作很重，"忙得两脚朝天"，但夜深人静时，我还是要读一点，或写一点，或译一点。马坚先生辅导我读古典名著，每次辅导完后，我总会交给他一篇译稿，请他批改。实际上他很忙，没时间批改。但我每次还是照交不误，借以鞭策自己。

问：在国外学习那段经历对于您的学习有什么帮助？

答：当时系里要在各专业培养一些年轻的骨干教师，我是其中的一个,给了我机会去开罗大学进修。学习时间两三年,不要求获毕业文凭,这是我国教育部当时对留埃学生的要求,所谓"不要文凭,只要学问"。我进修的目标很明确:提高阿语水平,扩大阿拉伯历史文化知识。因此,我到开罗后,一方面利用开大的条件,积极选听有关阿拉伯语言文学和历史文化的课程,课外广交阿拉伯朋友和外国留埃学生,通过交谈,特别是激烈的辩论,达到提高口语能力的目的;另一方面通过我驻埃使馆请一位老教授每周辅导我一次阅读阿拉伯语法修辞的古典名著,我还利用他辅导的机会,每次交给他一篇阿文译稿或作文,请他批改指教。此外,我还大量地选读有关阿拉伯语法、修辞、宗教、历史、小说、报纸杂志。

通过口头辩论提高口语能力,对我帮助很大。当年,外界对新中国不大了解,甚至有很多误解。如中苏关系、中印边界战争、朝鲜战争、越南战争、新中国对外政策以及宗教信仰等等问题,朋友们、同学们有很多误解,我就在课堂上舌战群雄,或相约课外单独辩论。有时一辩几个小时,直到深夜。既宣传了新中国,结交了新朋友,"不打不相识",更是迅速地提高了自由表达、长篇说理的能力。

请老师改译稿或作文也很有收获,因为翻译、写作过程本身就是我地道阿语表达能力提高的过程。大量阅读,使我对阿拉伯历史文化的知识和视野大为开阔。仅《古兰经》,我就读过两本,一本带注释和简明译文,一本只有注释,每本都读了两遍。《阿拉伯语法大全》三大册一千多页,从头读到尾。名作家塔哈·侯赛因、曼法鲁蒂、穆罕默德·阿卡德、哈桑·宰亚德、陶菲克·哈基姆、哈桑乃尼·海卡尔等的许多著作,我都读了,并对他们的语言风格进行比较,有选择地进行模仿。

正式翻译实践更是重要,在留埃期间,印象较深的有三次。一次是陪杨秀峰教育部长率领的访埃代表团,从生活翻译到谈判翻译,都由我一人负责。杨很健谈,每到一处都要讲话,访问途中也要和埃方陪同说个没完。记得有一天由开罗乘火车去参观阿斯旺水坝和附近的名胜古迹,一路上部长话就没停,中午在旅馆休息时,他继续聊,当埃方陪同请他喝点"可口可乐"消消渴时,杨部长说:"可口而不可乐啊!"我译了很长一段话,杨部长觉得很奇怪,"可口而不可乐"总共才六个字,你怎么译那么长呢,是不是胡乱译一通?我做了解释,才得到他的谅解。原来,我先用汉语音译法翻译,再按字面意思译"可口可乐",最后再解释部长"可口而不可乐"的意思。这样处理太笨,翻译自然冗长,容易引起误解。我当时得出的教训是,应该先直接译部长的话,当对方表示不理解时,把话译给部长,由他来解释。当天晚上就乘火车返开罗,杨部长让随团的一位局长在车上写出第二天他要到一所师范大学的演讲稿,并要求我讲稿出来一页就译一页。那时我正好拉肚子,浑身疲惫无力,但我还是译了,回到开罗,天已快亮。讲稿请我使馆大使提意见,他看完认为不合适,不能用,可是再写已经来不及了。于是部长只好即席演讲,我已经累得不行了,还是硬撑着翻译。可是,演讲完后,紧接着的日程是双方正式会谈,等译完会谈后一走出会议室,我几乎晕倒,半天才缓过气来。我深深体会到,最难的翻译又往往是在你身体状况最差的时候,这才是真正的考验啊!

还有一次,我驻埃使馆奉命在埃及出版一本国庆宣传文集,文章都是谈各条战线的辉煌成绩,约三十万字,文章只有中文稿的由我翻译,有英文稿的请埃及的翻译社翻译,由我校对定稿,最后联系出版。书刚拉回使馆,国内来电说书中有多处泄密,应立即焚毁。我忙了近一个月,没白天黑夜,最后成果付之一炬,实在可惜!虽然累得闹头疼失眠症,但就笔译能力而言,却是一次难得的锻炼提高机会。

谈到笔译锻炼还有一次,当年遇上周恩来总理第一次访埃,英语翻译是冀朝柱(正式谈判翻译),阿语翻译是张真(生活翻译和群众欢迎大会翻译)。使馆给我的任务是把总理每次在群众欢迎大会上的讲话稿,事先译成阿文,并及时送往前台。常常是来稿晚又要得急,送稿人就在门外等译稿,你没有仔细思考和查字典、资料的时间,就全凭平时的积累了。俗话说:"台上几秒钟,台下十年功",这时我才有了一点感悟。总之,留埃期间,我是通过学习和各种实践来提高的。应当说,学到了许多东西,提高不少。

问:国内学习和国外学习,阅读上有什么区别?

答:在国外阅读,书比较多比较广。阅读还在于自觉性,我阅读一方面是为了扩大知识面,一方面是为了学习那些好的文字和表达,加以吸收消化,再和口译、笔译的实践结合起来。我阿语的提高从阅读中得益匪浅。阿拉伯的宗教、文学、历史、政治方面的书,我都读了不少,这些书对提高阿语水平是非常有益的,可以说,没有广博的文化知识,就没有扎实深厚的语言功底。

问:那您从埃及回来就参加《毛选》的翻译了吗?

答:从埃及进修返回北大时,正值国内开展"四清运动"后期,北大正在处理"四清"遗留的问题,不久就开始了"文化大革命"。"文革"期间,外文局受命在友谊宾馆组织翻译《毛泽东选集》和《毛主席语录》。一开始,北大只有刘麟瑞教授参加,他是阿语翻译权威,负责定稿。当时我在学校没事干,又不想外出串联,就自己主动跟外文局阿文组的同志联系,他们经过请示,于1967年1月把我"借调"去参加译《毛选》工作。刘教授在完成《毛主席语录》和《毛选》第一卷后被军工宣队召回北大,阿文组一时"山中无老虎,猴子称大王",翻译室决定后面的二、三、四卷的阿文译稿由我负责定稿。

在译《毛选》期间,我还负责过中共"九大"文件、几个样板戏(如《智取威虎山》、《沙家浜》、《杜鹃山》、《龙江颂》)、《人民日报》、《解放军报》、《红旗》杂志联合发表的一些长篇社论或政论文章以及新华社的一些大文章的译文定稿,这些工作都给了我很多实践和锻炼提高的机会。我于1967年1月借调外文局,1971年9月返回北大工作。

问:这种翻译是不是得益于您以前的阅读和不断的练习?

答:确是这样。以前只是想多读一些书,扩大文化视野,多做些翻译和写作练习,提高"四会"能力,以提高自己的教学能力和水平。没想到这次《毛选》翻译和许多长篇政论性文章的翻译,都派上了用场,而且又得到了进一步的锻炼和提高。

问:现在我们使用的《阿拉伯语汉语词典》和《汉语阿拉伯语词典》在中国的阿拉伯语教学方面起了很大的作用,是怎么编出来的?

答:《阿拉伯语汉语词典》的编写是这样。当时全国在开展"大跃进",学校也搞"大跃进",我系各专业掀起编字典的大跃进高潮,教师和学生都参加,我们阿语专业决定编一本《阿拉伯语汉语词典》,以阿文的《现代词典》为蓝本,参考阿文《蒙志德》词典和《俄阿词典》。我和邬裕池同志负责组织工作。群众参加的好处就在于跃进气氛浓厚,"完成"得快。但是也有不足,质量很差,白花了很多时间,浪费了很多人力。改了一遍又一遍还是不行。后来由马坚先生一人负责定稿,才达到了出版水平。

《汉语阿拉伯语词典》是"文化大革命"以后的一项科研任务,当时阿语教研室主任是李振中,开始阶段由他负责组织工作,汉语词条的挑选是郭应德同志负责的。后来郭应德任教研室主任,词典工作由他主持,他明确规定词典编纂程序,要求在完成一校的基础上再搞二校、三校,最后第四校的定稿工作由我负责。我们教研室所有的老师都出了力,不同的阶段有不同的分工。这其中我们的专家奥贝德先生更是功不可没,我在定稿时有问题也是先跟奥贝德讨论,然后再定下来的。新疆新华印刷厂负责排版印刷,排版错误很多,张嘉南和吕学德两位老师为了校对,在新疆住了很长时间。这本字典是我们教研室集体努力的成果。

问:从语言教学到东方学研究方面,您有自己的想法,能谈一谈吗?

答:随着社会的发展,社会上对毕业生的要求也在改变。过去东语系培养的是翻译干部,主要是语言的五会能力(听说读写译),再加上一点文学知识和历史知识。后来外交部人员包括大使们本人必须懂外语,工作时不再需要带翻译。从这个发展趋势来看,单纯学阿语就是一条腿一只胳膊。后来,东语的学生又学了英语,用途就比较广了,如果文化知识面再扩大些,又具有初级研究能力,那他的作用就更大了。比如,别人听说你是学阿拉伯语的,问你中东现在形势怎么样,巴以问题是怎么回事,伊斯兰教存在一些极端组织,为什么会出现这种情况。而你对这些问题什么都不知道,无言以对,只知道一个阿拉伯语,就会让人感到奇怪。

这是一个比较平常的问题。还有一个就是自己感觉到真要做研究工作的话。什么课题都离不开跨学科。比如说,你要把语言研究得好一些,就需要文学方面、宗教方面的知识。词义是怎么演变的?这个词用起来有没有宗教背景意义?是不是习惯用法?对于这些问题的研究,你就应该了解更多些,研究深入些。

在教学过程中,如果想要说得生动一点,说得深一点,光有语言知识是不够的,还必须有其他的文化知识。阿拉伯语毕业生进入社会,真正能专事阿语工作的有多少?除非是留校教学。我们国家的领导人有多少人是从事所学专业的工作的?这些人才怎么出来的?就是大学中有了专业基础知识和广泛的文化知识,进入社会后,文化知识面宽的,发展领域也宽,发展潜力也大。过去很多人说,学阿语的出来不搞阿语很可惜,这种观念已经过时了。比如季先生,他会好几种语言,他的文化知识很宽,所以他在搞科研时左右逢源。他要真的只靠一种语言来研究,也可以有一定的成就,但绝对成不了学术权威,成不了著名的东方学家,绝对出不了那么多的学术成果。这些都跟他有很宽的知识面有关系。他这种人才就叫做通才,是我们这个时代需要的人才。

问: 当时有人反对将东语系改为东方学系,他们反对的主要原因是什么?

答: 原因就是脑子还停留在上世纪五六十年代的"培养翻译干部"的目标上,没有与时俱进,跟不上时代的变化。另一个原因,是缺乏与时俱进的精神,墨守老一套。年岁大了,再扩大学术领域,要费大力气,谈何容易!? 其实自从东方文化研究所成立以后,系里就开始提倡教学与研究并重的方针,单纯教学的风气逐渐在改变,科研之风渐渐兴起,成绩也慢慢显露了出来,当时国家重点科研项目,我们系就有两个,省部级项目十多个。

在这个时候我们向季先生提出,想把我们系改成东方学系,他表示支持,于是我向吴树青校长等报告,要求根据形势发展和国家需要,把我系改名为"东方学系",如有困难,可分两步走,先改为"东方语言文化系",以后再称为"东方学系"。学校征求季老意见,季老支持"东方学系"方案,校长会议就通过了。后来,我校四个外语系合并成一个学院,但是冠以"外语学院"之名,我感到很可惜,是一个大倒退,应该定名为"外国语言文化学院"。其实,现在英语系的科学研究范围就远远超出了语言研究,从他们申请的科研项目来看也大大超出了语言这一范围。

问:您当时怎么把目光集中在现代伊斯兰主义的研究上?

答:当时我在做系主任,号召大家开展研究。我自己也应该研究才是,不能光说不练。当时感到现代伊斯兰主义已经成为当代世界的一个极其强劲的潮流,而伊朗的伊斯兰革命的胜利,震撼了全世界,尤其使中东地区及其他地区的伊斯兰国家世俗政权面临严重的危机,连美国都曾试图转而与他合作。把现代伊斯兰主义作为课题来研究,固然很有意义,但风险也很大。我为了研究这一课题还真看了不少书,仅精读的书起码有五六十本,有些是反复看了好几遍,才能从里面归纳出一些东西。研究以后,觉得跟着西方叫他原教旨主义还不如叫他"伊斯兰主义",因为阿拉伯人就叫islamiyah,这个名字是他们自己叫的。他们也接受"政治伊斯兰"的叫法,但他们是坚决反对叫"原教旨主义"。当时我们国内有的单位的同志对"伊斯兰主义"这个名称很反感,总觉得应该叫"原教旨主义"。我说最好不要另起一个带有褒贬内涵的名称,而是人家自己起什么名就叫它什么名。至于对它的评价,是褒是贬,这是你的自由。

问:当时很多人没有意识到《现代伊斯兰主义》这本书的重要性,但是9·11以后,这本书立刻成了热点书。

答:我觉得有一点,伊斯兰主义的政治主张和目的,实际上是主张推翻世俗政权,建立伊斯兰神权政治,以伊斯兰教法来统治。凡是有这样的主张,都属于伊斯兰主义。对于伊斯兰主义组织或政党,也不要都看成是恐怖主义组织,其中的主流派还是主张和平过渡,通过议会选举来推翻世俗政权的。但是在伊朗伊斯兰革命胜利后有变化,胜利冲昏了头脑,霍梅尼提出要把伊斯兰旗帜插遍全世界。但是两伊战争后,因两败俱伤,伊朗国内经济和人民生活水平远不如革命胜利前。于是世界伊斯兰主义锋芒受挫。在苏联解体后,曾兴起一股"民族分离主义"思潮,当它与伊斯兰主义结合,以其政治主张,即建立伊斯兰神权政治为民族分离的理论依据时,这股民族分离主义思想披上了宗教外衣,转向了恐怖主义,对世界各国安全具有莫大的威胁。

问：请简单地讲一讲北大的东方语教学应在哪些方面发挥自己的特色。

答：我觉得北大的东语教学基本上应该遵循东方学的思路,不要把外语当专业,而应当作为获取知识、资料和科研、社会活动的工具来学习和掌握。以东方语为主,还要有英语或法语等为辅。不能光是一种语言,一条胳膊配一条腿不行,应该有两种语言,一主一辅。有关国家和世界的文化知识要扩大,再加上有初步的研究能力。如果有这三条,我们的学生毕业后都将是适应性强、富有生命力的优良种子,到哪里都能生长,而且长成大树,结出硕果。如果光是懂一种语言的话,没有多大的发展前途。所以我们系应该珍惜"阿拉伯语言文化系"这个名称,顺着这条道路走下去,这路会越走越宽的。

问：最后,能概括一下您的治学体会吗?

答：我有那么一点点刻苦钻研、持之以恒、开拓进取的精神,所以才能在专业领域、教学工作和行政工作中取得一些进步和成绩。

采访整理:付志明　鞠舒文

我的社会语言学情结

——北京大学英语系祝畹瑾教授访谈

祝畹瑾教授学术小传 祝畹瑾,上海人,1933年10月10日出生,北京大学英语系教授,1950年至1954年先后在清华大学外语系和北京大学西语系读书,1954年毕业留校任教,1997年退休。其代表作有《社会语言学概论》、《社会语言学译文集》、"Some Economic Aspects of the Language Situation in China"等。祝畹瑾教授是我国社会语言学的学科带头人之一,1982年她率先在北京大学英语系开设并讲授了社会语言学专题课,1985年她编译出版的《社会语言学译文集》被许国璋教授誉为"有功于学术界的一件好事"。该书是中国社会语言学开端的一个重要标志,对于学科发展影响较大,至今仍

---

* 原载《语言学研究》第六辑,北京大学外国语言学及应用语言学研究所编,高等教育出版社,2008年1月。

被广泛引用。祝教授的《社会语言学概论》(初版)是国内第一部较为系统全面阐述社会语言学的教科书,曾获1993年北京市哲学社会科学优秀成果二等奖。

采访人(问):祝老师您好,请您简单介绍一下自己进入大学前的教育背景吧。

祝畹瑾教授(答):我早年毕业于上海的一家教会学校私立清心女中(现在改名为上海市十四女中),是一所名牌中学。当时教会学校的教学质量比较好,因此家长都会想法送自己的孩子到教会学校上学。1950年,我考取了华东区南京农业学院农化系,也可以免试直升上海圣约翰大学建筑系,但我没有去这两所学校,而又报考了华北区清华大学外语系。报考清华的主要原因是,新中国成立后,我想离开上海,离开家庭,到政治气氛浓厚的首都北京来读书。

1950年我进入清华大学外语系学习,1952年全国院系调整,并入了北京大学西语系学习。

问:当时清华、北大都有哪些教授给您开过课?您印象比较深刻的老师有哪些?

答:入清华后,得知钱钟书先生学识渊博,敬仰之余,我们也想课外多读些书。大一时,文史哲书我都看。这也算是钱先生给我们的影响吧。清华、北大外语系有很多名教授,比如,罗念生先生是希腊文学专家、翻译家,教过我们翻译课。李赋宁先生刚从耶鲁留学回来,给我们上一、二年级精读课、作文课,李先生注重讲解词源,他的严谨学风潜移默化地影响着我们。俞大绹先生教过我三年级精读课,她原先在燕京大学讲授小说,讲课生动,善于演示,很受学生喜爱。赵诏熊先生教四年级精读课,他讲课呈跳跃式,我们有点儿跟不上。赵先生作文改得好,我当助教时他批改过我写的读书报告,我喜欢简洁的文风,不能不说也受到了他的影响。三、四年级的笔译课由朱光潜和张谷若先生教。朱先生是大名鼎鼎的美学家、翻译家,他写的《给青年的十二封信》在解放前影响很大。张先生专门翻译英国文学家哈代(Thomas Hardy)的作品,他从未出过国,通过钻研各种资料,对哈代作品中描写的英国乡间景致、风土人情了解得一清二楚,译文栩栩如生。1952年,在北京召开亚太地区和平会议,这是新中国成立后在我国举行的第一个国际会议,领导从高年级和我们年级抽调了一部分学生去为大会服务,回校后,我们感到需要口译训练,于是大三时有了口译课。外教是Robert Winter,他年轻时就在我国大学教书,是我们老师们的老师,我上过他的课,如莎士比亚作品讲解、英诗等。

1954年我毕业留校教书。俞大絪教授担任英语教研室主任,我当教研室秘书,协助她制订、落实教研室工作计划。之后,我被委任为系教学秘书,协助系主任冯至先生工作,冯先生研究德国文学,又是著名诗人。英语教研室给我印象深刻的老师还有周珊凤和张祥保先生。她们两位分别是教语音和语法的专家,教学经验十分丰富。我教一、二年级基本语时,从她们那里获益匪浅。

问:在您的学术生涯中,哪些老师对您影响比较大?

答:有三位老师的话给了我很大的启示,让我终生受用。一位是冯至先生。我刚当助教就听过他讲教书是"一桶水和一滴水"的关系。第二位是朱光潜先生。我们那时对科研工作不重视,也不会做科研。1956年,朱先生在系里举行的五四科学讨论会上说,写论文,做科研,其实并不高深莫测,他赞扬周珊凤先生的教学总结报告(科研文章)写得清楚明了,值得大家学习,朱先生自己也做了示范,这让我心中有了好的论文文字标准。另一位是许国璋先生。1979年,我到北外举办的高年级英语教师进修班学习,许先生要求我们:"broaden your intellectual horizon"(扩大自己的知识视野)。这话切中要害,一些年来我们只知道勤勤恳恳教书育人,不晓得也没有条件去搞什么学问。回想起当初由于工作需要,我经常去拜访朱光潜先生,每次他见到我,总会关心地问我最近读了些什么书。我感觉自己知识空虚,在这个"资产阶级学术权威"面前有自卑感,我在党内生活会上谈起过这种感受,因此而受到了批评。

问:您毕业留校工作后,先后开设了哪些课程?

答:留校后,我教过一、二年级精读课、泛读课,也跟外国专家合作上过口语课、作文课,还勉为其难上过翻译课。写过不少教学法总结。先后组织参与过高教部委托北大举办的几期英语师资培训班。

问:您是如何对社会语言学产生兴趣的?

答:改革开放前,我对英语语言学一无所知。我这方面的知识是靠听专家讲课和自修逐步积累起来的。

1978年10月至1979年6月,我参加北外高年级英语教师进修班。英国客座讲师John Reed讲授"欧洲的语言学传统与近时流派",使我对西方语言学的发展史有所了解;Bryan Smith讲"当前英国社会及其在小说中的反映",正是在这门课上,我首次接触到Basil Bernstein提出的"复杂语码"和"局限语码",意识到语言的使用与说话人的社会背景有关联。北外英语系图书室有不少语言学书,进修期间,我借阅了一些,包括美国社会语言学家 J. Fishman 的著作,他的书中有许多术语我看不明白,但我却开始对社会语言学产生了兴趣。

1980年9月我到美国 Michigan State University 进修,原定计划两年,攻读硕士学位,后来提前一年就叫我回国了。赴美之前,我已经听过不少讲座,对应用语言学、语法学、二外教学、语篇分析、Nida 的翻译原理、Saussure 的语言学理论、Chomsky 的生成语法、韩礼德的系统功能语法等都有了一定的了解。在美期间,我听过 Carol Myers-Scotton 的社会语言学课,又在她的指导下做过"Independent Study"。她注重实证研究,治学严谨而且要求苛刻,我从她那里学到了一种宝贵的治学方法,这也是我在美国进修期间的最大收获。另外还有一门研讨课"Discourse Analysis",我用"同中国留学生讲一次经历"的谈话录音作为语料,写了一篇论文,这门课对我也比较受用。

问:回国后,您又是如何开展社会语言学的教学和研究的呢?

答:1981年6月回国后,我深感国内科学研究开展不起来的一个重要原因在于缺乏科学方法,比如,我们的外语教学经验十分丰富,但就是提炼不出理论来。我对那种流行的"说大话、空话、套话"的文风也比较厌恶,认为自己学到的方法有助于提高社会语言学论文的质量,于是我决定把传授科研方法放在突出位置,在自己的教课、编书和研究中积极实践。对于我的治学道路,许国璋先生曾这样评价过:"祝畹瑾带回来的不仅是这门学问的梗概和有关书目,更重要的是治学方法,而这更有普遍意义。"

社会语言学提倡依靠科学方法挖掘活生生的语言材料,加以论证,否则文章就没有说服力。一个例证就是我在美国写的一篇关于"同志"的论文,那里面的语料都取自小型对话,有生动的语境,我把"同志"这一称谓以及和姓名、头衔、职称搭配在一起出现的用法总结成7种形式并提出了4条假说,把语境和用法、形式和意义连通。Scotton 教授看了我的论文,给予很高评价,提出与我合作修改。后来,我们联名把这篇文章发表在 *Language in Society* 上,署名时,我是作为第二作者出现的。文章发表后,即受到了社会语言学界一些权威人士的注意。现在有人觉得"同志"这个称谓已经不流行了,这篇文章没有多大意义啦,我不这么认为,因为文章提供的模式和假说仍然有价值。许国璋先生也看过这篇文章,给予了充分肯定,他曾建议我增加一些实例,用中文写一篇文章发表,我当时因为已经开始了别的研究,没有听从他的话。1982年秋,Scotton 教授来北大教书,我们做了"师傅"的调查研究。为了取得第一手材料,我到火车站、居委会、邮局、人行道上、公交汽车上听记各式各样人的对话,还到工厂开访谈会等,文章发表在美国的 Anthropological Linguistics 上。我单独写了一篇讲述"师傅"调查方法的文章,在国内刊物上发表,引起了汉语界同行的注意。

问:您编辑出版的《社会语言学译文集》一书为中国社会语言学界奠定了学科发展的基础,受到了中国社会语言学界的一致好评,请您介绍一下译文集的出版背景吧。

答:我回国后首先做的事是整理编写了一份英文讲稿,第二学期开讲"社会语言学概论"。我在教课中最大的感触就是我们的学生阅读的文献太少,因此修一门课只能浮光掠影,知道一点皮毛,而我自己不论是在美国求学,还是回国后准备开课,我的知识主要是靠钻研原著获得的。

国内社会语言学书籍资料不足,1983 年至 1984 年,我利用业余时间组织编译了《社会语言学译文集》。这本《译文集》精选了 12 篇社会语言学经典文献,其中只有 Scotton 的那一篇是她早期的研究成果,比较浅显,但从她的文章引入"语码转换"概念和研究方法对国内的影响却较大。我请 Eugene Nida 为《译文集》写了《关于社会语言学》的文章,他在 40 年代担任过美国语言协会主席。我还约请许国璋先生作序,我把 12 篇原文全都交给了他,他特别看重 Dell Hymes 的 *On Communicative Competence*,写了那篇有名的序言文章《社会语言学和唯理语言学在理论上的分歧》。记得在他家见面初谈时,许老谦虚地要我去找社会学泰斗吴文藻先生作序,他又好像是在考验我的决心,指着桌上的一本书对我说,编译文集可不像编语法书有名有利。译文中的许多术语、概念在我国都是首次出现,用汉语讲明白英语社会语言学理论确实不易。当时所选文章大多是我请老师们翻译的,然后自己再逐字逐句校对,编写注释,等等。老师们都尽心尽力,比如姜望琪老师,大家不讲价钱,合作意识特强。我曾对外教 Anne Herbert 说过,编译这个论文集,我在只有两成把握下就开始动手了。她后来还提起,说这种"冲劲"给她留下了深刻的印象。

问:请问您当年对工作为何有那么大的冲劲?有没有具体的动力激励您致力于社会语言学的教学和科研工作?

答:回顾当年这股"冲劲"的根源,我认为与以下几个方面有关:

第一,我看准了国内需要开拓社会语言学这一新领域,社会语言学在美国出现也只是在 20 世纪 60 年代,中国有着研究社会语言学的肥沃土壤,但多数人对它还不了解。

第二,我感觉自己有能力为社会语言学在中国的传播尽一点力。

第三,我有几位恩师的鼓励和支持。首先,我与 Carol Myers-Scotton

建立了联系和友谊,她一直支持我研究社会语言学,给了我很多帮助。回国前,我给她留下了一些美金,拜托她为我购买并寄送相关图书。我以前能够跟踪国外社会语言学的最新发展,主要仰仗她的帮助。其次,我得到了奈达教授的支持,我是1983年暑期在广外举办的进修班上认识他的。他来北大短期讲学,曾经用了一个晚上跟我谈论社会语言学。再者,我还得到了许国璋先生的鼓励和帮助。

问:许国璋先生对您的影响挺大,请您讲一下许先生在哪些方面给予了具体帮助?

答:上面谈到了,许先生为我编辑的《译文集》写了序。在序言中他说"这是有功于学术界的一件好事",这对我真是莫大的鼓励。我在1984年写了一篇《社会语言学述评》,投寄给《外语教学与研究》,许先生时任主编,给予了充分肯定。他在编纂《中国大百科全书·语言文字》的过程中,曾有意要我撰写"社会语言学"这一词条。1985年,当他得知我将被借调到驻南斯拉夫使馆工作时,曾写信勉励我说:"你的学业在猛进中,不要放弃。"1987年12月,第一届全国社会语言学学术讨论会在香港举行。听说许先生在会上曾这样提及我:"热衷于开拓新学科的真诚的学者",由此可以看出许先生对我的厚爱。许老1993年病逝。清华大学百年校庆纪念日,我最后一次见到他,他对我说:"我在一篇文章中提到了你。"是的,许先生在湖南教育出版社出版的语言学系列教材总序中替我回答了"社会调查是不是学问"的问题。

我在1991年6月查出患肾癌,手术后病休,从此只拿60%的工资。让我感动的是,许老在我不知情的情况下,把许国璋《英语》(修订版)重印的10%版税留给了我(我在北外进修期间曾编写了第三册中两课书的注释、例句、练习等),把其余的90%版税留给了其他两位老师。记得出版社给我的第一份版税是1000余元,领到钱后,我万分激动,作为回应,我给许先生寄去了一张小小的精美的印有剑桥校景的贺卡(剑桥曾是他的母校),上面写了四行字:蒙赐重金,感激涕零,抗癌有方,重谒有望。

我还记得(如果我没有记错的话),当时关于许先生病逝的新闻报道中,许老被誉为"外语教育学家",而没有称为"语言学家",由此看出过去语言学家的称号并不像如今这么轻易可得的,我想,许老如若地下有灵,也会为学术上这般高标准而感到欣慰。可是,现在却有一种风气,动辄就给一些人戴上"某某学家"的高帽子,还不时冠以"著名"等字眼,相比之下,我觉得现在的学术称号里水分太大了些。

问:您当年在中国驻南斯拉夫大使馆都做些什么工作,还有时间继续自己的研究吗?

答:我先生在中国驻南斯拉夫大使馆前后共工作了17年,我是在他最后一任当政务参赞时才被借调到那里去的。我被安排在使馆的研究室工作,阅读英文报刊资料,编写有关所在国政治、经济、社会等情况的报告,我的工作受到了大使的表扬。后期,我也做了一阵子繁琐的使馆签证工作。

去使馆工作时,我随身带了一箱子专业书,一有空闲就读自己的书。我结识了贝尔格莱德大学两位语言学教授,后来写了《南斯拉夫的社会语言学》一文,发表在《国外语言学》上。还准备与其中一位教授合作做个课题,比较研究汉语称谓系统和塞尔维亚语称谓系统之间的异同。

问:请问您是哪一年晋升为教授的?

答:1986年我就可以晋升为教授。那年夏季,我正好回国休假,系里有人把申请表格送到了我手中。胡壮麟和陶洁是英语系首批晋升的教授,我被列在了第二批晋升教授候选名单上。我想,自己当时不在北大工作,就没有填写表格,主动放弃了这次晋升教授的机会。

1988年我回到北大继续教书,但没有赶上那一年的教授晋升,原因是他们以为我不会回校工作了,没有申报我的教授资格,1989年我才晋升为教授。记得有一次学校进行科研成果评奖活动,教研室主任胡壮麟在会上问我,《社会语言学译文集》参评行不行?我心想,哪有自己推荐自己作品的,就回答说,不行。其实,如果按照《社会语言学译文集》的影响来看,获奖的几率还是比较大的。

问:您生病后,还做了哪些事?

答:我的直系亲属有三人死于癌症。1989年寒假,我身体不适,住院做了子宫和卵巢切除。术后没有休息好,就忙着上课,同时还在构思编写一本社会语言学教科书。在New Castle大学执教的李鬼教授曾对我说:"你当初应该把称呼研究搞下去",因为我已经发表了四篇研究汉语称谓的文章。但是,我的科研条件和身体状况不允许我再做实证研究了。我在北大英语系前后共讲过五次社会语言学课,1990年10月至12月还在洛阳军外讲过课,我了解国内需要一本适合我们水平的教材,所以把研究重心转移到教材建设上来。

我查出患癌症时,二十多万字的《社会语言学概论》已经交出了三分之二的稿件,后来只好让研究生周红根据我给她的资料,起草"言语交际"这一章,清样出来后,也是她替我校对的。周红留在系里教书期间,我们合作翻译了一本美国社会语言学家Deborah Tannen的畅销书《你误会了我》,因为初稿出自她的笔下,所以虽然后来她再也没有为这本译做出过力(她去 Toronto 大学读博士学位,定居在加拿大,做的不是语言学方面的工作),当北大出版社想要把我的名字放在第一位时,我没有同意。

我切除右肾后,身体虚弱得不能再上课了。三个月后,我家迁出了北大。但当时我还要继续指导硕士生做论文,就让他们到我方庄的住所来面谈。这项指导任务,我一直干到1997年正式办理退休以后。

问:您是如何与病魔做斗争的?退休后,您还做了哪些与社会语言学学科建设有关的事情?

答:医学界有一说法,癌症患者中有1/3的人被惊吓致死,有1/3的人死于误诊,还有1/3的人存活了下来。我很幸运,身上的癌细胞毒性较小,还没有转移。我的经验:一是得了病,精神不能垮;二是战略上藐视,战术上要重视。我觉得,术后我始终坚持做一些自己喜爱的工作,对我来说,也是获得了一种精神上的支持。

退休后,我做了两方面的事情。北京语言文化大学有位老师来找我,邀我参加一位研究称谓的日本留学生的论文答辩。之后,我在家里给他们汉语学院的研究生讲授社会语言学,总共教了两个学期,每学期5名学生,还帮忙指导了其中3位的硕士论文。他们赶这么远路来我家里上课,令我感动。SARS那一阵,他们不能来我家,就把论文初稿寄来,我逐一细心批改,笔答指导。我还受邀在山西大学、昆明理工大学、中国传媒大学讲过学。

另一方面,我一直关注着中国社会语言学的发展。我认为,社会语言学这门学科在我国成熟,最终要靠汉语学界的努力才能达到,不能总是两张皮,外语学者缺乏汉语语言学知识,而汉语学者又缺乏能力利用借鉴国外的先进成果,我自己就是一只"lame duck"(跛脚鸭)。因此,针对我看到想到的问题,从宏观角度写了4篇关于社会语言学的文章。我还关注国外的发展动态和新趋势,在北大外院语言学沙龙上讲过我对"批判性话语分析"的思考。2005年,我花了将近一年的功夫和同道一起完成了中国社科院语言所交给我的任务,主编《语言学名词辞典》社会语言学部分。我每次出席社会语言学学术会议,总有人向我提及《译文集》和《概论》给他们的引导和影响,并建议我出新版。对此我深感力不从心,对他们的期盼心中很是愧疚。目前,我正在修订《社会语言学概论》,希望能填补这些年来我在社会语言学教材建设方面留下的空缺。

问:请问在开拓中国社会语言学和与癌症的顽强斗争中,您有什么遗憾吗?

答：我的遗憾就是当年没让我完成预定学业就回国了。否则，我的学术之路不至于如此艰难，不至于一个人奋斗如斯。不过，我也获得了回报，那就是《中国语言学人名大辞典》给了我一席之地，使我感到自己的努力得到了学术界的认可。

问：您结合自己的治学经历，给我们后学提些建议吧？

答：我在《社会语言学概论》一书的前言中写道："此书献给我国的社会语言学爱好者、传播者、开拓者。"我最大的愿望就是社会语言学能在中国兴旺发达，我们的社会语言学研究能达到国际水平。这也是我后半生挥之不去的社会语言学情结。

像许国璋先生当年对我们要求的那样，我希望同学们也能尽力拓宽自己的知识视野，治学不要过于狭窄，同时还要勤于思索，抓住自己这一领域内实际需要解决的问题，进行深入的研究。我总觉得，只要自己的研究成果对别人有所帮助，我就感到满足了。在北大风风雨雨、恩恩怨怨的岁月中，我的人生准则是，听党的话，老老实实地做人，踏踏实实地做学问。作为一名教书匠，作为一名社会语言学的传播者，我很喜欢自己的教师职业，也喜欢和年轻人一起探讨学术问题。

采访整理：孙继成、沈　弘

杏坛春风五十年,桃李欣欣中俄间*

——北京大学俄语系李明滨教授访谈

李明滨教授学术小传 北京大学教授、博士生导师。1933年12月生,台湾台北人。1957年毕业于北京大学俄罗斯语言文学系,留校执教至今。曾任北京大学俄文系系主任、俄罗斯学研究所所长、中俄比较文学研究会会长、普希金研究会会长。长期从事俄罗斯文学、俄罗斯国情学与中俄比较文学的教学和研究。主要著作有《中国文学在俄苏》、《中国文化在俄罗斯》、《中国与俄苏文化交流志》、《俄罗斯文化史》、《俄罗斯文学史》、《俄罗斯文学的灵魂——托尔斯泰》等,主编高校教材《苏联概况》、《独联体国家文化国情》等,译著《陀思妥耶夫斯基夫人回忆录》等多部,发表论文约150篇。曾多次获国家

---

* 原载《国外文学》,2007年第4期,总第108期。

级、省部级和校级优秀学术成果奖,荣获国务院颁发的政府特殊津贴,并荣获俄罗斯联邦政府颁授的普希金奖章和俄方颁发的俄中友谊奖章及高尔基奖状。1995年俄罗斯科学院远东问题研究所授予李明滨教授荣誉博士学位,以表彰他在研究、翻译和传播俄罗斯文学和文化,以及两国之间文化交流所做出的杰出贡献。

采访人(问):李老师您好,首先感谢您能接受访谈!我们想请您就北京大学俄罗斯语言文学系的历史做一个简单的回顾。

李明滨教授(答):很高兴,要谈我们系的学科史就得首先提起曹靖华先生。正巧今年是曹老诞辰110周年,我们即将召开一个隆重的纪念会,以前我们也多次开过庆祝会和纪念会,但说得比较多的是曹老的革命生涯、参加北伐战争、翻译苏联文学、对中国新文学运动和中国革命的影响,以及他晚年写的散文作品,而他对北大俄语学科建设所做的贡献则没有重点谈。今年为了庆祝曹老诞辰110周年,我专门写了篇文章谈这方面的内容,题目是《俄苏文学学科的创建者》。

一百多年来我国引进俄罗斯文学的历程有过四次热潮,如果将北大俄文学科的建设与这四次热潮联系起来,那就能明显看出曹老的贡献。第一次热潮是1921—1927年,规模和影响都比较小,重点是翻译俄罗斯进步文学。恰好也是北大俄文系成立,即民国八年(1919年)蔡元培任北大校长期间,那时曹先生是系里的旁听生,后来他一直坚持学俄文,可以说这是曹老的学术准备时期。第二次热潮是1937—1949年。抗日战争爆发后,我们急需介绍苏联革命文学以鼓舞抗日斗志。这个时候,曹靖华先生是主力,和戈宝权、茅盾等人翻译了不少作品。反映苏联抗击法西斯的文学作品给予抗日志士以精神上巨大的鼓舞和激励,并且影响了许多现代作家,像魏巍、刘白羽及周立波等人都曾谈到苏联革命文学对自己的影响。而曹老也以进步文化人而闻名,被称为译界的一面旗帜。第三次热潮是50年代至60年代初,引进苏联文学形成了"浩荡的洪流"。我在《中国与俄苏文化交流志》一书中有个统计:1949—1985年翻译的俄苏作家超过5000人,其中多数是50、60年代翻译过来的。这个时候正好是曹先生创建北大俄罗斯语言文学系的时期。过去的俄文系后来长期停办,所以这次算是重建俄文系。1952年院系调整后,俄文系的建制基本完成,请来了一批有名的教授,像副系主任余振(李毓珍)教授、俄罗斯文学教研室主任魏真(魏荒弩)教授、俄语语言教研室主任田宝齐教授、大学俄文教研室主任王岷源教授等。到1955—1956年我们系的课程设置基本完备,师资结构合理,教学方法定型,教学大纲制定完成。这个时期北大培养出了大批人才,多数人在从事中俄经济、文化交流或外事工作,高校教师也是另一种文化交流的工作。如今健在的俄罗斯文学翻译家大多是那个时候培养出来的,其中有许多人是北大毕业的。第四次热潮是80年代中苏关系恢复正常化以后,再一次出现了介绍俄罗斯苏联文学的高潮。主要是翻译俄苏文学,使之系列化,引进新时期的文学,并加强学术研究,为此我们系成立了当代文学研究室。80年代也是我们北大俄苏文学学科建设走向完备的时期,其表现之一是课程设置基本完备,从文学史到小说史、诗歌史、戏剧史再到作家专题研究都有。我们的俄苏文学学科建设基本完成,课程设置比较完善,研究人员齐全,相关著作已成体系。虽然到了80年代是曹先生的学生辈起着比较大的作用,当时系里的大部分课程是他的学生辈老师开的。这四次热潮恰好是曹先生建系的准备、实践、创建再到完备的时期。我觉得可以用一句话概括曹先生的一生:建功立业、造福桑梓。这里的桑梓主要指北大俄文系。

问:请您回忆一下您报考北大俄文系的经过。

答:我1953年考入北京大学,那年是全国第二次统一招生。我是从厦门考过来的,当时非常向往北大。为什么选择了俄语系呢?其中一个重要原因就是在中学里看了曹靖华先生翻译的苏联文学作品,这对我也是一种鼓舞,但是真正有一些认识还是来到北大以后。学校当时非常注重培养学生"热爱专业",教育我们不仅要爱北大,也要爱专业。对我而言,我是从十分困难的条件下来到北大,自然就倍加珍惜这个机会,哪里有不热爱专业的道理呢?当年能考上北大也是不容易的,政府也十分照顾学生,凡是从南方来北京读书的学生路费一律由国家承担。那时候的条件确实很差,厦门还是海岛,我一路辗转到北京,路上就花了七天。你们是不能想象的,整个福建都还没有铁路,主要的交通工具就是汽车和轮船,我在闽江上坐船就坐了整整一个晚上。所以能来到北大学习是我们天大的幸运,哪能不热爱自己的专业呢?!当时大家就是一心一意学习。

问:请您详细谈谈您在北大求学期间俄文系的专业教学情况。

答:进了北大俄文系以后,我感受最深的还是所受到的文学熏陶。当时俄语系教学实际上是按照三个"基本"来安排的。首先是基本理论,包括文艺学引论和语言学概论,文艺学引论由中文系系主任杨晦先生讲授,后来是钱学熙先生教,语言学概论是高名凯先生教的。第二个基本就是基本技能即俄语学习,包括理论和实践两方面。实践课主要由苏联教员授课,因此我们接触到的是生动、活泼的口语,他们也非常重视学生的语音语调。理论课主要是俄语实践语法和理论语法,实践语法由龚人放先生讲授,他那本由时代出版社出版的语法书是俄文和中文对照的,对我们初学者很有帮助。理论语法由田宝齐先生讲授,他深入浅出地讲解,简要地概括了苏联科学院编写的三本厚厚的语法书,这是非常人所及的。第三个基本就是基础知识,实际上是两条线齐头并进。文学史和文学批评为一条线,由张秋华、彭克巽等先生讲授俄罗斯文学史,曹靖华先生讲授苏联文学史,曹老因为有与苏联作家亲身接触的经历,对苏联当代文学非常熟悉,是国内最早能系统讲授此课的人。还有就是中文系开设的中国文学史、西语系开设的欧洲文学史。这样我们的文学史内容就古今中外都齐备了,当时很少有学校能做到这点。另一条线就是文学选读,这是与文学史教学同步进行的,比如说文学史讲到《伊戈尔远征记》时,我们在文选课上就要读原文,我还记得是魏荒弩先生给我们讲解的这部史诗。俄语实践课的课文好多选自苏联文学作品,不仅如此,连俄语语法书中的很多例句也是选自文学作品,甚至还注明引自何处,北大俄文学科的文学特色自此形成。

问:您毕业后即留校工作,请您谈谈这期间发生的一些事情。

答:我1957年毕业后留校工作,刚毕业就要走上讲台,信心还是有点不足。领导跟我们说,你们怎么学的就怎么教。我留校工作后教的课比较多,像大学俄文、文学选读和翻译课都教过,教得时间长的就是文学史,后来逐渐扩展到俄罗斯国情学和中俄比较文学。1959年大跃进开始以后,在教育领域希望能够加速培养人才,对我们俄语人才来说就是提高"四会"能力。这个时候曾经提出来两个口号,一个是"反对语法为纲",这是因为俄语专业学生经过系统的俄语语法训练,从句法、词法到修辞都经过系统学习,基础比较扎实。但是存在一个问题就是"四会"能力不强,口语能力较差,后来就怪罪于语法教学过细、过专,就要"反对语法为纲"。另一个口号就是"反对文学为纲"。因为我们实践课的课文是文学作品,文学选读又是拿经典作品的原文来读,就连俄语语法书中的例句大多也是选自文学作品,这样做的结果是50年代毕业的那几届学生文学史知识非常扎实,对作家、作品,包括作品主人公的名字都耳熟能详,但是接触现代俄语相对较少。于是就有人提出反对学习文学语言为主,强调学习生动的现代口语。但是经过一段时间的教学实践,觉得这样做也不大好,还是要妥善处理"三个基本"的关系,在这个基础上还是保留北大俄语学科的文学特色为好,正如曹靖华先生说的"文"比"语"要难。本来在50年代,我们系全称是俄罗斯语言文学系,简称俄文系,由于大跃进时强调对语言的重视，有人就建议将系简称改为俄语系，当时曹靖华先生就说了："你们知道，'文'比'语'要难得多"，可见他是不主张改变系名的。好在60年代在重视语言的同时，我们的文学特色并没有减弱，此后北大的文学传统就一直延续下来了。

问：50年代北大俄文系的教师队伍里有一批留学苏联归来的青年教师，您能谈谈他们吗？

答：50年代留苏回国的人中给大家印象深的有武兆令、孙念恭和龚维泰等人。武兆令和孙念恭先生后来成为曹老的得力助手。龚维泰先生理论和实践均有所长，学识渊博，被人称为活字典，教学水平高，很受学生欢迎，成为语言教研室业务骨干。50年代是俄文系大发展时期，武兆令和孙念恭先生，一个在文学教研室，一个在语言教研室。他们协助曹老主持系里的具体事务，包括课程的设置、教材的编写、师资队伍建设等。得益于他们的工作，俄文系进入了快速发展时期，他们二人长期担任副系主任，热心系和学科的建设。当了领导后注意使用人才，发挥他们的作用，使得系的传统一直延续下来。当时下设三个教研室：俄罗斯文学教研室、俄语语言教研室和大学俄文教研室。值得一提的就是大学俄文教研室，规模十分壮观，教研室主任起初是王岷源，后来是龚人放、董青子先生。当时北大文理科一、二年级的学生都要学俄语，因此大学俄语教学需要大量的教师，最多的时候达到了108位教师。大学俄文教研室编写的《大学俄文》教科书（由商务印书馆出版）从50年代初一直使用到60年代，全国各个学校都用，重印十几次。还编写出了针对理科各个专业的专业教科书，有数学、物理、化学、生物、地理等，并且编写了与之配套的五部专业词典，这些也都由商务印书馆出版。可以说50年代俄文系最兴旺的时期，离不开孙、武这两位先生的辛勤工作，曹先生本人也非常肯定这两位助手所做的工作。70年代初武兆令还受到周恩来总理的接见，去讨论招生和外语教学问题。1983年，曹先生因年事已高不再担任系主任时，就由武兆令先生接替。新时期开始她对于系里课程的设置、师资队伍调整、全系发展方向都费尽心力、兢兢业业、妥善安排。

问：您在俄苏文学领域著述颇丰，您能谈谈自己的治学心得吗？

答：我开始俄罗斯文学研究，起初是不自觉的。我的学术兴趣开始于大学时代，三年级时我和一位同学合写的一篇关于普希金的《鲍里斯·戈都诺夫》的论文在五四学生科学讨论会上得奖，这对我后来走上研究道路有很大的影响。我毕业留校工作时，有很简单的想法：当个老师，学好俄语，教好俄语，至少要翻译出几部作品来。刚开始我和老同学一起翻译了《回忆普希金》、《回忆契诃夫》等书。后来因为工作需要,不可能抽出太多时间去做翻译,教学任务还是第一位的,就逐渐把精力集中在教学工作上。可以说我最初是热衷于翻译的,都没想到自己也会去侧重研究。

谈及治学心得,我的体会是根据教学和工作的需要,教什么就研究什么。我讲授的课程主要是俄罗斯文学,当时是给俄系和中文系开课,正是工作促使我对文学进行深入探索。我从副系主任到系主任当了十几年,主管教学和科研工作,自然要很关注教材,因而我成果多的,首先就是教材。我参加了几本不同课目的全国通用教材的编写工作,包括参加老前辈主编的和后来自己主编的有八九本。最早是参加杨周翰、吴达元、赵罗蕤先生主编的《欧洲文学史》的俄国部分的编写,参加朱维之先生主编的《外国文学简编》也是其中的俄国部分,再后来就是参加曹靖华先生主编的《俄国文学史》的编写工作。

其实我后来研究俄罗斯国情,也是工作需要,因为 70 年代招收了一些部队学员,要给他们讲授俄罗斯国情。等到系里开始招收研究生,我开了托尔斯泰研究专题课时,就开始重点研究托尔斯泰了,并且写了几本有关他的书。改革开放以后,中苏关系解冻,亟需加强对苏联的研究,我们成立了苏联当代文学研究室,在几个教研室主任里面我最年轻,就由我去主持当代文学研究室的工作。后来出版了我们的集体成果——教材《苏联当代文学概观》,以及《苏联当代文学研究丛书》,一个系列有七八本,算是国内率先推出的这类成果,俄文系在当时颇有影响。所以说我的心得主要就是根据工作需要来进行研究,可能比较有效果。

问:北大俄文系是高校里最早开始文化国情学研究的,请您谈谈文化国情学,即俄罗斯学建设的历程。

答:俄罗斯学在北京大学有着较为悠久的历史。北京大学的外国语文系科历来重视所学语言对象国的国情知识的教学,这一点可以追溯到民国八年,即 1919 年蔡元培任校长时成立了俄文学系等四个外文学系。俄文学系开设的五门课中就有两门课与国情知识有关,即"地理"和"俄国历史"。50 年代初俄文系在侧重文学方向的同时,一直设有国情学知识课,先后开设过"苏联历史"和"苏联地理"两门课程,前者由历史系张蓉初教授讲授,后者由地质地理系陆卓明教授讲授。到了 70 年代末,开始尝试由俄语系教师自己开设"苏联概况"课,即综合的俄罗斯学基础知识。1980 年设立的教育部高等学校外语专业教材编审委员会,经过审定批准程序,首次实现了俄语专业通用教材的统编和出版,计划编写的 15 种教材中有关国情知识的教材就是由北大参加主编的《苏联概况》。1988年，北大成立苏联学研究所（苏联解体后更名为俄罗斯学研究所），进一步加深对俄国国情的研究，我们邀请校内外专家就俄罗斯的政治、经济、哲学、艺术、法律、外交、军事、民族、宗教等问题及事变形势，举办系列讲座或分专题讲授"俄罗斯国情研究课"。同年，"俄罗斯文化国情"经北大研究生院立项，作为一个学术课题由俄语系开始进行研究。1991年苏联解体后，我们又组织力量编写了《独联体国家文化国情》一书供教学使用。从1995年开始，俄语系开始招收俄罗斯文化国情学方向的硕士研究生，并坚持每年招收，迄今已有数届毕业生。开设专业必修课有"俄罗斯学导论"、"中俄文化交流史"、"俄罗斯文化史"、"独联体国家研究"、"俄语语言文化学"等。去年，俄语系开始招收俄罗斯文化国情学方向的博士研究生，并将进一步完善从本科到研究生和博士生的课程设置；加紧培养师资队伍，在文化国情和语言国情两个领域并重，达到人员配套；俄罗斯学教研成果系列化，修订本科生适用的《苏联概况》，改为《俄罗斯概况》，适时修订研究生适用的《独联体国家文化国情》，编纂出版《中国俄罗斯学家辞典》。

俄罗斯学其实早就存在，国内各高校、各研究单位研究俄国者不乏其人，可以分门别类，但都属于俄罗斯学这个大范畴。而作为俄罗斯学的学科来进行教学、传授综合国情知识的学科，则是北大最早建立而且完备的。至80年代，北大俄语系已不限于语言文学，而是跨向完整的俄罗斯学学科了。我觉得一个学科成立要具备三个方面的条件：第一，要有学者群；第二，要出成果；第三，要有高校作为依托，才会一代一代传下去，薪火相传。如果这三条具备了，这个学科就基本上建成了。从这个意义上说，我们北大的俄苏文学学科是这样，俄罗斯学也可以这么说。北大的优势是凭借自身作为综合大学的实力，在政治、经济、历史诸多领域都有所专长，这对俄罗斯学的建设帮助很大。

问： 您是国内最早进行中俄比较文学和文化研究的学者之一，请您谈谈进入这个领域的经过。

答： 80年代初中文系王瑶先生和乐黛云先生等计划召开鲁迅先生诞辰百年纪念会暨国际学术研讨会，拟邀请国际上研究鲁迅有突出成就的专家，要我了解一下俄罗斯鲁迅研究的情况。我查到了四本专著，其中莫斯科大学谢曼诺夫教授的著作《鲁迅和他的前驱》受到好评。我向两位先生作了汇报，那次就把谢曼诺夫给请来了，乐黛云先生还让我把谢曼诺夫的那本书翻译成中文。从这个时候起我开始留意俄罗斯汉学。后来乐黛云先生要成立一个比较文学研究中心,她在外语系里寻找合作者,在俄语系就找到了我。可以说我从事中俄比较文学研究也是出于工作的需要和任务的促使。70年代末季羡林先生创办《国外文学》杂志的时候,让东、西、俄、英四系各派一人参加,他担任主编,我是四位执行编委之一,这项工作使我接触到不同国家的文学,对我进行比较文学研究帮助很大。乐黛云先生约我编写的第一本书《中国文学在俄苏》,就是发挥了我的专长,这成了国内首次系统地论及俄罗斯汉学发展的著作。接着是参加季羡林先生主编的《神州文化集成丛书》,里面收录了我的《中国文化在俄罗斯》一书,再后来是参加萧克上将和汤一介先生等主持编写的《中国文化通志》丛书,其中《中外文化交流典》含有我的《中国与俄苏文化交流志》一书。1993年我为此书专门去俄罗斯搜集资料,在那边遇到我系一个毕业生李刚林,他把我的计划戏称为"百万计划",即搜集一百本书、行一万里路。我说我只能坐一万里路,行一万里是不大可能了,后来真是搜集了一百多本书,为本书的编写工作打下了坚实的基础。这是我下功夫较多的一本书,该书1998年出版,整套丛书后来获得了国家图书奖。我从事中俄比较研究时,刚开始侧重于文学,后来逐步扩大到整个文化层面。为了庆祝俄罗斯年和中国年的举办,我最近已经完成了《俄罗斯汉学史》一书的写作,此书也酝酿了约十年之久。总的来说,我的学术方向可以分为三个方向:即俄罗斯文学、俄罗斯国情学和中俄文学与文化比较研究。

问: 80年代北京大学和莫斯科大学恢复校际联系,您在这一过程中做了大量的工作,请您谈谈其中的具体情况。

答: 与莫大恢复校际联系的过程中,还要提及谢曼诺夫教授,这边是我,莫大那边是他,我们两个合起来就起到了一种桥梁的作用。在他参加鲁迅诞辰纪念会以后,我们的联系不断加强,个人联系也带动了北大俄文系与莫大亚非学院之间的交流,后来他们还要我们派人过去讲学。不久我又邀请莫大语文系主任 И. 沃尔科夫教授(И. Волков)到北大来。他是后来我系多位博士生赴莫大进修时的指导教师。1987年我作为系主任参加了北大以丁石孙校长为首的三人代表团去莫大访问,这次主要是谈恢复两校联系的问题,60年代以后两校的联系中断几乎达二十年之久。通过此次访问,两校之间恢复了经常合作关系。主要是定期的资料交流、互邀参加对方举办的学术会议和互派人员交流等三项。俄语系很多教师从事教学几十年,还没去过俄罗斯,从这以后我们有计划地分批派遣我系教师前去进修访问,这不仅对教学、研究有很大帮助,也了却了大家多年的一桩心愿，此项计划基本上让我系教师作为访问学者轮流去了一次俄罗斯，这也是我任内的一大称心之事。两校在文学交流方面尤其密切，我研究俄罗斯文学，谢曼诺夫研究中国文学，我们之间相互来往自然互有启发、互为补充并成为双方交流的桥梁。北大和莫大之间的校际交流就这样一步一步发展，2002年双方协议成立了北大—莫大联合研究生院，两校之间的交流合作水平达到一个新的高度。这是后话。

除了和莫斯科大学，我们还和喀山大学、基辅大学建立了联系。我系有不少教师去过喀大和基大，喀山大学的校长也非常感谢我，因为我发现和评论了他们的世界第一部《中国文学史》，即王西里院士著的《中国文学史纲要》，1880年出版。我以前知道喀山大学是早期汉学研究中心，猜想那里肯定有我需要发掘的东西。但因初次到访，只是经谢曼诺夫指点、帮助，我才被允许进入喀山大学图书馆珍本部，并最终发现了王西里的这本著作，不虚此行。喀山大学的领导得知后非常高兴，并专门设宴招待我。校长希望我就此写篇文章，说下次修订校史的时候可以把此项"世界第一"补充进去，因为这是经过中国学者鉴定的。

问：近几年，您为台湾俄语学界、两岸文化交流做了大量工作，我们大家对此也很感兴趣。

答：与台湾俄语学界开始联系是90年代中期的事。1996年台湾中国文化大学俄文系邀请我去参加学术讨论会，从此建立联系，第二年他们请我去讲学，以后就陆陆续续去了几次。以前由于历史的原因台湾对俄罗斯的情况不甚了解，因此请我去讲学，基本上也是在这三个方面，即俄语语言文学、俄罗斯国情和中俄比较文学。中国文化大学俄文系主任明骥教授很有眼光，是他在台湾首次建立了大学俄文系，也是第一个创办研究生班和博士班的。在他创办博士班、制定教学计划的过程中，我和北外校长王福祥教授分别在文学和语言方面协助他出了一些主意。该校已经培养出了台湾的第一批俄国语文学博士。明教授退休以后，仍然孜孜不倦著书立说，正所谓"老骥伏枥，志在千里"。今年暑假他带来了两本书，即《苏联外交史》和《中俄关系史》，我已经把书转赠给北大图书馆，以飨士林。我在那里讲授的中俄比较文学的内容也比较多，这增进了台湾学生对俄罗斯文化国情的了解。比如说前年肖洛霍夫诞辰百周年的时候，我就在南华大学举办了肖洛霍夫百年诞辰纪念会，由我的研究生做学术报告，我做了关于俄罗斯文化的讲座，这是半个多世纪以来台湾第一次为俄罗斯苏联作家举办纪念会，反响非凡。到去年为止，我执教50年，学生无数，包括指导研究生五十多名，其中就有台湾学生，他们或者是考来北大，或者是我在那边指导的。我在台湾的讲学一方面有助于台湾俄语人才的培养,在台湾宣传和推介俄国文化,增进相互了解,我教过的学生已有人活跃在台俄的经贸及文化交流领域;另一方面对两岸的文化交流也做出了贡献。

采访人:查晓燕、吴允兵

访谈整理:吴允兵

从基础课教学到俄语语法研究[*]

——北京大学俄语系吴贻翼教授访谈

吴贻翼教授小传 北京大学俄罗斯语言文学系教授、博士生导师。1934年2月出生,江苏苏州人。1957年毕业于北京大学俄罗斯语言文学系,同年留校任教。上世纪80年代曾赴苏联列宁格勒大学普通语言学教研室进修,师从著名语言学家 В. В. Богданов。曾任北京大学俄罗斯语言文学系副系主任、中国俄语教学研究会副会长。曾荣获国际俄罗斯语言文学教师协会颁发的普希金奖章。吴贻翼长期从事俄语语法的教学和研究,尤以研究俄语句法见长。著有《俄语语法·句法》、《现代俄语句法学》、《现代俄语复合句句法学》、《现代俄语功能语法概要》、《现代俄语模型句法学》、《现代俄语语篇语法学》、《现代俄语句法研究》等。曾在国内外发表学术论文七十多篇。

[*] 原载《语言学研究》第六辑,北京大学外国语言学及应用语言学研究所编,高等教育出版社,2008年1月。

采访人(问): 吴老师您好,首先感谢您能接受这次访谈!今天想请您就北大俄语系的历史做个简单回顾,首先请您回忆一下您当年刚进入北大学习的情形。

吴贻翼教授(答): 我是1953年考上北大的,我本来并不打算学俄语的,本来是想学医的,后来因为我眼睛有问题,是色盲,就没能学医。当时要马上改志愿,学校就把我叫去,说我工科不能学,理科也不能学,理科只能学数学,文科可以学,让我做一个选择。当时我同学就帮我出主意,他们说:"你数学还可以,你学数学吧。"我想数学太枯燥,就没有接受他们的建议。后来他们又说:"你英语还可以,那就考英语吧。"我又觉得英语不行(当时英语专业的前景是不被看好的),他们就说:"那就学俄语吧。"就这样我选择了俄语专业。那为什么考到北大来了呢?因为当时几乎所有的院校教授俄语的系都叫俄语系,唯独北京大学叫俄罗斯语言文学系,他们说这个名字好,你就考北大吧,后来就考取了。1952年刚好是院系调整,清华大学、燕京大学的俄语组合并到北京大学俄罗斯语言文学系。1953年我们来的时候学校还没有宿舍,我们就住在第一体育馆,第一体育馆里面住了几百人,地上都铺满了床垫,我住在看台的台阶上。有一天半夜我突然一翻身从台阶上掉了下来,把下面同学吓了一大跳,他们赶紧把我抱住。大概几个月以后,宿舍楼才盖好。

当时给我们上课的老师好多都是著名教授,我们的基础打得还是比较好的。那时候的语言学引论是高名凯先生教的,文艺学引论是钱学熙先生教的,他是英语系的一位老教授。他上课方式很特别,闭着眼睛坐在那儿,一口无锡话,一开始大家都听不懂,但是他讲得很慢,讲讲就上黑板去写字,所以后来大家基本上都能听懂了。钱先生曾说:"我一睁开眼睛就忘记讲到哪里了,所以要闭着眼睛讲。"这就是钱学熙老师。当时中文系的王瑶先生教我们新文学史,王先生讲课很生动,讲讲就要说笑话。他讲,有一次,一个美声唱法的歌唱家到农村去唱,台下的老太太感动得热泪盈眶,问她为什么,她说他打了摆子还在唱。可见那时给我们上课的教师阵容是很强的,我们的基础打得还是比较好的。中文写作每两个星期就要交一篇作文,我最头疼的就是交作文,作文交了以后老师改,一年大概要写个二三十篇作文吧。所以经过这样的训练,我们的文化基础比较好。后来我们班上的好多同学毕业后没有从事俄语工作,而是从事中文文字工作,有在人民文学出版社的,有在政法学院教汉语的。当然,我们的俄语基础也打得比较好,我们的基础课全是苏联人教,主要是来华工作的苏联专家的夫人,还有苏侨。我们班有六十人,班里什么人都有,有参加过抗美援朝的志愿军战士,有解放军战士,有调干。这六十人分成四个小班,一个班十五人。来的时候我心里还有点担心,因为有人已经拿着俄文原版书看了,而我们却什么都不知道。当时是一点俄文都不懂,完全是零起点,所以很紧张。

问:请问系里的基本课程是怎么设置的?都有哪些老师上课?当时曹老还上课吗?

答:当时主要有语法课、词汇课和文学类的课。词汇课都是苏联专家夫人教的,当时北大俄文楼是很风光的,所有北大的小汽车都集中在俄文楼,那是每天接送专家夫人的汽车。语法课由刘晓波、龚人放老师上,李吟波、于钟莲等也教过。文选课由魏荒弩、李毓珍老师上。刘晓波老师1951年毕业于人民大学,毕业后就来北大工作了,岳凤麟老师也教过我们文选课。我们当时的语音课是由一个叫米利霍夫的外教教的,他是苏侨,对我们的发音、书写要求非常严格,因此我们的俄语语音基础打得也比较好。当时语言方面的课,除了语法、词汇之外,就没有其他的了,不像现在有阅读、翻译、国情之类的课。曹老那时也上课,他给我们上文学史。曹老上课很有意思,他上课就像讲故事一样,很生动。当时文学方面的课主要就是曹老、张秋华、彭克巽、魏荒弩和李毓珍等老师上的,魏先生去世前不久还给我寄了一本他的散文集,我给他回了封信,我知道他耳朵不大好了,就没有给他打电话。我在信中告诉他,他当初给我们上课的情形如今还历历在目。譬如说,他给我们讲涅克拉索夫的《严寒,通红的鼻子》的时候,等他把诗歌讲完一遍,他翻译出来的就是一首很好的诗。张秋华老师和岳凤麟老师都给我们讲过文学史,他们讲的课观点很鲜明,语言很生动,同学们都很爱听。那时学习的气氛很浓,劲头也十足,可是我们学习的时间并不多,因为尽搞运动,1955年肃反,我们学生也参加了。1957年反右斗争,搞得还挺厉害的,后来没考试就毕业了。但总的来说,我们当时的汉语基础和俄语基础打得还是比较好的。

问:那您1957年毕业后就留校了?当时一起留校的还有谁?请您谈谈刚开始工作时的具体情况。

答:是的,毕业后就留校了。当时留校的有我、李明滨、冯家筬、张敬铭和严通海。严通海后来患上了精神病,张敬铭调走了,只剩下我们三个。我一毕业时被分在公共俄语教研室,当时公共俄语教研室是非常壮观的,一个教学组就有二三十人,一个教研室相当大,有七八十人。教研室主任是王岷源,他懂四门外语,英语是他掌握得最好的语言,他曾在美国编字典。然后是德语、法语,俄语他是自学的。他负责公共俄语教研室的教学工作,该教研室负责全校公共俄语的教学任务。那时的公共俄语就相当于现在的大学英语,我们承担的课程非常多,一周16节课,教四个班,每次收上来的作业本不知道有多少。当时曾在哲学楼101教室上课,七八十人一个班,上完课嗓子都哑了。后来随着中苏两国关系的恶化,俄语形势就不好了,特别是1961年以后,形势就更加不容乐观了。我在1961年以后还参加过两年的编书工作。当时中央召开过一个文科教材工作会议,我参加了公共外语组,由上海复旦大学召集的,最后经讨论决定由北大公共俄语教研室主编高等学校文科教学用书《俄语》,从1961年四五月份开始编写,由北京大学、复旦大学、北京师范大学、华东师范大学、南京大学、杭州大学等成立一个编委会,我是小组长,主编单位的召集人。后来编了三册教科书,由商务印书馆出版。在这之前公共俄语教材是由王岷源等人编的。我们编的这套叫试用本,全国推荐使用。当时我们在专家公寓(北招待所)那边有一大套房子,里面有客厅、两间卧室,大得很,在那儿编了两年。1963年我被调回教研室,1964年又接着"四清"去了,一直到"文化大革命"爆发才回来。那时情况已经闹得不可开交,大家都住在一教,包括曹老在内,谁也不许回家。那个时候也不让搞业务,学生也都停课了。直到1970年以后才逐步抓起自己的业务。1971年招了第一批工农兵学员,我们就重新回来上课了,但是学习公共俄语的人就不多了。

问:您给我们谈谈田宝齐先生吧。他是如何指导您从事语言研究的?

答:田先生出身于外交世家,在苏联呆的时间很长,因此他俄文底子很好。1952年以后,苏联专家来了。田先生就跟专家学,他很用功,自己看书,他看的书相当多。因为外语水平高,他看书很快。后来他讲理论语法时,各家各派的,他什么都知道,这个人怎么讲的,那个人怎么讲的,他都能一一道来。我们对田先生是非常尊敬的。田先生在"文化大革命"中受冲击很大,当时田先生非常不容易,但是他还是想得开。1970年以后他就开始在业务上指导我们,他那时就开始指导我看书。1966年以后,系里的俄语期刊就停订了。1973年我们系第一个订了苏联杂志,全国也就我们系订了,所以全国各地的学校就到我们这里来复印,像《俄语在国外》等等杂志。其他学校是1974年以后才订上的。我还记得当时田先生叫我看一篇文章,大概是关于детерминант,也就是关于限定语的,当时还不知道这具体是什么,田先生当时说这和英语的determination有联系,就翻译成限定语。后来这种译法大家也都接受了。

问：是不是这个时候您才开始系统研究俄语语法的？

答：是的。开始的时候我不是搞语法的，我是搞教学法的。我基本上是从70年代开始抓起俄语语法研究的，当时田先生叫我看一篇文章，我怎么也没看懂，里面尽是一些不知所云的词，我看了十几遍吧，还是没看懂。后来还给田先生时，田先生问我看懂了没有，我说没看懂。他又问我看了多少遍，我说看了十遍以上吧，他说："你才看十几遍，我都看了二十多遍呢，不行，你拿回去再看十遍。"后来他又把自己做的笔记给我看，他看书后都做了详细的笔记。后来我又接着看，看了好多遍还是没有全懂，但是大致有点懂了。当时一些基本语言学术语都不懂，因为那时苏联科学院1970年出版的《现代标准俄语语法》（简称《70年语法》）国内都还没有。后来《70年语法》、苏联科学院1980年出版《俄语语法》（简称《80年语法》）在国内逐渐就有了。当时我写的文章，田先生都逐字逐句帮我改，包括文字、语法，那个时候我经常上他家去，就这样在田先生的悉心指导下我在语法领域算是入了门。

问：田先生当时花了这么大工夫肯定就是想培养您，我们知道您在俄语语法尤其是句法学领域研究成果颇丰，请您谈谈自己的治学经验吧。

答：是的，他是想培养我。后来我们思考的一个主要问题就是在语言上究竟能不能搞出什么东西来，作为一个中国人——外国人，语言水平跟俄罗斯人、苏联人比起来要差一大截，跟苏联学者、专家比起来，那我们的语言水平就差得更远了，这肯定是我们面临的一大难题。当时大家都普遍认为搞语言研究搞不出什么名堂来，因为我们的语言水平太差了。这个看法在我们搞语言的教师中间还是很普遍的，人家是母语，我们是外语。你比如说中文的"的、地"，该怎么用就得怎么用，不能瞎用。我觉得这是个问题。我们语言水平不足，这是我们一个很大的缺陷，但是我们有我们的优势。我们的优势在于：俄罗斯人没感到有问题的地方，我们感觉到了。我们的短处在于语言水平、语感不够，但是我们可以看书，可以从书中摘取例句，我们例句多了，那就可以弥补这个缺陷。我们应该扬长补短。我觉得语言研究，包括理论研究和实践应用上也可以这样做。我最早发表文章是60年代，一直到70年代我都在研究关于нельзя后面接完成体与未完成体的问题，我把我家中的书都翻遍了，凡是里面有нельзя的句子，我都摘录出来了。一般认为нельзя后面接未完成体表示"没有必要"，接完成体表示"不可能"。后来我通过众多例句对比发现，这样说不够全面，好多表示"不可能"的情况也跟的是未完成体，而不是完成体。当然，接完成体也有表示"没有必要"的。发现这种情况后，该怎么办呢，后来我通过进一步研究就发现,动词的体有两方面意义:一个是情态意义,一个是动词体的意义。情态意义表示"不可能"就是否定行为的结果,要用完成体;情态意义表示"没有必要"就是否定行为的过程,要用未完成体。因此情态意义是从体的意义中派生出来的。它和体的意义一致的时候,未完成体动词加 не 否定行为的必要性,完成体动词加 не 则否定行为的可能性。但是这两个要是发生冲突的时候,又要表示长时间的不可能,情态意义和体的意义就发生矛盾,后来我就思考了好久,哪个会让位于哪个。体的意义是最基本的,情态意义是派生的,所以情态意义必然让位于体的意义。仅仅这个问题我就研究了十多年。当时就给武汉的《中小学俄语》写了一篇小文章。后来我又发现目的句有很多问题需要研究,比如主从句主体不一致时,传统说法是谓语用过去时,主从句主体一致时,传统说法是谓语用不定式,但实践中我发现,主从句主体不一致时,从句谓语有时可用不定式,而一致的情况下也有用过去时的。我就留意搜集这方面的句子。后来(1979年)我在《黑龙江大学学报》上发表了关于目的句的文章。我多年的体会是,外国人很容易发现俄罗斯人不认为是问题的问题,比如说"Сиди здесь, пока я не приду"和"Сиди здесь, пока я приду"中的 не 有没有,究竟有什么区别,我找了好多句子去请教俄罗斯人,他们没能给出比较满意的答案。找例句可以弥补我们俄语水平不高的缺陷,但是需要长时间的积累。我们在语言研究中容易发现问题。发现问题以后,就要多看书,得下苦功夫,去找大量的例句来进行研究,这就是我的最大体会。研究句子模型也是田先生引导我入门的,正是在他的引导下我才开始研究,我后来去苏联跟鲍格达诺夫学的也是句子模型,所以我的那本关于模型句法的书中第一句就是感谢田先生,正是在他的鼓励和支持下我才开始这方面的研究的。

问: 吴老师,您是中国第一个在《俄语在国外》杂志上发表文章的人吧?能给我们详细谈谈当时的情况吗?

答: 大概是1980年左右给苏联寄去一篇关于 который 的文章。当时这篇文章寄还是不寄,我在犹豫。那时寄过去就是冒着反革命的罪名啊。后来我看到了邓小平同志的一次讲话,讲的是中苏两国在文化交流上还是必须进行的,我想我这一篇文章里面没有一句关于政治的话,没什么好害怕的,我就寄去了,之后好像几年都没有消息。后来1984年,我们有个代表团访问苏联,其中有武兆令等人,她回来后就问我是不是寄过去一篇文章,我说寄过,当时还没明白什么意思。她说人家很想刊载你这篇文章,让你寄照片去,这才知道他们收到了。照片怎么寄过去的我也记不清楚了,好像是托了新华社一个人带过去,我自己也寄了,通过几个途径,后来他们编辑部收到了,1985年就把我的文章刊登出来了。当时中苏关系还没有完全恢复正常,但是已经有一点开始解冻了,后来他们的主编阿勃拉莫维奇看见了我就说:"你敲开了我们的大门。"这是他们创刊以来第一次刊登中国学者的文章。后来我就又在《Русский язык в школе》(《中学俄语》)上陆续发表了两篇文章,还在捷克斯洛伐克的语言杂志《俄罗斯语文学》发表了两篇文章,这个杂志很有名,是捷克斯洛伐克科学院语言所主办,它可用两种语言:捷克文和俄文,我是用俄语写的。

问: 您是2002年获得普希金奖章的吧?当时情况是怎样的?俄语系什么时候开始招收博士生的?请您给我们详细谈谈。

答: 应该是2002年吧。当时国际俄语教师联合会秘书长兼中国俄语教学研究会副会长刘利民教授给我打电话,说被他邀请代表中国去波兰参加МАПРЯЛ的主席团会议,会议议题是在世界范围内选出10名普希金奖章获得者。但他在会前一个星期才接到通知,要办出国手续根本来不及,他就没有去。后来他就把我的材料寄过去了(所谓材料其实就是一张表格),几句话,根本看不出什么,我当时还以为没希望了。后来主席团会议居然通过了我,我获得了普希金奖章。

我们系是上个世纪90年代初评上博士点的。彭克巽教授第一批被评为博士生导师,后来我和李明滨教授也评上了,1993年我开始招收博士生。我还做过几年行政工作,当过九年俄罗斯语言文学系副主任,当时武兆令是系主任,董青子是书记。

采访整理:周海燕、吴允兵

治学以宽博，育人以宽容，处事以宽心
——北京大学德语系范大灿教授访谈

范大灿教授学术小传 北京大学教授、博士生导师、德语文学及文学理论研究专家。1934年3月14日生于山西祁县，1957年毕业于北京大学西语系，1964至1967年间就读于德国莱比锡大学，1986年加入中国作家协会，长期教授德国文学史以及与之相关的专题课，发表过有关歌德、席勒、毕希纳、布莱希特以及梅林、卢卡契、鲍姆嘉滕等人的论文几十篇。主要译著：《审美教育书简》、《现实主义论文集》、《联邦德国文学史》、《歌德论文艺》、《卢卡契论德国文学》、《作品、文学史与读者》。主编《德国文学史》（五卷本，其中第一卷由本人撰写）。

采访人（问）：范老师，您好！感谢您能接受这次采访！您能谈谈当时为什么会想到选择德语作为专业吗？

范大灿教授(答)：其实我并不愿意学习德语。(笑)中学时我的理科好，而我个人还喜欢哲学。当时北大要求考生填报三个志愿，于是我就报了数学和哲学，最后又报了西语系。其实我填报时想，如果我前两个志愿考不上，估计最后的这个也上不了，要是全都上不了，那么我就下一年再说吧。可不知道什么原因我就被取到西语系了。

为什么会选择德语呢？因为那个时候，西语系录取考生是不分语种的，到校后再分专业。我喜欢哲学，而德语又和哲学有关，所以我选择了德语。选了德语，开头念一年级的时候没有好好学，有点不得不学的意思。等上了二年级，我开始发现学习德语还比较有意思，特别是我对文学挺感兴趣，自觉搞文学这行还是可以的。所以，从二年级开始，我有了转变，看了许多书。二年级有一门课对我影响很大——李赋宁先生的"欧洲文学史"。原来我对欧洲文学并不特别了解，好多东西都不知道。李赋宁先生的课主要介绍欧洲重要作家作品，他能把这些作品都讲得特别生动。即使你没看过，他也能让你觉得挺有意思。这门课把基本的知识都告诉了你，而且是以一种特殊的方式，能唤起你的兴趣。我觉得李赋宁先生是一个特别好的老师。上了这门课以后，我不仅对重要文学作品有了基本了解，而且还对此产生了强烈的兴趣。之后，我看了许多相关书籍，图书证上总是满满的。加上当时同学间的学习气氛浓郁，大家相互竞争，比着用功，比着看书。这样四年下来，我也学了好多东西。

问：在您的学习和后来的教学科研过程中，都有哪些老师对您产生过重要影响？

答：我读书的时候，学校里的知名教授很多，我对他们特别崇拜，希望自己有一天也能成为和他们一样的人。当时德语系里最著名的教授就是冯至先生，此外还有杨业治教授和田德望教授。我们中学教材中就收有冯至先生的作品，学习德语前，这个名字便已如雷贯耳。对于这些先生我们都心存敬仰，在学习中也将他们作为榜样和奋斗目标，觉得自己也应该和先生们一样有丰富的知识。

我们入学第一年的基础德语是冯至先生教授的。后来，三年级时，他又给我们教授文学史的课程。田老师从二年级时开始接手，一直把我们带到四年级。杨先生没教过我们。那时候，德语专业每年招生，每届十五人。1956年，模仿苏联的模式，在全国范围内设立副博士研究生，相当于我们现在的硕士生。

1957年毕业后，我留校当了教员。接着到农村锻炼改造，成为第一批下放干部。1959年回校后，领导让我给学生讲德国概况。当时临时被指定教这门课,有点赶鸭子上架的感觉。课程教授的效果如何我不知道,但教这门课对我自己确实有很大促进,我由此对德国的历史和现状有了一些了解。这对我以后的研究帮助很大:研究文学的人如果对这个国家的历史一无所知,这可是件很吃亏的事情。

问:当年开设国情课,备课搜集材料的主要渠道是什么?

答:当时的国情教学主要还是依靠东德方面的材料。那时,系里有一个东德的外教,许多资料都是由他提供的。授课内容主要是东德的建立与状况。例如:二战后,德国如何被划分为四个 Zone(占领区),DDR(民主德国)和 BRD(联邦德国)是如何成立的,以及两德关系中的一些相关政策等。通过教授这门课程,我对于战后德国的演变情况就比较清楚了。这样,对于后来的德国统一我也就有了更深刻的理解,这段教学经历也为我后来研究和跟踪战后德国的发展提供了基础。所以说,只要认真对待教学,老师也是可以从中学到很多东西的。对教员而言,教学并不只是一个单纯给予付出的过程。

问:除了这一年的国情课,您留校初期主要从事的还是基础语言教学吧?那时候的语言课程也细分为泛读、精读等部分吗?

答:直到"文革"前,我的教学内容还都是语言课。虽然授课的设备环境没有现在这么好,课程分类没有现在这么细化,但基本的语言课程结构和现在没有太大差异。不过,当时教研室备课过程中设有教学小组,实行集体备课的方式。整个基础语言课的讲授可以视为一个整体,只是由具体的授课老师实践完成。

问:您觉得对比您当时作学生时的教学情况来看,现在的德语教学状况有没有什么大的变化?

答:我觉得我们那时大部分同学都十分用功,好像每个人都希望将来能成为专家。身处这样的氛围,很容易就会有自己也不能落后的想法。另外,我始终认为,进入大学之后,老师的教法虽然对学生有一定影响,但有别于中小学阶段的学习,关键之处还在于个人,关键看你能不能从任何一个老师那里汲取到对自己有用的东西。而且很多你自己研究的东西,很多你取得成就的地方其实往往不是老师直接教给你的。从教学来看,我觉得现在和过去没有太大差别,只是现在学生的学习条件和当时不可同日而语。现在可以看电视、听广播,还有语音教室、电化教学,我们那时候录音机都是在全校范围内共用的,大概一学期才能去录音教室里听一回、录一回音。没有磁带,语音会话全靠口对口地教。即使以外语为专业,整个西语系也没有一台自己的录音机。当然,我们那时候还有一些德籍教师,这也算是我们的一个有利条件。尽管客观条件有限,但那时大家都是雄心勃勃,都在拼命努力地学习,而且学习范围也不仅局限于德语语言,对其他各方面也比较关心。这是一个很大的区别。

问:您第一次感受到外来文化的冲击大概是什么时候?是在正式开始学外语之后吗?

答:不是这样的。其实我们从小对外来文化就有接触,那时候民众中已经意识到了中国的落后,包括在文学方面,除了鲁迅等本国作家之外,外国文学在当时的中国人中也有一定影响。在我的经历中从来就没有觉得外来文化是一个完全陌生的东西。

1964年,我被派到东德学习。那时正赶上中苏大论战的时期,而东德是跟着苏联跑的,于是,我们和50年代派往东德学习的人不同:他们去的时候以社会主义兄弟的身份受到了热情款待;我们去的时候德国人都回避与我们接触,所以我们和当地人的接触并不多。而且我们去的时候还有好多限制:看电影要事前向使馆汇报电影内容,得到批准后才能观看;如果有德国朋友邀请,则一定要两个人同行才能赴约。不过虽然有着诸多限制,我在出国期间还是学到了一些东西。不仅语言水平有所提高,而且对于东德文学研究的状况也有了较多了解。后来因为"文革"的关系,3年的出国行程提前结束。1967年2月,我和其他留学生一同回国。

问:第一次置身于一个全新的环境有没有什么特别的感受?

答:1964年我出国的时候正值反修高潮。我们在出国前接受过三个月的出国培训,主要是对出国人员进行思想教育工作,防止出国后变"修"了,教育的中心思想就是我们出国之后应该和修正主义作斗争。换言之,我们去德国的任务不光是学习,还要时刻做好斗争准备。在我们出国前曾发生过苏联围困我国留学生的事件。赴苏留学生奋起与苏联斗争的事情被作为教育榜样。所以我们去德国时处处带有警惕心理,时时告诫自己不要受到修正主义的侵蚀,而且我们还做好了充当反"修"战士的准备。我于是带着"他们为什么会变'修'"的问题去到了德国。后来,经过实地观察,我得出了一个结论:我们在解放后什么都无产阶级化了,而他们则都资产阶级化了。比如从礼节上看,我们解放后打倒了原来所谓上层社会的一些礼节,而这些东西在他们那里,至少在东德,都被普及化了。另外,我们当时对于"封资修"总是抱着全面批判的态度,但他们却不是这样。虽然东德对所谓"封资修"的东西也有破除,可除了划分出来的反动作家,东德对包括歌德、席勒在内的历史上的其他作家还是很注重的。这应该算是一点不同之处。至于日常生活方面,东德当时的境况虽然比国内强些,但总体来说还是困难的,所以在物质生活方面倒没有什么特别感觉。但后来去西德,大概是1981年左右,在日常生活方面受到的震动就比较大。当时我们也开始讲"现代化",我去到西德后最明显的感觉就是:我们大概再过五十年、一百年也赶不上人家了。我们的社会在这几十年的时间里发生了翻天覆地的变化,而德国那边的变化则比较小,你们现在再出国就不觉得有什么好惊叹的,可我们那时候看什么都觉得新鲜。而且觉得那边的文化生活也特别丰富。

问:您在德国的留学经历是否有助于自己的文学研究和文学理论研究?

答:我当时听的课程包括《浮士德》、"无产阶级文学"以及关于歌德、席勒、布莱希特等人的专题。我们还前往魏玛参观了与歌德、席勒相关的档案。这都加深了我对德国古典文学的认识,对我的文学研究产生了很大帮助。

改革开放之后,我开始对联邦德国文学有了一些了解。不过,第一批被介绍的作家作品其实还是"文革"前就为大家所知的那些。因为1968年"布拉格之春"事件,卡夫卡被当作反面典型遭到批判,由此进入了大众视野。而伯尔则因被苏联视为进步作家,在我们的外文书店可以买到苏联版的原文伯尔著作,所以我们在20世纪50年代就看到伯尔的作品,他的文章甚至被选入教材。"文革"期间一切中断。等到"文革"结束,便一下子出现了各种相关的翻译和介绍性文字,加上伯尔获得了诺贝尔奖,一时间便出现了一股"伯尔热"。类似的情况还有对茨威格的引介。

问:您能向我们介绍一下您十几年来的科研情况吗?

答:1969年,我同其他老师一样,被派往鲤鱼洲下放劳动,两三年后又重新回到学校教授工农兵学员。"文革"期间"读书无用论"盛行,幸运的是我自己没有放弃读书。在整个"文革"期间,除了参加各种政治运动以外,我都在读书,这样就为我在"文革"以后的研究工作提供了坚实的基础。20世纪70年代末80年代初我写了两篇影响较大的文章。长期以来,在我国把卢卡契看作是文艺领域的修正主义的代表,认为他的观点是反马克思主义的。我在文章中对卢卡契的观点进行了精确的梳理,认定他不是修正主义者,而是马克思主义者。这篇文章很长,影响很大。另外,我当时还写过一篇有关《浮士德》的文章。其中的观点虽然从今天看有些落后,但在当时能把《浮士德》里面的问题讲清楚,这还是不多见的,文章出来之后也受到了广泛好评。上世纪70年代到80年代初,有关方面组织外国文学方面的专家编写《中国大百科全书·外国文学卷》，其中有一个条目特别重要，要求概述相关国家文学从开始到现在发展演变的轨迹。这样的条目应由相关方面的权威负责撰写，德语文学的概述当然应由冯先生主笔。但是，也许是出于对我的鼓励和信任，冯先生要我这个当时还属于"青年教师"的人来写。这让我感到很大压力。不过，经过努力，我还是顺利完成了任务，工作也得到冯先生与其他专家的肯定和赞许。

在我的科研生涯中还有一件事也值得一提。订立外国文学规划的时候需要撰写各国的文学史。德文部分又被指定给冯至完成。而他则想将这个任务转交给我。我当然不敢担此重任，因为撰写文学史必须有广博的知识。这件事于是搁置了下来。不过这成为了我的一个心愿，我一直把这件事情放在心上，之后坚持积累相关资料，不断往这方面努力。所以我在上世纪90年代中期申请了一个项目，撰写一部五卷的《德国文学史》，希望能做到材料丰富、线索清晰。这个项目得到国家社会科学基金的资助，被列为重点项目。项目由我领头，参加的人有安书祉、李昌珂、韩耀成、刘慧儒，后来又增加了任卫东。现在，这个项目已基本完成，一共五卷，约两百多万字，对德语界而言应该算得上是个大工程。

问：能谈谈您在负责《德国文学史》编撰工作时的主导思想和原则吗？

答：我觉得，对于喜欢外国文学的中国读者而言，应当具有一定的文学史方面的知识。所以，我感到，为读者提供一部比较全面详尽、比较系统的文学史著作还是很有必要的。这对于德语文学的爱好者和研究者而言都是有益的帮助，这也是我们的初衷所在。另外，我觉得文学史的编撰不应只是作家生平和作品介绍的简单罗列，而更应突出其作为"史"的性质，即：能说清德国文学从开始到现在发展演变的总体脉络。对于作家和文学作品的分析不可孤立视之，而应将其置于大的历史时代背景之中，在相互比较之间才能看出特色和意义所在。

问：您对于文学理论好像抱有特别的兴趣，而且您的翻译作品也和这方面有关，比如您曾和冯至先生合作翻译席勒的《审美教育书简》。另外您还编译了《联邦德国文学史》……

答：起初，我听说冯先生在抗战时翻译过席勒的《审美教育书简》，但并未出版，冯先生似乎也不准备继续进一步整理了。于是，我建议将译稿交我代为整理。在现在出版的书中，原文的翻译工作主要还是冯先生完成的，我只做了少量的修改。但考虑到此类有关文艺理论的书籍比较晦涩难懂，我又加入了大量的相关注释并为每封书信单独撰写了综述导读。从事后读者的阅读反映来看，我后加入的这部分内容对于他们理解席勒的思想还是很有帮助的。

至于《联邦德国文学史》，那是我们与柏林自由大学的合作项目。1980年，西柏林自由大学开始往我们学校派遣教授，那时被派往北京大学的教授叫Denkler。我与他共同制定了编写计划，他们负责撰写，我们负责翻译。最后的成果就是现在的这本《联邦德国文学史》。这本文学史可以说是专门为中国读者写的，特别针对中国读者的需要。

问： 您毕生从事德国文学研究，您觉得德国文学有哪些特性呢？

答： 相较而言，德国文学与现实生活的联系不太紧密，更注重哲学上的思辨，更强调作家本人对生活的体验，偏好思考较为抽象的问题，这使作品具有更深刻的思想内涵，但同时也导致其可读性、趣味性相对较低。另外，德国文学作品从表面上看似乎与现实较为隔阂，但也正因为如此，它们才体现了更为长远和持久的价值，更有一些普遍的意义。

问： 既然德国文学具有这样的特性，那么您觉得从事德国文学研究的人是否应该具有一些特定的素养？

答： 笼统而言，文史哲不分家，搞文学研究的人也应该懂点哲学和历史。知识都是相通的。不管你知道什么都对你有好处。一个人的知识面不能太窄，了解的东西宽泛一些，这样各部分知识间就能融会贯通。你如果懂点哲学，那么这对于研究德国文学一定特别有用。德国文学和哲学是不可分割的，几乎每个德国文学家都有着自己特定的哲学背景。比如，我对文艺理论比较关注，虽然它和文学没有什么直接关联，但具有了文艺理论的背景知识，就能结合文学作品产生的时代和背景对具体作品进行解读，从而获得更加深刻的理解。我觉得我对文学的研究可能有一个这样的特点——对文学作品的意义和历史地位的理解可能会深刻一些。但我在音乐、美术方面的知识比较少，这样在文学作品的形式美方面可能就不够敏感。换言之，我很容易从文学作品中抽象出其中的精髓，能领会到蕴藏在背后的思想；但对于细微方面所体现出的美则较为不敏感。

另外还有一点因素，被包括我自己在内的许多人所忽视，那便是宗教，具体而言就是基督教。我认为，宗教也是进行文学研究应当具备的知识积累。

问： 在这么多德国作家中，您最喜欢或者对您个人影响最大的德国作家是谁呢？

答： 对于我们这代人而言，最熟悉的应该还是古典作家，这也是我们念书时谈得最多的。我个人很喜欢歌德和席勒。我觉得,歌德对生活的理解特别深刻,他的作品能帮你更深刻地了解人生的意义。而席勒与穷困、疾病作斗争,始终坚守自己的理想,这样的精神也对我产生了较大影响。

问:您毕业后就一直留在学校从事教学工作,也指导过很多博士生和硕士生,能谈一下这方面的经验和体会吗?

答:只要认真对待,每教一堂课对教员自身都是一次提高。即使是重复的东西对自己也有好处。自己懂和讲出来让别人懂,这之间还是有挺大区别的。另外我觉得教书还有一个最大的乐趣。看着自己的学生一批批成长起来,我心里感到特别高兴,因为自己在其中也有一份功劳。因为教学,可能会少写两本书,可是书是你的产品,你教出来的学生同样也是你的产品。这样,你会觉得自己活着还是有点意义,有点价值。

我觉得教书最重要的就是要认真对待,每次讲课前都应该认真备课,要对学生负责,不能因为教过好多次了就随便讲讲。作为老师要让学生喜欢你讲的课。另外,对于学生还是应以关心和鼓励为主。我个人认为,作为老师,并不能够仅凭教学期间的情况来断言学生日后的发展。有时,念书时成绩好、特别用功听话的学生倒不一定是日后最有出息的。反而,有些表现得与众不同、似乎不太听话的学生可能还会有特别的发展。所以,我觉得,作为教员,不应对学生太过苛求,应该给予学生自由发展的空间。特别是在大学学习阶段,老师首先应该起到榜样的作用。教师作为榜样对学生产生的激励作用甚至大过他传授的具体知识。其次,在授课过程中,教师应该能够激起学生的兴趣。有了兴趣,学生自然会在课后自学钻研,这样产生的效果远非一两个课堂上的具体知识点所能比拟。其实,真正由老师亲自传授的知识,在学生一生的整个知识积累中一定只占很小一部分。课上的时间和课程的深度毕竟有限,一个人的知识不可能完全源于课堂。

至于指导研究生,我的基本原则是:学生论文研究的主题一定要由学生自己提出。我不给学生出题,不要求学生做命题作文。我觉得学生的研究方向应该源于自身的知识积累和兴趣所在,而不取决于老师的具体研究方向。只有这样,学生写出的论文才会对本人有益。如果学生的研究范围和老师的科研重点并不完全重复时,我也会允许学生坚持自己的研究方向。老师的指导作用并不在于让学生重复你已知的内容,而应在事前对学生予以科研方法上的指点,事后提供学术上的审查和修改,为学生指明进一步深化和提高的空间。整个过程重在培养学生独立研究的能力。

问：综合您这么多年的教学科研生活来看，您觉得自己的主要成就在哪个方面？有没有感觉比较遗憾的地方？

答：首先，我想到的是，我培养的学生已经成为德语文学研究领域的中坚力量；其次，我写过一些有分量的论著，尤其是五卷本的《德国文学史》。我觉得这套书应该还算具有相当的水平，也算完成了我的一个心愿。

要说遗憾，那就太多了。我觉得一个人想要做的事情太多，但其实能做到的只是其中的一小部分，这不就是遗憾？完全没有遗憾也是不可能的。其实，一个人回望自己的历史，如果但凡有点谦虚的心态都会觉得过去走了一些弯路。可其实你要回头再走，多半还是会走弯路。所以，我觉得我自己没有什么大的遗憾，能做到的也都做到了，做不到的本来也做不到。人还是要看开些，这样心态就会比较平和、愉快。不要总是不满足，总想着还有什么没有得到的。人不满足的应该是给予的还不够，而不应该抱怨得到的还不多。我对自己的一生还挺满意，基本没有浪费太多的光阴，该努力的时候我也努力了，只是在不同时期努力的方式不同，而且我的努力也得到了应有的回报。

采访整理：梁晶晶

"师"歌中的韵律*

——北京大学英语系王式仁教授访谈

王式仁教授学术小传 1934年12月生,上海市人。北京大学英语语言文学系教授。1960年毕业于北京大学西方语言文学系。曾任北京大学英语语言文学系英语教研室主任、副系主任,教育部高等学校外语专业教材编审委员会第一、二届委员,北京大学学术委员会委员,系学术委员会和学位委员会委员,北京大学对外汉语教学中心学术委员会委员,《国外文学》杂志编委,河南师范大学兼职教授。现任对外经贸大学客座教授。研究方向为英美诗歌、诗歌格律和英语语音。主要论著有《外国抒情诗赏析辞典》(英国部分主编)、论文《英诗的韵》和《中国学生对英诗的反应》、《英语儿歌》等;译著有英、

---

* 原载《国外文学》,2007年第2期,总第106期。

美、加诗歌汉译和中国唐诗英译等多首。1978年获英国文化委员会奖学金,1988、1989年获美国富布赖特奖金。在美期间,曾应邀赴七所大学讲学。曾获多项教学优秀奖。从1992年开始获国务院颁发的政府特殊津贴。

采访人(问):王老师您好,首先感谢您能接受这次访谈。今天我们想请您简单回顾一下北京大学英语系的历史。首先请谈一谈您进入北京大学西语系学习的情景。

王式仁教授(答):我是1956年进入北大西语系学习的,当时文科学制已经改为五年制(自1955年开始)。在一年级学习了一个周之后,我经过系里的英语水平测试,就跳到了二年级学习,因此我是四年毕业的,即1960年毕业留校工作。一开始我在公共英语教研室教了一年半公共英语,后来就到了专业教研室,一直到1999年退休为止。

当年我报考北大西语系,入学考试的英语成绩比较好,据老师说是94分,他们认为这个成绩如果再上一年级就是一种浪费,所以系里选了我和其他两位同学参加了跳级考试。当时全国都在提倡向苏联学习,不少同学在中学是学习俄语的。而我在高中——上海圣约翰大学附中——学习的是英语。1952年,上海圣约翰大学附中与大同附中二部合并,改名为五四中学。我读初中是在圣约翰青年会(YMCA)中学,学习的也是英语。因此,我初中和高中上的都是教会学校。教会学校十分重视英语教学,教师的英语水平较高,英语的课时也比较多,因此学生的英语水平要比一般学校的学生高一些。教会学校的英语教学,重感性知识的积累和语感的培养,不太讲授英语语法。教会学校的数理化教学相对比较简单些。

语言学习有一个渐进和顿悟的过程。上中学的时候,我对英语语法只是一知半解,但当时我对英语的感性认识却相对比较丰富些。在进入大学学习之前,我曾经病休了三年,上北大的时候已经22岁了。在家休学的那三年期间,我和几个同学请了上海圣约翰大学附中的英语教师许天福先生补习英语。后来,许老师调到上海外国语大学当了教授。不到一年的补习,使我的英语有了不小的长进,掌握的词汇丰富了,语法知识也在许先生的调教下,产生了从感性向理性的飞跃。在大学一年级读了一周之后,我通过了周珊凤先生主持的英语水平测试,转入了二年级学习。跳级考试时,周先生挑了一个语法结构比较复杂的长句让我分析,周先生听了以后认为我的语法知识比较扎实。第二周我就跟着张祥保先生学习二年级的精读课。为此我十分感谢周先生。

关于英语系的历史，你们还可以参考《吴兴华诗文集》和《李赋宁先生纪念文集》这两套书。关于李赋宁先生，我在《李赋宁先生纪念文集》里面专门写了纪念文章。

问：在上学期间，有哪些教授给您开设了课程，印象比较深刻的有哪些？

答：我们55级这批学生比较幸运，因为当时北大西语系的师资雄厚，良师众多，也就是说，我们正好赶上了这一批老教授退休前的最后末班车。由于时间关系，我这里主要讲一下朱光潜先生、温德（Robert Winter）先生、吴兴华先生、周珊凤先生以及俞大䋤先生。

问：请问朱光潜先生给您上过什么课？

答：我上五年级的时候，正赶上朱光潜先生教我们翻译课，他还给我们上过短暂的精读课。后来他就开始专门做美学及翻译研究了。朱先生的教课特色就是既严格又随和，思路十分清晰。学生犯了错，他就会严厉批评，不留情面。当时，有个别同学学习不爱动脑筋思考问题，曾受到过朱先生的批评。记得当时为了对外宣传，有关方面需要把中国人民大学何干之主编的《中国现代革命史》翻译成英语，于是我们学校就接下了这个翻译任务。我们四十多名同学分成 ABCD 四个组，我分在了 A 组，由朱先生负责我们这一组。其他三组分别由俞大䋤、赵诏熊和殷宝书老师批改作业。各小组把自己负担的那一部分翻译完后，再汇集到朱先生那里，由朱先生作总结讲评。

记得有位同学在其翻译中表述"《人民日报》指出……认为……"等句子时，就在主语"人民日报"后面用了"points out..., thinking"这样的动词。朱先生在总结的时候说："难道《人民日报》也会思考吗？我不知你翻译这句话的时候，当时的思想是一种什么状态。"朱先生就叫这位同学把自己的这句翻译抄写在黑板上供大家分析，并作了详细解释，他认为这位同学把 thinking 放在主语"人民日报"之后，纯属粗枝大叶。几十年后，我们同学聚会时，有的同学还模仿先生的这一训斥口吻，可见这事给我们的印象之深。朱先生对这一位同学的纠正也是对大家的一种帮助，大家也深深体会到了严师的良苦用心。还有的同学不看上下文，不看场合，好用大字，借以显示自己的英语水平之高。比如乱用 bestow 这个字，而不用 give 这个常用词，这也受到了先生的直言批评。

"大跃进"时期，朱先生年龄较大，为了照顾他，我们都到他家中上课，听朱先生讲评我们的译作。朱先生在批改我们的翻译作业时，对有些地方进行了修改,但有的地方他只是给我们划线指出来,让我们自己思考解决办法。当时朱先生住在燕东园,先生为人比较随和,每次上课他都要给我们准备烟和糖,男生抽烟,女生吃糖,当然男生也可以吃糖。我们坐在沙发上听他给我们上翻译课,每次我们去,他都会先让我们一个一个地提出自己对翻译作业的修改意见,思考自己为何做错了。如果谁对自己的问题回答不上了,朱先生就叫他/她到旁边去思考一番。他不喜欢学生只听老师讲,而自己不思考问题。朱先生认为,多数问题,只要认真思考,同学们都会自行解决的。每次批评之后,他又会招呼我们抽烟吃糖。现在这样亲切的老师恐怕不多见了,这样严格要求学生的老师可能就更少了。现在的学生对严格的老师多有怨言,可能体会不到老师的良苦用心。总体上,也可能我很主观,我感觉现在的老师对学生还不够严格。

另外,给我影响深刻的还有李赋宁先生,由于时间关系,我在这里就不谈啦,但这并不是说他不重要,李先生德高望重,为西语系和英语系的建设做出了极大的贡献,对我个人的帮助也很大,详细内容你可以参考我在《李赋宁先生纪念文集》里的那篇文章。

问: 温德先生给你上过什么课?

答: 温德先生是美国人,他最后教的一批学生就是我们55级这一届,当时他给我们开了英语语音课。他教学的特点是不多讲理论,而是具体教你如何学好英语语音;他从音素、重音、节奏和语调等方面入手,让学生学习到地道的英语。在我们二年级的时候,因为大多数学生都是从ABC开始学习英语的,当时多数同学还不能读懂英语原著,于是温德先生就给我们讲经过他和周珊凤、张祥保先生改写过的《傲慢与偏见》。记得他在讲 Chapter One 时,开篇有一个名句:IT is a truth universally acknowledged, that a single man in possession of a good fortune must be in want of a wife... this truth is so well fixed in the minds of neighbours (the surrounding families), that he is considered as the rightful property of some one or other of their daughters. 许多中国人说英语时,都有一个缺点,就是往往会把语调重音(tonic stress)千篇一律地放在一个句子最后的实义词(lexical word)上,如果用升调就在句子的最后一个重读音节升,降调呢,就在一个句子的最后一个重读音节降下来。在上面的这个例句中,我们通常会把句子的降调放在 daughters 上面,但是温德先生讲,一个富有的单身汉怎么会成为他们儿子的财产呢?当然,成为女儿的财产那是不言而喻的。因此,句子的降调应该放在"someone or other"的"other"上面。好的老师善于选用好的例子,当时温德先生对这个例证的讲解给我的震动很大。等我真正明白了之后，认识到今后说英语时应该用脑子想一想，I can't take things for granted any more. 温德先生让我们认识到应该把语调重音放在句中最为关键的部分。比如说，他给我们讲了 Christina Rossetti 的一首短诗"What Is Pink?"，指出语调重音应该放在 rose 和 fountain 上，而不是放在它们后面的 pink 和 brink 上（王老师进行了朗读示范）：What is Pink? / What is pink? A rose is pink / By the fountain's brink. 后来，等我做了助教以后，温德先生还给我们中青年教师讲授了三门课：英国诗歌、莎士比亚和英语语音。语音课重点给我们讲了英语语调，使用的教材是 Roger Kingdon 在 1958 年出版的 *Groundwork of English Intonation*。我很幸运能得到温德先生的教诲。

问：据说吴兴华先生是当时有名的"才子"，请问他给您上过什么课？

答：2004 年，上海世纪出版集团和上海人民出版社出版了《吴兴华诗文集》。关于吴先生的生平和事迹，你们自己可以参阅这套书。

吴先生 17 岁进入燕京大学学习，他是当时燕京大学公认的"才子"和"天才"。在中学的时候，他就发表过一首震动诗坛的长诗《森林的沉默》。周煦良先生曾这样评价过这首诗：这首诗歌意象丰富，文字清新，节奏熟谙，令人绝对想不到其作者只是一位 16 岁的青年！

吴先生考入燕京大学时，他的英语水平已经好得没法说了，入学后他还同时学习了法文、德文和意大利文，尽管这些语言是他的二外、三外、四外，但是他和专修这些语言的同学一起参加考试，每次的成绩都是第一名。这也说明了，他读书真的是过目不忘。另外，他的汉语文史诗词的知识也很惊人。他有时和同学做游戏，在自己的房间里放上唐诗宋词等书，吴先生让同学从三本诗集中任意抽出一本，只要这位同学念出任何一句来，吴先生就能够背出全诗，然后再说出这句话的篇名和作者，赌输的同学就要买上两毛钱的花生为大家凑兴。由此可见吴先生的记忆力绝非一般。

后来，很可惜，吴先生在"文革"期间被摧残致死。1957 年，中国学习苏联的英语教学。在一次探讨外语教学方法的发言中，吴先生表达了与苏联专家不同的观点。后来，他也就因此而被错划为"右派"，后来在讨论对他如何进行处理的会上，朱光潜先生为他说了话，说吴先生的英语水平极高，改造好了还能为党工作，最后吴先生才得以从轻发落，没有让他去劳改，仍留在系里工作，但是级别从三级教授降到五级，也不允许他教书了。

在三年级上学期时，我们上过吴先生的精读课。在课堂上，他举的例子都很有水平。讲课时,他经常引经据典,一背就是十几行诗歌,给我们的印象是"语不惊人死不休"。他课堂上的讲解也能切中要害,使同学们的水平有了大的提高,给55级同学留下了很深的印象。后来,他又给青年教师开过一学期的课。上课的时候,吴先生也经常引经据典,一背一大段诗歌,他很会教书,气氛也很活跃。

问: 当年北大西语系有个传统,就是老教授要与刚毕业的年轻新教师结"对子"进行传帮带,指导您的是周珊凤先生吧?

答: 是的,当年我与周珊凤老师负责一年级的精读课,由周先生指导我教书。周先生是今年年初的时候(2006年2月10日)去世的,非常可惜。对我们这些活着的人来说,也就是对现在六七十岁,还有五十多岁的老师来说,大家都十分敬爱这位老师。周先生的业务非常好。她的父亲是清华大学的第二任校长,叫周诒春(1883—1958)。在清华大学那个老的大礼堂的 cornerstone 上,你会看到"1927年周诒春立"这些字。这就是她的父亲。周先生的少年时代是在当时北平的 American School 念的书。来这所学校上学的都是外国人的孩子,据说周先生是全校唯一的一个中国学生。所以她的英文特别好,完全和 native speaker 一样,语感极好。后来,她的大学本科是在美国的 Pennsylvania 州的一所名校——Bryn Mawr College 上的。

周珊凤先生标准的英语发音是大家一致公认的,这也曾得到了温德教授的赞赏。温德先生曾经亲口对我说过"She is very good."当时系里能与温德先生讨论语音语调的也只有周先生一人。温德先生还说过,有时候,他不太有把握的地方,还要与周先生探讨。她的知识十分扎实,作风严谨,而且还非常非常的谦虚,对教学极端的认真、负责、投入。我很有幸能跟周先生学习了好多年,也共事过多年。后来,我毕业留校后,跟周先生教一年级就教了好几年。有幸和周先生一起工作,并得到了她的大力帮助,这是我一生的荣幸。

周先生对年轻人的传帮带在北大西语系是有口皆碑的。好多与她合作过的教师,既是她的同事,又是她的学生。与她合作教学的年轻人能从她身上学到许多许多的东西。他们学到的不单单是专业知识,更重要的是她的为人处世、她的正直、她的敬业精神,凡是与她合作过的年轻教师都有这种感受。尽管当年她教过的这些学生现在也是老先生啦,有的也已经退休了,但是周先生的严谨而优良的作风通过她的学生已经传承下来。凡是做过周先生的学生,以及与她合作过的教师都是十分的怀念她,敬佩她!

记得我们一起带过1961年入学的15位学生。当时的精读教法与现在的教法不太一样——每周还要给学生安排三节课的朗读辅导,再加上泛读、听力、口头作文等课,每周有十几个课时。为了这15名学生,我们老师整个上午都要围着他们转,排课也要首先考虑到学生的接受状况,充分考虑他们对知识的吸收和消化能力,丝毫不考虑教师自己的不便与辛苦。周先生在排课的时候都是从学生的角度出发,通盘考虑。

现在的教师所面临的压力比较大,比如交通的问题、时间的问题、科研的问题等等,都希望最好能少来学校几次,排课时间最好集中一些。有的老师往往是两节甚至四节课连着上,这样,个人精力和教学效果就会打折扣。在一定程度上讲,这些现象就是没有从学生的角度来考虑教学问题。那时候的课程表,周先生是这样设计的:第一节课讲新课,中间再空几节学生自习,然后再排新课,一周六天的排课都是这样错落有致,通盘考虑。从学生学习最合适的角度来考虑老师的排课,一切都要符合学生的接受能力。前面说过,周先生每周还安排了三次朗读辅导,练习发音。什么叫朗读辅导呢?一周学生要跟我们读三次课文,然后我们再给学生逐一纠音。这15个学生共分成两组,我带7人,周先生带8人,一月轮换一次,教师要了解你所有的学生,不同的学生从不同的老师那里学到不同的知识。这样一路练下来,经过周先生的辅导,每一个学生的发音都是过硬的,他们的语音知识也都非常的扎实。当时,张祥保先生负责二年级的精读课,这些陶洁老师已经给您们讲过了,这里就不说了。

问:请问俞大絪先生给您开过什么课程?

答:俞大絪教授也是我们敬重的一位老先生。当时,由于她的身体不太好,所以她就没有直接给我们这一级学生上过课。但后来有一段时间,俞先生给我们上过几次示范课,当时她觉得我们使用的英语教材的语言不是太好,于是在她的课上,她就"偷天换日",也不是偷偷地,就是未经批准,给我们教了两首诗歌,给我们留下了深刻印象。因为诗歌那个时候被认为是"资产阶级"的东西,是培养精神贵族的东西,也是脱离实际的东西。俞先生在上课的时候,自己悄悄地给我们加进了这两首诗歌,一首诗歌是华兹华斯(William Wordsworth)的"The Solitary Reaper",另一首是惠特曼(Walt Whitman)的"O, Captain! My Captain!"。这两首诗歌她都讲得特别好。这些作品极大地调动了大家的兴趣和学习积极性,让同学们确实领略了英语诗歌的无穷魅力。这也是我后来对诗歌感兴趣的起始点。后来,改革开放之后,我就开始了诗歌教学,这跟俞先生当年的引导有很大关系,她让我觉得诗歌这个东西很美。过去,文学史或文学选读课都是用中文讲的,选的主要是"批判现实主义"的作品,讲课流于空泛的评论,根本不进入文本细读,更谈不上作品欣赏了,而且还根本不让我们看英语原文。俞先生提供的这些诗歌无疑提高了我们的英语学习兴趣。后来,我做了教师以后,又从温德先生那里学习了大量的诗歌。温德先生教的诗歌从乔叟一直讲到叶芝(Yeats)。

另外,俞先生的英语造诣很高,她可以使用800个左右简单的英语单词来表达自己的思想,能用这些简单的单词给一年级的学生讲故事,这给同学们也留下了极其深刻的印象。

俞先生的事情,你还可以问问孙亦丽和祝畹谨老师,她们都专门跟俞先生进修过,可能知道得更多,你可以从不同的老师那里了解到不同的事情。很遗憾,我们没有赶上俞先生的课。

问:您能谈一下赵诏熊先生吗?

答:赵诏熊先生的语言掌握得极好,他曾编辑过一份报纸。实用语言的能力很好,这是赵先生的主要特点。

问:您在英语系都开设过哪些课程?这些课程哪些老师还在继续教?

答:英语系基础课的各个环节,比如精读课、泛读课、听力课、口语课我都教过。1978年到1980年,我获得了英国文化委员会的奖学金(British Council Scholarship),到英国的北威尔士大学学院(University College of North Wales)进修了两年;回国后我就开设英国诗歌课;1988年至1990年,我获得富布赖特奖金(Fulbright Grant)到美国普林斯顿大学(Princeton University)以 Fulbright Senior Research Scholar 的身份访学了两年,研修英美诗歌,回国后开设了美国诗歌课。1992年,教研室发现学生的语音不太好听,于是教研室主任就和我商量,让我给一年级的学生开设语音课。我当时也十分感兴趣,脑子里也有温德先生当年给我们开设语音课的影子,所以我非常愿意给学生开设这样的新课,取得了不错的效果。80年代后我教本科生的课主要是英美诗歌和英语语音,教研究生的课主要是英诗格律和实用文学批评。语音这门课胡春鹭老师也上过,她现在也退休了。现在是燕翎老师在继续上着。当年燕翎老师也上过我的语音课。

问:王老师,请问您目前还在从事哪些科研课题?

答:主要是高等教育出版社的约稿——《实用英语语音教程》,这也是"十一五"的规划教材;然后,他们希望我再编写一本《英国诗歌》教材。

问:今昔对比,北大英语系有哪些经验可资借鉴?

答：现在我们第一线的教师所面临的压力都比较大，需要完成的科研和教学指标也比较繁重，加上目前执行的量化评价体系也有其自身的局限性，这样一来，短时间内，教师就很难出现真正的创新成果。我现在脱离教学第一线已经好多年了，对现在第一线的老师了解不多，但我希望他们进一步加强对教学的重视程度，在教学上继续发扬老一代教师勤奋而严谨的工作作风。

问：关于北大英语系的历史，您建议采访哪些教授？

答：罗经国、孙亦丽、胡壮麟、祝畹瑾、王逢鑫、王明珠等教授。

问：十分感谢您从自己的切身经历来谈北大英语系的历史发展，梳理自己的教与学，相信这对于后学会有很大帮助。我们个人也从这一访谈中获益良多。最后，请您对北大英语系的传统作一下总结。

答：北京大学的英语语言文学专业是我国最早的英语语言文学硕士点和博士点之一，现在也是国家教育部确定的全国四个英语重点学科点之一，这些成绩都值得我们引以为豪，这也是我们北大英语系几代人的智慧结晶。我希望老一代教师的优良传统能够进一步发扬光大。

采访整理：孙继成、沈　弘

丹心热血沃新花*
——北京大学东语系叶奕良教授访谈

叶奕良教授学术小传 1936年3月出生于上海,北京大学东语系教授。1957年7月毕业于复旦大学外国语学院,1957年10月至1961年2月在阿富汗喀布尔大学波斯语言文学系学习,1961年起在中国外交部工作。1964年开始在北京大学东语系工作至今,主要研究方向是伊朗历史文化及伊朗学在中国。迄今已发表《丝绸之路上两个重要的友好国家》(英文)、《古代中伊文化交流》(波斯文)、《元史中质孙服之辨考》等多篇文章,以及《伊朗通史》(上、下)、《伊朗旅游指南》等多部译著,编辑出版了《伊朗学在中国论文集》(共三集,主编)和《波斯语汉语词典》等。2000年伊朗总统哈塔米授予"中伊文化交流杰出学者

* 原载《语言学研究》第六辑,北京大学外国语言学及应用语言学研究所编,高等教育出版社,2008年1月。

奖",2005年入选伊朗国际文化交流名人堂,同年获伊朗伊斯兰文化联络组织"终身成就奖"、德黑兰大学建校70周年纪念奖章。

采访人(问):叶老师,您好!首先,能否请您谈一下您当初是如何走上波斯语道路的?

叶奕良教授(答):我自己算是"半路出家"的人吧。我本科是从复旦大学英语专业毕业的。毕业的时候,周总理、陈毅等国家领导人指示,我们国家应该有自己培养的非通用语种的人才。我们作为一个大国,尤其是在高层接触的方面,最好不要用第三国的语言来进行交流,以示对对方的尊重。我们国家对待大小国家都是一律平等的,当时国内很少有人掌握波斯语,所以就派我去阿富汗学波斯语,那个时候我们和伊朗还没有建立外交关系。为了学波斯语,我还转了一次专业呢。最开始,组织上让我学普什图语,刚学了七八个月,使馆领导找我谈,说现在国家急需波斯语,你马上转学波斯语。我5月份才开始学波斯语,八月份陈毅元帅要到阿富汗访问,领导指示我准备当翻译。这么紧急的任务,真是形势逼人哪。不过人一逼也就逼上去了,我最后也完成任务了。我当时不是主要的谈判翻译,是生活和参观的波斯语翻译,基本上没有太多问题了。那时50年代就是这样的。

我后来在阿富汗学习工作的几年,上到周总理、陈毅元帅,下到大师傅买煤啊,我都要去做翻译。我觉得学习是全过程的。买煤你也得学啊,得分辨低质煤、优质煤、无烟煤,这种知识在课堂里是学不到的。在阿富汗上学时,刚开始我啥都不懂,就懂些英文,就在街上看广告牌,看grocery(杂货铺),边上波斯文写的是什么,就这样对应着学。搞外语,就是要用心,看到什么好句子,要用个本子记下来。年轻的时候,就是要各式各样的工作都做一做,多积累工作经验,多和整个社会接触,是很有益处的。

问:那您又是如何来到北大教书的呢?

答:我到北大来工作其实还是一个"历史的误会",并非刻意追求。我当年去阿富汗的时候是以教育部国家公派留学生的名义出去的,不属于哪个单位。我在阿富汗的三年,学习和工作相互交织在一起,边学习边工作。三年后,我学习任务完成,要分配工作了。中国驻阿富汗大使馆要把我留下来工作,所以外交部没让我回国。教育部知道这件事后,认为我作为教育部派出培养的学生,应当回国工作,于是和外交部就我的单位归属问题争执起来。这样争来争去,我在国外呆了有六年多,一直都没有回国。可是这个问题总要解决啊。后来双方就征求我自己的意见。组织上和我谈了,我说作为党员,服从分配,干什么工作都可以。最后,教育部和外交部达成一个协议,同意让我回来,让我到北大来,说是"母鸡下蛋"。但条件是,只要外交部有外事工作需要,不管什么时候来借调,学校不得以任何借口不放人。

因为我身份的特殊性,当时人家看我是个怪人。平时好好地上课,怎么来辆车就西服革履地走了?"文革"刚开始的时候,有人还猜我是哪家的少爷呢。"文革"期间,虽然我也受到一些冲击,但是我做的事情都是有根有据的,所以最后都不了了之了。我就这样一边教书,一边在外交部等各部当翻译,从毛主席、刘少奇、朱德、周总理、陈毅、邓小平,一直到赵紫阳、华国锋等诸领导人时期。

问:能谈谈您的翻译技巧和心得吗?

答:我是单搞翻译的,记录由专门的秘书做。我这个人有个习惯,就是翻译的时候不喜欢用笔,我觉得用笔的话,翻译就不生动了。做翻译,你就是要人家笑,你也笑;人家哭,你也要哭;人家拍桌子,你也要拍桌子,这样子才成功。我觉得如果不这样翻译,大家就感受不到这个气氛。人家讲得哈哈大笑的事情,你翻过来时听者却笑都不笑,那你就失败了。当事人肯定会问,人家刚才笑什么啊,那样哈哈大笑,你翻译过来怎么一点都不好笑,那就不对了。又如,有些译员觉得翻译数目时较为紧张,而我本人在口译时觉得用笔记录会影响翻译气氛,所以我自己用心、脑袋和手指各部配合帮助,能较好和顺利地解决多位数字方面的翻译。

问:请您介绍一下您来到北大后的教学科研情况。

答:我是1964年冬天回来的,到现在已经43年了。自从到北大以后,我就被分配在东语系工作,教波斯语。刚开始,对我来说还有个适应的过程。因为当时的北大外教是伊朗人,是伊朗口音,我学的是阿富汗的达里波斯语,不太一样,因此还要适应他的口音。我教的第一届学生是杨康善他们班的,当时波斯语专业还有张鸿年老师、曾延生老师,只有我们三个中国老师,另加两个外教。

在学校,我主要教历史概况、口语、翻译、听力。我上课都得预先准备好,但照本宣科我也不会,让我对着念,我就手忙脚乱了。像听力,我都自己准备。比方说听伊朗台,我首先自己听了并记录下来,把它变成文字的东西。上课的时候就把它们分成段落和句子。每句放三次,然后让学生自己听写下来。所以我的课,学生们都说忒累。有些学生至今见面还说,叶老师,你当时把听力材料发给我们不就得了嘛,为啥还要先考我们?其实我就是要让学生自己先听懂，最后我才给他们标准答案。听力这东西，如果照着答案边听边看，其效用是完全不一样的。每个人都要靠自己，不要光靠老师喂给你。

至于科研，谈谈有关《伊朗通史》的翻译吧。那时，我们中国人没有通过第一手材料写伊朗通史的。我们用的伊朗通史的材料主要来自英美法俄，尤其是俄国的伊万诺夫的那本书，影响比较大一些。不过我个人认为，那本书大国沙文主义思想很厉害，而且这些都是外国人的见解。当时我找了伊朗的德胡达研究所的负责人夏希迪博士，我和他说我们这里有这么多的伊朗通史，英国的、美国的、俄国的、法国的，但是很遗憾，这些都是第三国的人写的，不是我们，也不是你们，而是第三国的人在讲你们伊朗的历史。最好你们伊朗人"钦定"一本你们自己认为最能代表伊朗人观点的《伊朗通史》，然后提供给我们。他说你们准备请谁翻译？我说如果你们有，我来翻译。他回去以后就和伊朗政府讲了，并且提供给我们伊朗认可的版本。大概用了半年多时间，中文译本就出版了，后来又纳入《东方文化集成》再版。我们大家知道伊朗是著名的文明古国，然而这本书关于伊斯兰以前的伊朗文明讲得不够。虽然我们是在霍梅尼伊斯兰革命以后开始翻译这本书的，但是这本书却是在革命以前的国王时期出的。所以夏希迪博士也向我强调了这点，说明这本书没有什么政治色彩。

问：您曾多次受邀在伊朗各学术机构、中国国家图书馆、北京大学开设伊朗学讲座，2004年还曾受邀前往奥地利伊朗学研究院做了有关中伊文化交流史的讲座，您能和大家谈谈这些讲座的情况吗？

答：在不同的地方，对不同的听众做讲座，选择的主题就不一样。对于伊朗人的讲座，如果讲波斯文学如何如何，人家会觉得没有什么新意。所以就要讲中伊文化交流，讲讲伊朗学在中国的情况，这样人家就会感兴趣。同样，对其他国家的讲座也是这样。让我印象最深刻的讲座是在中国国家图书馆的那次。我讲的是中伊文化交流，结果反响很强烈。我是晚上做的讲座，讲完以后，听众们就把我围着，一起探讨有关伊朗的各种问题。结果这么一聊，一下就到了夜里两点，我家里的人看我那么晚了都没有回来，还以为我出了什么事情，准备去报警了。这就说明了我们中国人对伊朗文明也是非常好奇和感兴趣的。所以我们这些搞伊朗学的，不光要自己研究，还要多和外界交流，把自己的研究成果和大家分享，来促进伊朗学在中国的普及和发展，由此也吸引更多的人来搞伊朗学研究。

问：您在北大期间又做领导翻译，同时又在学校教书，之间有什么不同，有没有落差？

答：没有没有，只是工作性质不一样。当首长翻译，很累的，任务也很重。各有关部门会向你指出除业务能力之外应注意之处。例如，在工作时，首长边上没有别人，警卫也不能靠近，只有我能站在他身边，因此首长的安全就全交给翻译了。活动结束后，还得写小结。首长不睡，你也不能睡。等写完了，常是半夜了。有些人会感到当首长翻译有神秘感。我本人感觉干此类工作，并非是你本人有何了不起，只不过是工作的需要以及你个人的专业对口而已。而我的本职岗位仍是一名教师。做老师最好的是，学生会记着这个老师以及他的特点。即使你知道我"厉害"，也很好。我与同学的关系挺好的，这是我最为高兴和欣慰的事。

问：您曾经做过东语系主任，能和我们谈一谈您的行政工作经历吗？

答：我自己从来不记具体年份的。最开始是校文科学术委员会里面的成员，90年代当了几年的系主任，2002年退休了。我是党叫干啥就干啥，从50年代学完英文再从头学波斯语就是这样，我也一直是做具体工作的，组织上让我挑起这个担子，我就希望干好，不要辜负组织上的信任。我自己觉得，我的工作风格是兼容并包，有时我喜欢开玩笑地说我是打游击的，呵呵。

问：对于东语系目前的发展以及未来的规划，您有什么看法？

答：随着时间的发展，国家条件的改善，以及社会发展方向的大势所趋，东语系乃至整个北京大学肯定是向着更加优秀的方向发展。但是我觉得在这一过程中各种各样意见都会有，这也是很正常的，关键看领导怎么去看，引导什么东西。你要是问我这个印地语该怎么发展，乌尔都语该怎么发展，那就不太合适，也不太可能。针对现在这些情况，我先讲我一个主要的观点，就是北京大学东方学这一块儿，我觉得是很有搞头，很有前途的，而且是很有希望的，关键是我们要朝什么方向去发展。

先说说学生的培养方向。现在我觉得是好像又弯回去了，又回到了语言，就是所学语种ABC的教学中。例如，到东语系来学就是学习波斯语。当然，这也是一条路子，而且我觉得这在过去也是符合中国的国情的。中华人民共和国成立五十几年了，这前面五十年，这个方向是很正确的，为什么呢？国家在此领域中是从零开始的，当时国家没有波斯语，没有乌尔都语，没有希伯来语的人才，当然肯定要这么做了。而且国家从政治的需要来看，也需要很快培养这方面人才，这样国家可以马上用上，比方说外事单位。但是现在已经过了五十年，到现在还是这样子，我要培养波斯语，我要培养乌尔都语，这是一家之言啊。我觉得像北京大学、哈佛大学、牛津大学这样水平的大学,是不是要像北大现今的模式那样来办波斯语专业,这是首先需要探讨的大的方面。好像在世界上,根据我的了解,还没有这样一个开设波斯语专业的综合性一流大学。至于培养一般的波斯语翻译,是有的,像北外就可以如此去做,他们就是培养这类人才的。北京大学作为一流大学,如果像北外、北二外一样从头开始教波斯语,就一点儿都没有自己的特色了。另外,我建议东语系的领导现在看看有没有这个可能,把五十年来我们培养的人的去向、流向统计一下。现在我们喜欢宣传我们培养了多少个大使,但是这个不是主流,要看大部分人还在干波斯语没有。这样,就可以看出来,你对专业的设置目的,是不是达到了。我讲这些的目的,是想说,北京大学要想跻身世界一流的大学,假设起点还是从波斯语的 ABC 开始的话,我觉得这个起点是不合适的。从美国、欧洲等发达国家了解的情况看,那里的主要大学并没有东语系这个专业。例如,你如果想考哈佛的波斯语博士生,其实是不可能的,因为没有这个方向的,只有伊朗学方向。你进来以后,如果不懂波斯语,可以开波斯语课,但是这个波斯语课,也不用养好多专职波斯语老师。你可以请一个伊朗人来教波斯文。当然也要看这个人教的水平如何,教得不好就炒鱿鱼炒掉了。学生们在那里边学波斯语边搞伊朗学研究。但是,如果学生在北大,就非要读完了波斯语才去搞伊朗学,而只让波斯语好的人来搞伊朗学,是很有局限的。其实,这应该倒过来,让对伊朗学感兴趣的人来学波斯语。

另一个问题是办学方向。我觉得我们应该有一个比较明确的方案,即使你确定我们的发展方向就是以语言文学为主,那也是一个做法。但是我个人认为,北大假设光是搞语言文学,按照这样的人才结构、人才发展来看,东语系的发展,对不起,我这个人讲话可能比较直,东语系的发展方向就不是比较朝前的。

在去年的时候,学校开座谈会让我们谈看法,我也谈了一下自己的观点。我们北大要争创世界一流,我觉得是很好的,而且就是要有这种雄心壮志,但是现在这么多年过去了,也有三五年了吧,我们的创建世界一流大学的目标又朝前迈进了多少,哪几个方面我们在朝一流的方向去做,哪几个方面现在还没找到方向,哪几个方面根本还谈不上。我就讲这个"一流",首先什么叫"一流",你自己必须清楚。对于北大校长而言,是宏观的"一流",但是作为东语系,要确切地了解国外同行的"一流"具体是怎么回事。作为东语系人,自己应该心里有个数,不能等到有一天北大宣布,我们是"一流"了,我们大家就说,噢,我们就"一流"了。北大全校二十几个系科,所谓的"一流",我个人认为肯定有先后之分。因此,我们东语系自己争创世界一流,就要了解"一流"代表着什么,由此确定我们的目标是什么,我们追赶的对象是谁。我讲这种话,绝对没有灭自己的志气的意思。相反,我觉得我们北大并不是一无是处,有些方面,从规模上,从设置上,我们现在已经可以和人家争一争了。我总是觉得,东语系,东方学这一块,要发展,一定要打开和外面的联系。先开窗,开门,接触以后才知道,噢,外面还有这么大的世界。作为学者,如果不跟外界接触,成天沉浸在现成的东西上,没有什么大发展,将来从整个学术发展上,是不会有大的飞跃的。我们的条件是比较差的,但是我们做了没做,尽力了没有?我们应当尽量去开拓新的天地,新的视野啊,把自己的触角伸出去。我觉得要充分利用国内外各种联系啊,包括学术讨论会,做到一个是请进来,一个是派出去。

可能有人会说我讲的这些是"野鸡路子",正统的学术发展应该是评职称,评教授。但是,我认为在中国,评教授并不是唯一的出路。在七八十年代,我还没有被评为教授的时候,我在和外国学者的联系中,并没有感到自己比人家外国的教授矮一等。我也不觉得,在自己的头上冠一个中国北京大学教授的光环有什么了不起。对于我自己,吃几碗老米饭,自己最清楚,能够做什么东西,也应该是自己知道的。其实外面的人同样也知道。凭着这个北大教授的光环,也可能一时把人家蒙过去了,但是人家跟你联系了多次之后,就会知道,北大这个所谓的教授,叶奕良教授,不过如此,没什么特点。像我们这样的外语专业,你有没有本事,吃过几碗老米饭,主要要看外面的人,尤其是外国人对你的评价。他们知道这个问题应该请教中国北大的季羡林教授,这个问题非他莫属,日语应该去找谁,同样,波斯语应该去找谁,国外文学要找谁。所以我讲,对于这个教授的光环啊,应该想开一点,这是身外之物。我从50年代从事波斯语工作到现在,我并不因为当时我没有教授光环,我就不能工作,也并不因为现在我有了教授的光环,我就可以不工作。

问:您对东语系做出那么多的贡献,让我们望尘莫及。作为上一代学者,您对年轻老师有什么寄语和希望?

答:我觉得我们是生不逢时啊,你们现在所处的时代好,环境好,天地也好,认准了就干,而且是干自己喜欢干的东西,尤其是年轻人。我和王一丹老师也讲,一定要敢于打出去!就算碰鼻子,有什么要紧啊,你碰了两次鼻子,不就出去了嘛。你发表了五次文章,两次被退回来,三次也发表了呀!失败什么倒无所谓。作为老教员,我们原来认识那些学术方面的海内外朋友,都是资源,大家都可以享用。比方说我们的这些"关系户",谁需要的话就应该帮助他,并且要把过去的关系都挂到你们年轻人那里,不要光是我叶老师一个人认识。这些关系应该一代一代传下去,这样就不会断掉。我觉得这个资源应该共享,这是很正常的。

在教学上,作为教员,应该做力所能及的工作。我觉得人和人应该是以心比心,你对学生怎么样,他也知道,这个老师对我是真的,那个老师对我不是一片真心,肯定有一番比较。我觉得啊,学生是近朱者赤,近墨者黑。你好的东西,肯定会影响他的,耳濡目染嘛。但是我觉得这个应该平等,也可能我这个观点有的老师会不同意,我觉得应该有个平等的心。

问: 您刚才说的,50年代是培养实用型人才,日后是培养学术型人才,您的人生轨迹和这个进程非常契合。

答: 哪里哪里,我觉得我就是心态特别好,干一行爱一行,这也是我个人的脾性吧。我比较乐观,关注眼前的事。我觉得我们是做具体工作的人,就应该这样,不会老是揪着不放,不能化解。

采访整理:魏丽明、沈一鸣

从基础课教学到福克纳研究
——北京大学英语系陶洁教授访谈

陶洁教授学术小传 1936年9月出生于上海,1954年入北京大学西方语言文学系英语专业,1958年留校任教至今。1979—1981年在纽约州立大学纽波兹分校做访问学者,1986年赴美国作富布赖特访问学者,1990和2001年两次做美国洛克菲勒基金会在意大利贝拉齐奥研究中心的访问学者,曾任国家教委外语教材评审委员会委员、外语教学指导委员会委员。现为全国外国文学研究会副会长、美国文学研究会副会长。多年来教授英语和美国文学,翻译过《雷格泰姆音乐》等美国作家的长、短篇小说,因福克纳的《圣殿》获2000年鲁迅文学奖中的翻译奖。与人合作编写过《英语学习指南》、《美国文学选读》、《美文50篇》等,撰写过《沉默的含义》等多篇中英文论文。负

---

* 原载《语言学研究》第五辑,北京大学外国语言学及应用语言学研究所编,高等教育出版社,2007年4月。

责"九五"国家重大社科研究项目《20世纪外国文学史》的美国文学部分。现正在撰写专著《福克纳研究》。

采访人(问)：陶老师您好，首先感谢您能接受这次访谈。今天我们简单回顾一下您在北京大学西语系求学及工作的那段历史。请问您是哪一年考进北京大学西语系，又是哪一年毕业留校任教的？当时都有哪些教授给你们上课？还有哪些同学毕业留校工作？

陶洁(答)：我是1954年到北大西语系上学，1958年毕业留校。当时系里的老师有朱光潜、张恩裕(张谷若)、李赋宁、杨周翰、钱学熙、张祥保、周珊凤、黄继中等。当时系主任是冯至，副主任是严宝瑜，当年刚开学时印象挺深的，冯至先生胖乎乎的，严宝瑜也胖乎乎的，当时就是感觉有两个胖子一前一后走了出来。还有的老师是，周珊凤、赵琏等是我们一年级的老师，还有个年轻教授叫张珑。黄继中老师1957年被划成了右派。二年级的课有张祥保、黄继中老师，三年级老师就比较多，张恩裕教作文，李赋宁教古代文论，温德(Robert Winter)教英诗，杜秉正教拜伦、赵萝蕤、杨周翰教英国文学史。说到当年同学，现在没有一个人在英语系了。但当时留下的同学比较多，1958年毕业时，经过了"反右"，英语专业好像留下来的就只有我一个人，还有一个去了公共英语，德语有吴秀芳、曹俊杰，有个邵永和留在法语系。

问：请问在学生时期有哪些人和事给您留下的印象最深？

答：当时给我印象很深的人是罗经国，因为他穿得西装笔挺的，我还以为他是系主任。至于印象深的事，我经历的事很多。我1954年一进北大就有个运动，好像是肃反，气氛很紧张，要批判反动学生。结果班上有个吊儿郎当的同学就被批判了。我们班有个特点：我们有一批人是中学毕业考进大学的，也有很大一部分是调干学生，那时国家要发展大学教育。在我就读的那个中学，每个人毕业都要上大学，那时没有考不上的问题，也就是动员每个学生都上大学。我的同学有的考上清华，考上北大的我们班也有好几个。我的中学是上海第一女中，是一个比较有名的学校。我印象最深的是，肃反运动结束后，一个班领导给我一份入党申请书，我不知是要干吗，问他：要这个干吗？因为我对政治一窍不通，结果他说：哦，你不要就算了。呵呵，结果就算了。

后来，1956年要向科学进军，开始要招研究生了，当时学习苏联，不叫研究生，称为副博士，我们都觉得学习很重要了。到1957年"反右"，号召向党提意见。我当时任班长，但对提意见一点兴趣也没有，印象很深的是,有一次在英国文学史的课上,有人在黑板上写着:"为什么我们班没有开展给党提意见?"当时是杨周翰先生给我们上这个课,他看到了黑板上的字,也笑咪咪地问:"为什么?"所以就在这以后的两三天,我们召开了给党提意见的会,虽然我对这个东西毫无兴趣,但这个会给我很大的震动。会上有个同学哭诉自己的经历,说她在解放初被迫嫁给一个老干部,而且她丈夫在很长时间内不让她来读大学。这件事我听了很受震动。后来还有两个同学也说了自己的经历。我们一听,出了这么多事情,虽然我们没有许多社会经历,但还是决定在办公楼礼堂开大会给党提意见;还请来了系主任冯至,希望他把意见带到全国人大去。开会前不到半小时,当时的校团委书记找我和团支部书记谈话,问我们能否不开这个会。我们当时的想法很单纯,出发点是很善良的。我们就说,通知早就贴出去,开会时间就快到了,恐怕不能取消了。她没说什么就让我们走了。我们开完会觉得很高兴,因为我们帮助党整风了。不过,当天晚上,在东操场放电影前,当时的校长江隆基做了讲话,指出我们的会是错误的,我们称之为"控诉会",难道是要控诉共产党吗?许多同学不同意江校长的讲话,决定第二天去清华宣传。他们叫我一起去。我说我已经做错了一件事,明天去清华是对是错我不知道,我不去。结果,所有去的人后来都被打成右派。我侥幸逃过一劫。我有时候想,人生的偶然因素太多了。我当年读大学时可能在无意中成为党员,也可能莫名其妙地成为右派。

到了1958年,选修课不开了,还出现了很多奇怪的事情,不让朱光潜先生教课了,换了另外一个老师来。然后我们开始参加劳动,到现在北大的40楼、44楼、朗润园等地方劳动,也经常开批斗会。很多同学一夜之间被划成了右派,有的老师也被划成了右派,让我觉得政治很可怕。后来,就在宣布我们毕业分配的当天,我接到父亲的信,说他被补划成了右派。结果,我本来是要去外交部的,因为这件事,我就不能去外交部。正好我们班有个同学要留校,她不想留校,于是我们两个就换了一下,从而留在了北大。

我1958年留校后,就开始了大跃进。第一件事就是马上要上讲台,上课。从前留校,都要再继续学习几年才能上课。大跃进我们一开始就到大兴去劳动。要人拉犁,深挖地一尺五,然后把油倒进地里,希望将来收成能达到几万斤。当时我们不懂生产,还挺相信的,只是觉得油倒进地里很是可惜,因为我们当时吃得很差,在乡下只能吃窝窝头和咸菜。从那以后,每学期都要下去劳动一个月。没毕业之前还去建十三陵水库,去挑土建设。

后来就开始教课了,上课是三个人组成一个教学小组,和张祥保老师、赵隆勷老师分在一个组,赵先生上课我也去听。下了课就得参加系里的批判活动。当时批判人性论,记得当时讨论是否有没有阶级性的普遍的人性,朱光潜先生认为是有的,比如母性。后来就有人上去批判朱先生。现在想想朱先生还是很勇敢的,因为当时已经不允许他教课,但他还是敢于坚持自己的观点,敢于辩论。

当时我们班还发起一件事情:编英语常用字词典。我们在学习中间感觉有哪些好像是同义的词但常搞不清用法和区别,我们就都提出来,最后编写不是我们班编写的,是吴兴华他们编的。吴兴华先生是被认为当时最聪明最有才华的比较年轻的教授。后来吴兴华先生在"文化大革命"中去世了,他是个才华横溢的人。他没有教过我本人,我对他的印象是在我留校后,在1962年,周恩来总理号召大家向科学进军,他给青年教师讲作文。他曾有过这样的名言:"口语如果要好的话,要看侦探小说。""看侦探小说,是最容易提高日常用语。"但当时没有侦探小说可看,连《福尔摩斯》都看不到。还有,美国人温德老师讲课也讲得很好,他讲英诗。

问: 当时系里都设置了哪些课程?

答: 说到当时的课程设置,我一进大学时,课程设置有精读、泛读、听力,那时的教材是仿苏联的,我们一年级用的教科书都是苏联的英语教科书。三年级时选修课很多,有诗歌,也有专题课。杜秉正先生讲拜伦,温德讲英诗,还有李赋宁先生的古代文论也是选修课,可能还有很多,现在我也想不起来了。大概基础课就是那样,三年级以后就不再做这些基础的练习了,开设文学史等课程,还有专门的翻译课。三年级的作文课是翻译老师张恩裕先生兼任的。四年级是杨周翰先生教作文,朱光潜先生教翻译。

说到如何教授课程,那主要是以老师为主了。我们一年级时,精读课要先上8个星期的语音课,要先矫正发音。因为我读过教会学校,发音是美国音,要纠正成英国音。要背很多语音规则。考试时,有笔试和口试两种。二年级就没有口试了。我上的是英语专业最后一届四年制大学,不记得有什么改革。当时最大的改革可能就是在三年级开设选修课。

1958年我开始教书时还是精读、泛读、听力和练习,一个星期12节课。以精读为主,精读课最重要的是练习复用字(高频词)。复用字就是从每篇课文中挑出的很有用的字,就是"useful words and idioms"。我们上课时就将每个复用字都要练一至两句,然后回家再练习一句。这练习由我编,由张先生修改,一般都是做三句。然后每个星期我还编成段的翻译，从《人民日报》里找一个故事或一段报道，想方设法把学生学过的词汇放进去。我还要根据学生在作业中犯的错误编一套语法练习。受大跃进的影响我们经常搞教改。教改后教学方法是不断改进的，比如说口语课，我们每次就编一个小故事，让学生练习，三遍以后好学生就可以给你背了，但差点的学生还不行。这个方法也不单纯是苏联方法，我也不知道苏联方法是怎么教的。从我进校时系里已经没有苏联教授了。

问：当时您是如何学习英语的？老师又是如何教学的？

答：我学英语的时代并没有现在这么好的条件，没有听力课但有口语课，不过口语课是在三年级才开设的，师生都不大重视，每周只有两节课，没有会话教材也不是系统地学习什么问候方式、问路指方向等说法，多半还是以老师为主，听他/她讲的多。50年代初的学生都比较清贫，有手表的都不多，更别说收音机或录音机了。甚至连拥有英、德、法语三大专业的西语系都是到了50年代中期才有原东德送的一台十分巨大的录音机。那是有专门房间专人负责的高级器材，一般人是不能接近的。不仅如此，当年还没有如今到处都有的广播英语或电视英语，不可能也买不起什么英语录音带。如果你用短波听英国广播公司或美国之音的广播，即便是学英语的节目是"偷听敌台"的行为，都是会被打成"反革命"的。因此，用现在的话说，我们学的是"聋子英语"或"哑巴英语"。

幸运的是我在上大学期间遇到了许多好老师。这在前面我也讲过了。一二年级的周珊凤、张祥保先生让我们懂得打好基础的重要性。当年并不强调听说领先，似乎也没有很多语法练习，但却很重视读写能力。老师们鼓励我们课外多看书，我们似乎也都知道越早看原著越好，同学之间彼此介绍看过的好书，互相传阅，也很主动地用英语写日记或读后感。三年级时，张恩裕先生教写作，常常在命题前先给我们一些相关的散文作为可以模仿的范文。我记得他说过，英国作家毛姆并非了不起的大作家，但他的文字极好，值得好好阅读与模仿。英文原著看起来有困难的话可以先看翻译成英语的俄国和法国的小说。大概因为不去看翻译小说，我们当年并不知道他就是大翻译家张谷若先生，但都很佩服他的学识，尤其是他关于词典的看法。他说一个人要学好外语不能依赖英汉词典，必须懂得使用英语原版词典。他尤其推荐牛津系列词典，说《小牛津词典》应随身带，《袖珍牛津词典》可以放在厕所里随时翻阅，《简明牛津词典》必须放在书桌上，是阅读时不可缺少的工具书。至于其他大部头的牛津词典是阅读文学作品，尤其是古典文学作品的参考工具，不必购买，可以上图书馆去查阅。当年还没有什么《牛津英语高阶学习词典》，但张先生介绍的这三本词典却是我拥有的第一批英语词典,陪着我一直到大学毕业。四年级时杨周翰先生教我们阅读与作文,他并不讲解作文应该怎么写,但批改得很仔细。我们也未必知道他为什么那么改,但都很认真地注意以后不再犯同样的错误。朱光潜先生教我们翻译,他主张长句翻译时要找到最主要的部分,纲举目张,分成短句时就不会损伤原文。这方法使我终生受益,尤其前两年在翻译福克纳的小说时起了很大的作用。我们还有很多选修课,人人可以选自己喜爱的老师或课程。一位30年代就来中国、教过好几代人的美国人温德先生的"英国诗歌"把我领入一个美丽灿烂的园地,培养了我鉴赏文学的能力,也提高了我学习的兴趣。李赋宁先生的"古典文学批评"课也是受我们欢迎的一门课。他对一些大型词典,如《牛津成语字典》、《引语字典》,甚至《莎士比亚用语索引》的介绍进一步丰富了我们的知识。他要求我们复述所学的篇章促使我们认真查阅词典,尤其是同义词词典。他用不同的方式批改我们的作业,凡写得好的地方,都用曲线划出来,有时甚至有三道曲线,大大提高了我们对写作的兴趣。可惜这段美好的日子很快被"反右"运动打断了。自那以后,在"政治挂帅"的口号下,认真学习成了一种"罪名"。

我曾经提出"粉红色道路"的理论,主张要过问政治,但更要钻研业务,结果被好好批判了一通,从此戴上了"白专典型"的帽子。尽管我们的学习经常受"肃反"和"反右"等政治运动的冲击,但我觉得我们还是受到了良好的训练。那时的老师真是非常认真,非常有责任心的。正因为如此,尽管我们没有专门的听说训练,但我记得,三四年级时,马寅初校长接待外宾,偶尔让学生参加,去的人也都能跟外宾交谈,并不都是哑巴或聋子。当然,这种机会是少而又少的。没有英语广播或英语电影,更没有跟英美人士日常聊天谈问题的可能性,我们拥有的唯一条件就是大量阅读和写作。北大图书馆的很多英语文学作品,包括原著和简写本,是我们阅读材料的大宝库。作文课和自己的英语日记是运用英语的最好机会。(可惜,"反右"以后,我发现日记会带来危险,从此放弃了。)60年代初,在日内瓦会议上给周总理当过翻译的周珏良先生来系里给大家讲他的翻译经历时,特别强调要通过文学学语言。我认为这是极好的经验,也是对我们当年学习方法的一个很好的总结。70年代末,我有机会去美国学习,发现我的听说能力并不差。大概是有了读写的底子,在一定的语言环境下,口语是可以逼出来的。同样,这读写的底子帮助我在70年代末把两篇用美国南方黑人英语写的小说翻译成中文。我的经验说明,在外语学习中,读和写就像一个人的两条腿,是最重要的支柱,是掌握外语的关键。

问：您刚开始教学时是一种什么情景？

答：我刚一毕业就赶上大跃进，教学也要跃进。我对英语的真正了解也是在开始教书以后。具体来说，我不能像以往的助教那样进修一段时间以后再上课，而是直接上讲台，而且教的是只比我低两届的二年级。当时学生不乐意称我为老师，也笑我只会说"不知道"，其实那是事实。但我在课堂上说了我不知道以后，回家一定查字典或请教别人，把问题弄懂，第二天再去跟学生说。这可能还是在一定程度上赢得了一些学生的尊敬，缓解一点师生矛盾。另一方面，幸好有张祥保老师的指导与保护。每次上课前，我把上课要说的英语都写下来，她认真批改并且在我上课的时候坐在教室后面，在我实在解释不了的时候才站起来回答学生的问题。我记得她在解答问题前总要先说一句："陶老师讲的是对的"，大概是为了维护我的脸面。她还告诉我课堂教学的方式方法。记得有一次我反复解释一句长句而学生始终表示不明白，正在我束手无措时她递过来一张纸条，上面写着"用黑板"三个字。于是，我把句子写在黑板上分主从句等形式加以分析，果然使学生明白了。我是在这种师傅带徒弟的方式下学会教书的。但更重要的是，教书使我对英语有了比较理性的认识。在教学过程中我才明白英语是有它自己的习惯说法、固定的搭配和词组短语的。而且，英语还有不同的层次，在不同的场合，对不同的对象，有着不同的说法。这一切都是看书时应该特别注意的地方。可以说，从那时候起我对英语的学习更为自觉也就更有效果了。另一方面，当时我每周要上大约十二节英语，要编三个练习，还要改三套作业。那三套练习中最简单的是根据学生作业中的错误编语法练习。难度大一些的是复用词练习，即在课文中挑选有用的词汇或短语，每个编三个句子，然后翻译成英文，让学生做中译英。不知为什么当年每课书总要挑 33 个复用词，也就是说，我得编 99 个句子。另外一个练习，对我来说难度最大。那就是在报上选一篇文章，想尽办法用学生学过的词汇的句型编成一段小文，再让学生翻译成英语。我编好练习后，把中英文都给张先生，她修改后再到课堂上去使用。当然，让学生做这么多的练习，也就意味着我一周要改三套作业。今天来看，我的工作量实在很大。不过，我觉得这其实是锻炼了我使用英语的能力。我在批改作业时也经常要遇到麻烦。学生写的英语跟我编的练习的答案常常不一样。为了判断他们的说法是否正确，我常常要查字典，找参考书，请教其他的老师。这一切都对提高我自己的英语有很大好处。

问：当时运动这么多，是不是也有教学改革之类的提法？

答：我自 1958 年留校教书以后经历过很多次教改。每一次都是一场政治运动,都要修改教材,目的总是为了突出政治,加强教材的思想性。60年代初,许国璋先生的《英语课本》让我们过了几天好日子,但很快就被指责为宣传资本主义,毒害青年思想的"封、资、修"教材。我们曾经用过的教材有《北京周报》、反对修正主义的《九评》、美国60年代黑豹党的党纲、我们自己翻译成英语的关于农村劳动模范事迹的文章。好笑的是我们为了政治保险,曾经用过英国共产党的一篇文章,没想到犯了大错误,因为英共是"修正主义"的。我们还曾翻译过陈昌奉的《跟随毛主席长征》作为课文。

1970年,北大招来第一批工农兵学员时,我当时在江西鲤鱼洲的北大农场,工宣队要求我们用毛泽东思想指导教学,因此第一课教的是英语的"毛主席万岁",当然还要教"无产阶级专政"、"上、管、改"等政治术语。1975年学习所谓的"朝阳农学院经验"时全系又搬到京郊昌平县的山里面,搞什么"上山一句外语,下山一句外语",学生学会了"修剪"、"除草"、"间苗"等农业名词的英语说法,却不会简单的日常生活方面的词汇。法语专业的学生还放了"卫星",用法语"批斗"地主和富农,据说还让他们吓得浑身发抖。(他们的老师偷偷地告诉我,他们把"头破血流"一词说成了"土破血流",不过老师不敢指出来。)

至于选修课,自1958年"反右"运动后期被取消以后,一直到80年代才重新出现。不仅如此,学生出了问题,追究起来总是受西方文学影响的结果。美国是头号敌人,他们的文学当然不能教,英国文学也很少出现在课本里,而《简爱》仿佛成了个人主义的"万恶"源泉。我们教的美国作家大概只有马克·吐温和德莱塞。(1995年我到美国参加一个马克·吐温研讨会。一位来过中国的马克·吐温专家问我,为什么中国人那么喜欢在美国不太受重视的《竞选州长》和《百万英镑》。我告诉他这是因为马克·吐温这两个故事思想好,批判美国社会。他仿佛很吃惊,问我为什么要把刻画人性的文学作品和政治纠缠在一起。我无法对一个不了解中国情况的人解释政治在英语学习中的重要性,只好顾左右而言他,回避了争论。)到了"文化大革命",尽管北大英语系是全国最早在1970年招收工农兵学员的,但没有人敢再提"通过文学学语言"了。李赋宁先生曾有句名言——"每次搞运动,莎士比亚就得被请出课堂,运动结束了,莎士比亚又回来了。"这实在是高度概括地说明了当年的情况。不过,我们在各种各样的教改中始终坚持英语学习首先要打好基本功这个原则。我认为这一点还是应该充分肯定的。当年张祥保先生经常说,用任何教材都可以学好英语,因为语言的基本要素和规则总是一样的,只是学到的词汇不同而已。因此,在"大跃进"的年代里,我们在英语教学中也搞"突击"。几周的《北京周报》是"突击"政治词汇。接着是突击口语,我们让学生学几个剧本,这就丰富了他们的生活词汇,对他们的口语能力也确实有些好处。我们在教《九评》之类的政治教材时编过几十个句型和一些例句(想方设法地加进生活词汇),让学生熟记并教他们如何举一反三,同时还编各种各样的练习让他们把学到的东西反复练习,引导他们把书本上的词汇和句型用来表达日常生活中的情景。努力使学生学到正确的英语,增强英语的理解和运用能力。我们还挑选了一些英语的基本词汇,雄心勃勃地想编一本适合中国学生的英语词典,可惜由于种种原因,这个计划最后流产了。为了改变北大学生听说能力不强的现象,我们编过小故事,上课时老师朗读三遍后让学生复述。后来还进一步创新,不发课文,先让学生听课文录音,然后问问题,最后才发课文。在"文革"后期,北大学生常常要接待外国元首和代表团来听课。虽然一切都是像演戏一样经过反复操练,但我们还编了一些对话和迎来送往的基本会话,帮助学生应付讲课后回答外宾问话的场面。我们编了好几百句,颇有些类似"文革"以后出现的《英语九百句》,不过,那绝对是中国制造、有中国特色的英语会话材料。

总之,在无穷无尽的教改运动中我们学会了层出不穷地翻新花样,尽一切可能帮助学生学好英语。我觉得特别值得一提的是我们当年"把基本错误消灭在二年级"的口号,我们列出第三人称单数现在式动词要加"s",主谓语的单复数要一致,动词变格、被动语态形式要正确等十个方面,不断提醒学生不能出错,用很多练习帮助他们。值得骄傲的是我们基本上做到了这一点!我的一些工农兵学员至今还感谢我们这些老师给了他们安身立命的本事。有些人当年是从26个字母开始学习英语的,但三年以后好学生在使用英语方面并不比现在的学生差。他们有些人现在在法律、外贸、学校等单位用英语工作,也都颇有成就。当然,没有那些政治运动的干扰,我相信解放后到改革开放以前的英语教学会取得更大的成就的。但我始终认为,不应该完全否定我们当年的努力和成功。用现在的理论来说,我们当年还是注意把传统英语教学法和今天所谓的交际法融于一体,既强调了语法教学又注意培养学生实际使用语言的能力的。

"文化大革命"结束以后,为了培养更多更好的英语人才,国家请了许多外国专家来中国教英语。有些人一来就否定以往的做法,反对精读课,批评我们"落后"的教学法。在芝加哥大学得到博士学位的赵萝蕤先生曾经很愤慨地说,"怎么好像任何一个从美国街头来的人讲的英语都比我好!"我在1979年底到美国进修时选过一些如何教外国人英语的课程(TESL, Teaching English as a Second Language),发现其目的主要是帮助移民掌握在美国生存所必须有的听说能力。当然,他们有很多方法,有的不错,以学生为中心,从他们的需要出发;但也有的很奇怪,如用各种颜色代表各种字母,结果学生在记字母的同时还得记另外一套东西,反而增加了负担。

我认为中国学生学英语,并不只是为了到美国生存,而是为了在对外交流中起桥梁作用。我们的教学方法应该根据我们的文化传统和我们的目的与要求。也许因为我在课堂里谈了这一点,我接到邀请去1980年TESL年会上介绍中国的英语。前面我也稍微谈过了此事。我以自己为例说明在中国跟西方世界不相往来的年代,我们还是在培养英语人才的,而且还是卓有成效的。我批评了对中国的英语教学持一概否定的态度,并打个比方,说中国的英语教师和请来的美国专家都是花园的园丁,我们请外援是为了把花种得更好,而不是要他们来当推土机把花全部铲掉。我的发言也许得罪了一些在中国教英语的外国专家,但当时也赢得了很多人的肯定与赞赏。当然,我不是要否定TESL,因为他们有些教学方法和理论还是值得我们学习的。不过我也很高兴看到后来美国的TESL学者也强调要尊重英语学习者的母国文化与传统。

问:现在的英语学习环境比当年您学习的时候有了较大的改变,对此您有何感想?

答:近二十年来我国的英语教学有了突飞猛进的变化,我们的社会环境也更加有利于英语学习。现在我们可以选择各种各样的教材、多种多样的教学方法、不同类型的电视或广播英语。什么交际法、功能法,什么疯狂英语、托福英语、华尔街英语、商务英语,还有形形色色的培训班,真是五花八门,不胜枚举。我们的学生听说方面的能力比起我上大学的时候有了很大的提高。但我也很遗憾地发现,我教的四年级学生、我指导的硕士研究生、博士生,甚至个别的年轻教师在写英语的时候还是出现不应该有的基本错误。这时候我常常怀念"文化大革命"前我们那个"把基本错误消灭在二年级"的口号。另一方面,我还注意到我们的学生在祖国文化方面的缺陷。过去对外语系学生的批评就是知识面窄,尤其是对中国的文化了解得不多。现在这种情况似乎更严重了。有人对我说,当年英语教学的目的是帮助学生学规范的、地道的、漂亮的英语,现在是市场经济的时代,重要的是把东西推销出去,把合同签下来,英语的好坏已经不是关键了。事实并非如此。在美国,如果你想在专业杂志上发表文章,如果你想写报告要申请资助,那首要条件是你的英语必须地道流畅。这也就是为什么大学里理科学生必须选修英语的原因。我认识的一个孩子在大学读高能物理,但英国文学是他必修的科目,而且这门课如果不及格的话,他就不能毕业。可见,国外还是很重视一个人的英语水平的。其实,对于我们外语人才来说,外语的好坏是一个人的学识修养的标志。如果在市场交易或外事活动中,我们能用漂亮、地道的英语完成任务,那一定会让对方佩服,有可能把买卖做得更好。如果我们在谈判之余能谈论对方的文化也能向对方介绍我们的大好河山,我们的历史、哲学等文化传统,那不仅会体现我们的大国风度和个人的学识修养,也一定能得到对方更多的尊重。现在电视台常常有现场转播的新闻发布会,可惜有的翻译讲的英语带有明显的错误,使懂英语的人听起来大煞风景。我始终认为,听说能力是可以练出来的,只要有语言环境是可以逼出来的,但对英语文字的掌握却是要靠长期的积累,而且是要花大力气下苦功夫的,不像现在这样靠企业化的培训班突击它三五个月就能成功的。

  我认为,现在大学的英语教学有了很大的改进。我们的教学大纲很注意学生在知识与技能方面的全面培养。但大纲是要由人来实践的。如何发挥教师和学生的主动积极性恐怕是一个大问题。教师不仅要上课,还要写文章,可能还要业余兼些课挣点钱。如何引导他们加强责任心,在教学中创新,用实际教学效果而不仅仅是几篇论文来评估他们的学术和学识恐怕是我们学校领导们应该考虑的一个重要问题。现在的学生对课堂教学似乎不够关心,想的更多的是如何找一个报酬高的好工作。如何帮助他们明确学习的重要性,懂得大学里的好成绩也是将来工作的资本,恐怕也是教师和领导要注意的问题。当然,社会上还有各种各样的培训班。它们的目的都很明确,不是传授通过托福考试的技巧,就是帮助你通过研究生考试。这些做法无可非薄,甚至可以得到立竿见影的效果。可惜的是,它们并不能使人掌握真正的地道的英语。你出国了,你考上研究生了,但你会发现你仍然不会使用英语来进行交流。因为你学到的是考试的技巧而不是学好英语的基本功。我这个强调在提高口语能力的同时注意打好基础、强调多读多写的主张,看来很不合时宜。但我仍然想坚持这个基本观点。从我在国外的经历,我体会到,一个说流利的但不正确的英语的中国人,他/她的机遇要比不仅能讲而且能写正确、流利、地道英语的人要小得多。现在,在美国并不好找工作。但我的一个学得不错的学生在跟一个猎头公司打了一次电话以后就找到一个好工作,因为对方认为她的英语"比在美国居住了很久的中国人要好得多"。

  总之,我们还是应该好好总结过去的经验和现在的问题。我们的国家越来越重视英语教学,我们的语言环境越来越有利于英语学习,我们还有了各种新的理论和实践,只要认真对待,我们一定能够提高我国的英语教学水平的。至于我个人,这几十年来,从教书到写文章、做翻译、参加学术研讨会,甚至从跟五岁的、已经美国化的小外孙女的对话中,经常有新的领会,学到新的东西。我想,英语学习和其他方面一样,我还是应该活到老学到老的。

问:在您的学业路上,是什么原因使您进入美国文学的研究领域?

答:我这人其实没有什么野心。1979年我去美国进修,主修美国文学,所以后来回来就教美国文学了。经过认真学习和研究,我觉得美国文学有我们很多可以借鉴的地方。比如说,我现在教了美国文学,你再让我看19世纪的英国文学,我倒反而看不下去了,觉得他们啰啰唆唆。美国文学比较切近生活、简洁。我最早的时候是1978年左右在《世界文学》翻译两个黑人作家的作品,我也觉得蛮有兴趣,因为它是用黑人的语言写的,把它看懂以后再翻就会有兴趣。学习东西,兴趣很重要,比如,我对文论的东西就是不太能读进去,你看我写过的《灯下西窗》并不是那种理论性很强的,我就对当代文论不太感兴趣,所以感觉老是搞不清楚。

问:您是如何进入到福克纳研究的?

答:进入福克纳研究也是无意中的。有一天,有个人拿着评论福克纳的一篇文章要我翻译,我当时没太接触福克纳,感到困难很大,没有看过作品就翻译评论文章,其实是错误的做法。我就决定要好好了解这个作家。后来我去美国就去修了福克纳专题。当时那个学校有个南方文学专家对中国介绍福克纳的情况很感兴趣。那时正在把福克纳介绍到中国的李文俊先生也对美国的福克纳研究有兴趣。我在中间牵针引线合作出了一本《福克纳中短篇小说选》,就此开始了对福克纳的研究。

我们是在"文化大革命"刚结束时看了很多侦探小说,因为我记得吴兴华说过,读侦探小说是最能练日常英语的,因为"文化大革命"十年我们都不太用英语了,所以找了大量的侦探小说来读。我认为细读文本是很重要的,只有在细读的基础上,才能去做理论研究。

我喜欢感性的方式写东西。其实现在的理论和过去的理论没什么区别。记得一位美国教授告诉我说,他写文章时候,都是先用原来的写法写出来,写完后,凡是可以用新名词的地方,都换成新名词,然后就可以发表了。现在又搞文化批评,其实有时绕来绕去又绕回去了。不过我也承认,现在的文学批评是有所发展,我也很佩服,现在的博士生写文章,常常可以长篇大论地写。

问：当年李赋宁先生派您出国进修时,有哪些事情给您的印象较为深刻?

答：当时出国进修的还有罗经国老师,他是修英国文学。到了美国,因为我以前教基础英语,所以就选了文学课,也选了英语语言学和教学法方面的课程。后来我们到一个学校开会,就是关于学习英语的座谈会,听到了好多美国人骂中国人教精读时搞翻译法,我认为他们并没有真正明白我们的教学。后来我就在这个座谈会上讲了自己的教学体会,讲完后,就有人请我去客座会议上做报告,后来我就去做了报告。当时印象很深,台下面就坐着一些以老专家为主的中国代表团,他们已经听了两天骂中国的教育方法了。我就在会议上说我自己就是一个中国培养出来的人,我现在所讲的英语就是闭关自守状态下培养出来的。但是我认为我当时说的话也不是完全经得起推敲,如果他们要问我,你的老师是怎样的?因为我的老师都是在英美训练出来的,李赋宁先生是耶鲁大学;杨周翰先生是牛津大学;赵罗蕤先生是芝加哥大学;朱光潜先生是英国爱丁堡大学;张祥保先生没有出国,但她是上海圣约翰大学毕业的,教会大学也是全英文教育的;周珊凤先生大学也是在美国读的,所以他们在课堂上可以直接用英文授课。如果我一直是在封闭的、永远是在汉语授课的情况下教出来的,那可能效果也会不一样的。我当时也只是为中国的英语教育做了一个辩护。

问：在出国之前,您是英语基础课的教师。当时教基础课与其他专业课有无差别啊?现在好多教师都不喜欢教基础课,都喜欢开设专题课。基础英语的教学有所忽视。

答：其实,我们英语系还没有完全那样。因为,现在条件不一样了。我们那时上课时,除了在课堂上接触英语之外,没有任何机会接触英语。但当时,教文学的好像比教语言的要了不起,教专业英语的比教公共英语的好像要了不起。现在要好多了,那时好像也有这个差别。

问：教基础英语是不是使您受益匪浅?

答：是啊,我没有觉得教基础英语就是一件吃亏的事情。只是现在的风气都比较浮躁。我们北大一向以古为主,所以李赋宁先生特别希望可以开中古英语。以前杨周翰和李赋宁先生拉丁语都很好的。德语系有个杨业治先生的拉丁语、希腊语都非常好的。有一次,我翻译的文章总有一段拉丁文,我看不懂,就去找杨业治先生,杨先生就给我写了一个条,一看杨先生的汉语真是非常好,翻译得很美。我始终觉得,要想英语学得好,汉语一定要学好,如果汉语学不好,英语也不会学得太好。但是如果汉语学得好,在文章组织结构和论证方面,和英语是一样的。杨先生还在下面给我写了一段话:陶洁同志,以后遇到这种问题,请到大图书馆某某处查。还给我写了大图书馆什么地方有两本大字典可以查。我看后,一方面很佩服杨先生,另一方面也感觉不太好意思。因为像我,拉丁语不懂,法语不太好,比起老一代人要差多了。比如杨周翰先生"文化大革命"一结束,就搞比较文学,那就必须有好的汉学底子,否则他怎么搞比较文学。

问:在您的教学之外,您都遇到过哪些有意思的事情?

答:有一次,出版社来找我作《牛津高级英汉字典》这本字典的编审,我想自己也没做过字典,于是就接受了。有一天,编辑突然告诉我,他们最后的审稿人是四个,香港一个,台湾一个,大陆两个,我是其中之一。而编辑说,给大陆审稿人的报酬比台湾和香港的低很多。我问,我们做的是一样的工作吗?回答说是一样的。我说这不公平,那不行。这个编辑就回去给其领导反映了我的意见。当时他们的领导很不满意这个编辑将这个信息透露给我,但后来他们就将报酬从四万元增加到五万元。我就问,香港、台湾的审稿人也是五万吗?回答说:不是。我就说,那我还是不能接受。因为我要的是平等,如果现在我接受了五万,那就是为了钱而接受了,所以我不能接受,我不是为了钱,凭什么他们就应该拿的比大陆人拿的多,大陆人就该比他们拿的少?后来香港《牛津高级英汉字典》的一位年轻编辑就给我打电话解释说,香港的大米比大陆贵,香港的房子比大陆贵。我说:"你说的这个我倒也同意,但是,香港人的工资也比大陆人的高,香港的房子也比大陆的大。说吃饭比大陆贵,买房子花的钱多,恐怕这不是一个理由。"刚开始,我还笑咪咪地跟他讲,后来他老在那里谈,最后我就火了,我就跟他说:"先生,你这么打电话是什么目的?你就是要我承认大陆的学者就比香港和台湾的学者贱吗,比他们不值钱?"后来他听我说了这句话,忙说"对不起,对不起",但我没有听完,就把电话挂了。事后我越想越生气,他一个三十几岁的小青年就过来教训我,当晚我就给他写了一封信,我在信里说:"学术面前人人平等。我不觉得香港的某某或台湾的某某就比我们强,我相信我说服不了你,你也不可能说服我,因此我退出。"后来,这个人再也没跟我联系。当时五万块钱对很多人来说还是很大的一笔钱,但我不能因为这点钱就接受这个事实。

问:您认为我们能够从北大英语系的历史发展中汲取哪些经验教训?

答:谈到经验、教训,以及英语系的发展,或者对当年老师的印象,我认为不可能再有像当年那么认真负责的老师了。我自己非常幸运，一是遇到了那么多好老师，二是他们都非常负责。像朱光潜当时也是大名鼎鼎的学者，我记得小时候家里的书箱里就有他的《给青年的十二封信》，但是他给我们上课，我们的东西他每一篇都要改的。不像现在有的系，有的老师根本不批改作业，这在当年从来都没发生过。当年的老师都不追求名利，因此怎么样把学生教好是一件很重要的事，老师总在考虑这个事情，全心全意地考虑这个问题。我认为那个时代是独一无二的。当然，现在老师的压力也比从前多了、大了，很多因素都要考虑，对教学考虑不像原来的老师那样认真。像过去的周珊凤老师，为了教我们正确发音，想尽办法，她就拿着一面镜子，自己不光弯着腰，甚至要跪下来看你的发音，看你嘴巴张得好不好，舌头放的部位对不对，现在，是不可能再有这样的老师了。

第二点，现在的教学，急功近利太厉害，不是考虑长远的教学目标。那时我们的口语训练比较少，但我自己觉得口语不一定比别人差。我1959年去做翻译，集训一个月后就去接待外宾，我去接待一个水利方面的荷兰专家，一是他的发音不太标准，再就是所讲内容都是水利方面的词汇，记得当时我很多内容根本都翻译不出来。后来到河南去看三门峡，没有人懂英文，只有我一个人懂。比如"volume"，我不知道这个词的确切意思，这位荷兰专家先给我讲，然后我又比划着讲给中国人，中国人明白了，说是"流量"，然后我就记到小本子上。慢慢的，等10天回来，水利科学院和水利专家座谈南水北调问题，我就完全可以翻译了。现在我觉得又过分地强调口语，也不太强调读写，不强调严谨。像我们当年训练，如果到了三年级还犯语法错误，那就认为是无可救药了。但现在我认为犯错误的比例就非常高，有时听一些记者招待会，听到的翻译都错误百出，我认为就是没有强调读写的基本功。读写是非常重要的，我们北大读的能力应该问题不大，因为我们开的选修课很多，阅读量也比较大。我也很反对豆腐干那样的文章。我教"美国文学选读"时，布置的阅读量就很大，一些同学意见很大，但一个学期过去，同学们感觉我们这样的教法还是好的，感觉很有收获。所以我觉得北大学生在读的方面还没有太大问题，不过，北大从写的方面来说，还是少一点，应该加强一些。

采访整理：孙继成　沈　弘

我与阿拉伯语是"金婚"*

——北京大学阿拉伯语系仲跻昆教授访谈

仲跻昆教授学术小传 1938年2月生于辽宁省大连市。1961年毕业于北京大学东语系,曾于埃及开罗大学文学院进修。现为北京大学外国语学院阿拉伯语系教授、博士生导师、中国外国文学学会理事、阿拉伯文学研究会会长、中国中东学会理事、中阿(拉伯)友协文化委员会副主任、中国译协文艺委员会副主任、中国作家协会会员、阿拉伯作协名誉会员。曾任北大东语系阿拉伯语教研室主任兼希伯来语教研室主任、北大人文学部学术委员会委员、外院学术委员会副主任等职。曾参加《阿拉伯语汉语词典》、《汉语阿拉伯词典》等语言工具书的编纂。为《中国大百科全书·外国文学卷》、《东方文学

---

* 原载《国外文学》,2007年第1期,总第105期。

辞典》《东方文学史》（副主编之一）等文学工具书撰写有关阿拉伯文学部分词条或章节。发表有《阿拉伯：第一千零二夜》《〈21世纪世界文化热点丛书〉之一》、《阿拉伯现代文学史》等论著。译有（部分为合译）《沙漠——我的天堂》、《难中英杰》、《埃及现代短篇小说选》、《本来就是女性》、《一千零一夜》、《库杜斯短篇小说选》、《纪伯伦散文诗选》、《阿拉伯古代诗选》等小说、散文、诗集。

采访人（问）：仲老师，今年是北京大学阿拉伯语系成立60周年，请您先谈谈咱们阿语系当年刚成立时候的一些状况。

仲跻昆教授（答）：阿语系原来是属于东语系的一个教研室，一个专业，最早建立于1946年，所以今年是原东语系建立的60周年，也是现在的阿拉伯语系建立的60周年。当年建立东语系的时候，阿拉伯语方面需要请一个人来主持。请谁呢？就请了马坚先生来。

问：请您谈一谈马坚先生。

答：马坚先生原来是穆斯林派到埃及爱资哈尔大学那儿学习《古兰经》，准备让他回来去翻译《古兰经》的。他在学习的时候是很用功的。他应当说是当年去埃及留学的穆斯林中学有所成、成就最好的，因为他比较用功。后来他曾跟我说过，他这个人呢，先天不足。他先天不足有两方面意思：一个意思是说他是早产儿，他妈妈生他时不足月；再一点就是从知识结构来讲，没有上过高等学校就出去留学，之前学的是一些伊斯兰宗教，中文学的是古文，英文也是自学的。所以他比较刻苦用功。他用功到什么程度呢？据说就是不论天多冷，早上5点钟闹钟一响，就用脚蹬开被子，因为天很冷，这样就迫使自己起来用功。还有，就是国外的假期比较长，有三个月，他就利用假期钻图书馆，每个假期能翻译一部书出来，所以他那个时候就把《论语》翻成阿拉伯文，还好像是用阿拉伯文写了一本中国穆斯林的概况，向阿拉伯人介绍。回国后还从阿拉伯文翻译了回教哲学、回教教义这一类书，向中国人介绍。所以他在学术上是比较有成就的。他的成就一方面是因为阿拉伯文钻得比较深，古文也不错，还有就是他英文也不错，后来他还从英文翻译了希提的《阿拉伯通史》等一些书。所以我觉得老先生的确是我们的一个学习典范。

他是阿语系的创始人，他的功绩在于把阿拉伯语的教学引入了中国的高等教育系统。从这个角度来讲，他应当算是我们这些高校阿拉伯语师生的"祖师爷"。所以我说他是"一马当先"，"马到成功"。因为马坚姓马，由于他的努力，在我们中国、在北京大学才有了阿拉伯语系。

我与阿拉伯语是"金婚"

问：请您谈一谈您自己的一些情况。

答：我是1956年入学的，所以今年是东语系、阿语系系庆60周年，还赶上马坚先生诞辰100周年，而我个人和阿拉伯语的"结合"今年也整整50年，应当算是"金婚"了。

那个时候我为什么要学阿拉伯语呢？当然小时候也读《一千零一夜》等一些书，但开始我不是想学阿拉伯语。我过去在中学演过戏，在大连话剧团做儿童演员，而且我对文学比较爱好，所以在这之前也有过做演员、当作家这些理想。但后来到东语系后就面临一个选专业的问题。当时1956年的形势是纳赛尔把苏伊士运河收归国有，这就引起了英、法、以三国侵略埃及，所以那个时候中东地区比较热闹，学阿拉伯语自然是个热门。日语当然也是个热门，大家都去报。但是我从个人的好恶来讲，就觉得别的可以学，但日语坚决不学。因为我是大连人，大连在日本统治的时候叫关东州，当时的地位相当于朝鲜和我国的台湾，完全是殖民地，比"满洲国"还要日本化，所以亡国奴的程度更厉害一些。我那时候虽然很小（因为我是1938年生的，所以还比较小），但是也还是尝尽什么叫亡国奴的滋味。所以从感情上来讲，绝对不学日语。那时候的想法就是，我可以学别的，但是不学日语。现在看来，这样当然也不对，但那时候年轻人就是有这样一个思想。至于其他一些专业，我有时候又觉得太小，不想学。所以就使了一个"招"，就是把日语放在第三志愿，第一、二志愿是印地语和阿拉伯语，因为日语很热门，所以这样就肯定不会把我录取为日语，而只能把我录为前两个专业之一。就这样，我学了阿拉伯语。

问：我们都知道阿拉伯语很难学，您是怎么解决这个难题的？

答：阿拉伯语的确很难。当时我也听说是比较难学，现在这一点也是大家公认的。为什么说难学？过去我看过一个材料，说原来东欧国家的外交官，如果懂一门外语，工资可以加百分之十，但是如果懂汉语或阿拉伯语的话，工资就加百分之二十，从这点来看，阿语和汉语就是世界上最难的语言了。那时候我们去访问马坚先生，马先生就说，你要说它难，也难；说它不难，也不难。要说它难，俄语有六个格，阿语只有三个格，这样一比，阿语也不过如此。马坚先生还说："难能可贵"，只有难，学出来才算有本事。所以我那时候的想法就有点"明知山有虎，偏向虎山行"的劲头，觉得还是应当把它学好的。而且那个时候，上个世纪50、60年代，正是阿拉伯国家和中东形势、民族解放运动风起云涌的时候，所以我们的学习劲头还是比较大的。那时候也常有阿拉伯代表团访华什么的，所以也觉得阿拉伯语用处比较大。

问：那您是什么时候当老师的呢？

答：我是1961年留校的。开始，没有我当老师的这个名额。那个时候我记得同学们分配有去总参的、中调（安全部）的，也有新华社等各方面的，还有一个名额是北大研究生，我就想报这个研究生。因为我觉得军队纪律严，当时的我有点吊儿郎当的，不太适合。再一个，我觉得阿拉伯文这么难，这么深，好像自己还学得不够，还想再学点儿，所以就报了阿拉伯语研究生。然后我就回家等信儿了，因为那时候我们都是填个表，然后等上面统一分配。后来我接到通知，让我留校当老师。

问：从您当老师到现在有45年了，在这么长的时间中，您当老师的体会是什么呢？

答：我当教师的体会就是：一个人，你可以不当教师，按现在的说法，你可以自己选择，你可以觉得哪儿挣钱多，去当"大款"；也可以觉得哪儿可以官运亨通，去从政当官。但是你要是做教师，在我看来就是：你要么不要做教师，要做，就必须要做好。为什么？因为搞别的，好坏很大程度是关系到你自己。但是你做教师，面对的是一些学生，是活的人，教好了，这些人就是国家的栋梁，教不好，你就是误人子弟。所以做教师是必须有责任心的。因此，我觉得做教师必须要做好，道理就在这儿。当教师必须要投入，因为如果不投入就做不好。误人子弟，从某种意义来讲等于犯罪。另外，过去中国的传统是"天地君亲师"这么个排列顺序。天、地、皇帝、父母，再往下就是老师了。实际上从接触来讲，老师是学生的一个样板，他对于一个人的影响很大。从我个人体会来讲，我因为过去演过戏，在中学演过，后来大学时在北大也演过戏，红过一时，后来到干校也演过。我就感觉，教师实际上也是在演戏。一个人大概总有些表演欲的，所以为什么有那么多人想当歌星，想当明星，他就是有一种表演欲，希望能够向人展示自己。教师呢，实际上也是整天在演戏，也是向学生展示你自己。展示什么？一个是你的学问，一个是你的人品。演艺界有个说法叫做"德艺双馨"。做教师恐怕就必须要做到这个"德艺双馨"。从业务来讲，你得是拔尖的；从人品来讲，也应当是为人师表。演戏，可以演正面人物，也可以演反派人物，无论正反，只要演得好，都会令人叫绝，为你捧场。但是做教师不行，教师是只许演正面人物，不许演反面人物的。要是有什么事做得让学生和别人在背后飞短流长、说三道四，那这个教师是绝对不成功的。这就是我做教师的体会。

我做教师还有一个很深的体会就是，马坚先生有一句话对我影响比较深，他说："教师啊，就像一口井，只有把自己挖得更深一些，水才会源源不断,才会出清水。如果这口井挖得不深,打上来的往往就是泥汤子,给学生喝的就是泥汤子了。"所以做教师就必须不断把自己往深里挖。否则的话,以其昏昏使人昭昭是不可能的。你要想在课堂上让人家问不倒,就必须要好好备课。所以我对于备课,自己觉得还是很认真的。

问:听说那时候阿语系的发展应该说是很不错的,招生也很多,学生出路也很好,学术方面的成果也很多。

答:是的,那个时候我们三个年级,当时的形势逼着大家去好好学习。之前我也提到,不仅苏伊士运河战争打响,后来黎巴嫩美军登陆、伊拉克"7·14革命"、埃及和叙利亚搞合并后来又破裂,还有阿尔及利亚反法殖民主义斗争等等,中东地区很热闹,这就迫使我们努力学习。从国内来讲,正赶上大跃进热潮,每个年级都报名,翻译多少本小说或是搞字典。现在看来,包括亩产多少斤什么的,那时候有很多浮夸的东西,但当时身临其境,在那个热潮中,大家的热乎劲儿还是很高的。晚上大家一起在一个小屋子里搞科研到十一二点,然后到勺园去吃夜宵,吃馄饨,挺热闹的。我觉得那样的搞法对学习还是有一定促进的,而且有一种互相推动、大家合作的精神。还有1959年国庆十周年,大请外国代表团、党派代表团、政治代表团,阿拉伯这么多国家,建交的请政府代表团、民间代表团,没建交的就请党派代表团。那时候我还三年级不到一点,就拉出去短期集训,然后就去翻译。那时候我被派到沈阳去,所有阿拉伯代表团到辽宁参观访问时,我都得参加接待。这样也有促进作用。三年级学生常常就被借出去为代表团翻译,这样就促使大家不断地搞好学习了。

问:然后就是"文化大革命"了。那时学习情况怎么样?阿拉伯语系还招收新生吗?

答:开始的时候没有招生,后来就招了工农兵学员。那个时候我在干校劳动。劳动开始是很苦的,在江西南昌鲤鱼洲,是鄱阳湖围堤屯田的一个小岛,发大水就很可能把整个岛淹没。后来有的专业在那儿也招过工农兵学员,不过阿拉伯语专业没在那里招过。那个地方原来是劳改农场,是血吸虫疫区,北大、清华有不少人在那儿得了血吸虫病。我们在那儿种稻子。

问:那时还学习阿拉伯语吗?

答:不能搞专业。那时候,生活上很苦,但从当时的心理来讲,甘于吃苦,好像就是要锻炼。而且那时候我们都比较年轻,要求进步,要求在"风口浪尖"里摸爬滚打,"一颗红心献给党"。那时候西语、东语、俄语系,也就是现在的外院被编为九连,这就是为什么现在外院一些老教授互相都很熟,因为那时候大家都住在一个大草棚里,同吃一锅饭。有一些老教授,家里怕他们生活过不惯,还从北京家里寄些罐头、糖果、饼干什么的。结果不行,发现这些东西,就要统统没收,大家还开会进行批判,说:"这是改造吗?"收到东西的人就低着头接受批判,然后就把这些东西送到幼儿园去。

问:听说您特别喜欢编剧,您都编过什么戏?

答:我编了一个剧,叫《传家宝》,也叫《一根扁担》,是个对口诗剧,两个人来演三个角色,我一个人演两个角色,还有个梵语专业的张保胜演另外一个角色。那时候北大的人都知道。这是一个批判剧,批判所谓"修正主义教育路线",是讲一个贫下中农的孩子上了大学,说"北大是个大染缸,过了多少年不认爹和娘",变得讲究吃穿,后来经过干校的劳动锻炼,再重新把贫下中农的品质又捡回来了的故事。这个剧现在看来,批判"修正主义教育路线"什么的是不太对,但这个现象,就是有些山沟旮旯来的孩子上了大学之后变得好逸恶劳、贪图享受、忘了本、丢了本色这类事情,依然存在。所以这个剧也可以一分为二地看。这个剧在当时很轰动,不仅在江西干校演,还演到了北京总校,又演到了汉中分校;不仅在学校里演,还到社会、工厂、农村、别的干校等地方去演。演戏的好处,老实说,就是我在一定程度上可以逃避艰苦的劳动,少吃了不少苦。后来他们又调我回北京来参加北大的文艺小分队。当时北大的毛泽东思想文艺宣传队是搞得很有名的,我们演一些剧、说相声、对口词,也唱歌、跳舞、唱样板戏……什么都有。我是演员兼创作组的。

后来搞复课闹革命,我就忍不住想搞业务了,在小分队里就有点"消极怠工",说我写不出来,没生活。后来他们就把我放回来了。放回来以后,开始时教研室接了上面布置下来的任务,要出两本书,让我校译,一本是《阿拉伯半岛史》,一本是《科威特简史》。再后来正好外边要人,我就到苏丹打井队去了。

问:到苏丹打井是怎么回事?

答:当时我们给苏丹修公路,是江苏省的援外项目,要求北京地质队水源队去为修公路找水源,需要翻译,就让我去了。那是我第一次出国。我也知道苏丹很苦,但是我从来没出过国,很想出国,因为觉得我学阿拉伯语应当在外边见识见识。能出国简直就是一种政治待遇,因为当时我们都算资产阶级知识分子,"臭老九",能出国就好像在政治上合格了。出去的确是很苦,但是从生活来讲那时候在国内也不富裕。苏丹是世界三大火炉之一,非常热:洗完一件衣服晾在那儿,等下一件洗完再看这件就已经干了;坐汽车的时候也没觉得出汗,但下车之后屁股上是个白圈——盐圈;日本的体温计挺好,想买几个带回来,没注意,回来一看,已经顶爆了。我们虽然是专家,但似乎是把"五七"道路走到了国外,每天穿着工作服,背着大水壶,戴着大草帽,顶着大太阳,在荒郊野地里测量、奔波,住的是简易的活动房,热得要命。那时候虽然生活很苦,但是两年下来,对自己的口语、口译水平都有所提高,对他们的生活状况、风俗习惯,也有所了解。所以能有机会出去,还是很好的。现在有些年轻人,给一千美元或者几百美元,也不肯出去。我们那时候不行,在我看来只要能让我出去,给的钱能够生活就行。当然不出去也能学好。出去有出去的学法,不出去有不出去的学法;出去有出去的好处,不出去有不出去的好处。这不是绝对的。像我第二次出国到埃及进修的时候已经四十多岁了,已经不是很想出去了。所以我的学习积累的很大一部分还是在国内完成的。

问:那您是什么时候从苏丹回国的?

答:1972—1974年我在苏丹,然后回国就是教他们倒数第二届的工农兵学员,1975年入学的那批,到昌平太平庄搞"开门办学"。开门办学的意思就是,走出课堂去办学,把学生带到社会上去,走出校门。开的门是北大的校门。

开门办学的时候我还是希望能把学生教好的,因为我跟你们说过,既然是个教员,不论在什么场合都是应当尽好自己的责任的。

问:后来您还出国留学过吗?

答:到"文化大革命"以后,1978年我就到埃及开罗大学去进修两年。因为我觉得人家好像都镀过金了,我还没有,一直都是在国内学。在苏丹走了两年"五七"道路,好像也不算数。所以有这么个机会就出去了。我在埃及的时候,把当时的文化参赞得罪了。

问:您一个留学生怎么敢得罪文化参赞呢?

答:埃及每年有一个定期的书展,往往都是12月底到1月之间,书展上各个国家、各个书店的书都集中在那儿,书价很便宜,至少打七五折。我看着这些书很眼馋,我知道北大的书很老,因为我在学校的时候是整天钻图书馆的,所以哪本书放在哪儿,图书室里有哪些书,我还是比较清楚的。当时国内的国际书店派了两个人去,他们说,如果回国后北大认账,付给他们人民币,他们是可以帮忙买这些书的。北外是事先就有这样的约定,但北大没有。当时我就说没问题。但是这个参赞向我们索要国内的照会、证明或者委托书。我说我没有,书展很快就要闭幕,现弄也来不及了。那个参赞就怎么也不答应,就是刁难我们。正好那个时候过年,我们就去看望大使，然后聊天。大使姓姚，人很好，也很有学问。大使问我们还有什么困难。我就谈起了这个事。我说书展马上就要闭幕了，我想给学校买一批书，这批书这样买最便宜，我想学校一定会付这个钱的，但是参赞不答应。大使一听，当夜，那时候都12点多了，就打电话把使馆的会计和这个文化参赞叫去了，当着我们的面批评了他。然后拨了一些钱，让我们给学校挑了一些书。我就跟顾巧巧（注：现阿拉伯语系教师）挑了好多书。所以你看现在好多书都是当时我们挑的，装箱海运，给学校买了这批书。回来以后，那时候图书馆老袁（注：原东语系图书馆工作人员）说："啊呀，你们这批书买得太好了！"但他不知道我们买这批书是多么艰难。

留学的头一年，旧章未废，新章未立，除了吃住，我们的生活费每月仅有10元人民币。过了一年，生活费才提到了每月40块人民币。因为这样，我们在国外要买书什么的都很难。我们那时候应该算是访问学者，但是其实就像个穷学生。六七个人甚至没有一架照相机，也没留什么照片。那时候光知道"肯德基"、"麦当劳"，埃及也有，但我们从来不敢问津，我们没在外边吃过一顿饭，没在外边喝过一瓶汽水。那时候我就觉得，像我这样去进修没意思。因为在国内，图书馆有多少书我可以随便看，而在外面我买不到书，没有钱买书。而且我和外国教授总要有些交往，但我没有礼品，不能请人吃饭。那时候作为一个中国知识分子，在某种程度上我感到有些屈辱。

老实讲，那时候论学问我不会比谁差。有个外国人，说是要搞博士论文研究，连一句完整的阿拉伯语都讲不好，书却能买一大堆。可是我没有这个条件。如果早一点让我出去，如果条件能更好一些，我也许会做出更多的事情来。现在，年纪大了。

问：但是您在阿拉伯文学方面、翻译方面的学术成果还是很丰硕的。

答：是，我还是做了一些事情。我翻译了一本《阿拉伯古代诗歌选》，这样呢，我等于把阿拉伯的一百三十多个古代诗人，大概有四五百首诗歌（不一定是整诗），断断续续地翻译了过来。因为我觉得阿拉伯的文学还是很有研究价值的，它的文化和文学都是很深厚的，可谓源远流长。因为上古时期两河流域、古埃及文明都在现在的阿拉伯地区。中古时期的阿拉伯文化和文学，可以和中国相媲美。中古时期，相当于伊斯兰教创立之后，阿拔斯朝时期，那时候世界只有"两霸"，一个是丝绸之路这边的中国，另一个就是阿拉伯大帝国，它横跨了亚非欧。它为什么会有那么好的文化呢，因为那个时候，欧洲是处于神权统治的黑暗时期，罗马帝国是讲究一神教的,而过去希腊的时候是多神教,所以罗马就把希腊的很多东西毁了。但是阿拉伯这个时候是大量地吸收,而且在宗教上它采取了宽容的态度。它把希腊、罗马、波斯、印度还有中国的东西都吸收进去。它的"智慧馆"(Bayt al-Hikmah)相当于它的一个编译局、社科院、国家图书馆和科学院。而且它不单纯是翻译,还有加工创造,所以在哲学等各方面都很好。甚至在语言方面,阿拉伯语,就像现在的英语,是一种国际通用语言。当时中亚、波斯、西班牙……都可以不用别的语言而用阿拉伯语。这边呢,就是以长安为中心的中国,当时的日本、越南、朝鲜,都跑到长安来学习。所以阿拉伯的文化、文学、历史,很多东西都有待于我们作更深入的研究。

阿拔斯朝的诗歌,绝对不会比我们《全唐诗》的诗歌少。才逝世不久的绍基·戴伊夫(Shawqī Dayf),算是阿拉伯文学史方面的权威,他写的阿拉伯古代文学史,有8卷本,《一千零一夜》才占那么一页或是一页半。阿拉伯文学史中很大部分是介绍它的诗歌。所以我翻译的《阿拉伯古代诗选》,也只是其中很少一部分。它的诗歌是很好的,格律很严谨,而且是抒情诗为主,没有长篇史诗。所以它跟中国有很多相似的地方。阿拉伯诗歌虽然好,但是那些不懂阿拉伯文的人怎么办?所以就要翻译,翻译出来后还要让人家看得出来是诗,读起来有诗的味道。

都说翻译难,译诗更难。有的人认为诗不能翻译,但是我认为还是应当努力去翻译,所以在这方面作了些努力。我有些诗翻得还是不错的。像我那本《阿拉伯古代诗选》里面有两首《悬诗》,一首是乌姆鲁勒·盖斯的,另一首是祖海尔的,这两首诗是《悬诗》中最有名的。每首悬诗相当于一百个"贝特"(bait)左右,每个"贝特"相当于汉语的两句,所以一首悬诗译成中文就相当于二百句左右,要一韵到底。我的翻译就是一韵到底的。我翻译过诗歌、小说、散文,其中有纪伯伦的《泪与笑》,我觉得翻得也还可以,有的还被中学生课本给选进去了。我的翻译原则就是:那边要对得起原作者,这边要对得起读者。就是说意思要忠实于原文,这边中国人读了还得像那么回事。这就既要求阿语水平,又要求中文水平。你们这些学外语的,将来就是一方面阿拉伯语要学深学透,另一方面就是汉语也要好。特别是越到高年级,越要往深里学,在很大程度上要拼汉语。

再一个就是,我写了一部《阿拉伯现代文学史》。我觉得它的特点在于:这样一部文学史,阿拉伯世界都没有。为什么?我在这本书里把阿拉伯现代所有国家(除了毛里塔尼亚、吉布提、索马里以外)的文学全都作了介绍。阿拉伯出的文学史还没有一本把这些国家文学全都包括在内的。最多是埃及、叙利亚、黎巴嫩、伊拉克等，各写各的；综合一下的也不过是把突尼斯的沙比、伊拉克的鲁萨菲、宰哈维等著名诗人包括进去。至于也门、巴林的、卡塔尔的、阿曼的、科威特的、阿联酋的，甚至沙特的、苏丹的、利比亚的、摩洛哥的、阿尔及利亚的……都没有写进去。而我的书是综合的，每个地区、每个国家的都有。这应当算一个特点。还有就是他们的阿拉伯现代文学史，一般都写到第二次世界大战就结束了，连获诺贝尔文学奖的纳吉布·迈哈福兹都没提到。而我的书从19世纪初一直写到了2004年。这也是别人没有的。就是说从时间上来讲，我这部文学史跨度大，内容新、鲜活。再一个，黎巴嫩或西方，信基督教的人往往对伊斯兰教有偏见，而信伊斯兰教的阿拉伯人写的又往往受宗教信仰或民族主义的影响，有一定的局限。我两边都不是，我有我的观点，我觉得哪个说得更合理就采取哪个，所以我写的可能更公平、更客观些。这也应当是一个特点。再一个就是我书里引用的诗歌，在翻译上还是比较认真、比较讲究的，不像现在有些诗歌翻译，读起来让人感到别扭，不太像诗。我的这本书虽然并非完美，但至少还有以上这些特点吧。这本书好像也是中国第一部比较全面、系统的阿拉伯现代文学史。

我现在正在搞的国家课题是《阿拉伯文学通史》。那就是要把古代的部分再写进去。这部分，讲义什么的我也有一些了，还有一本《阿拉伯古代诗选》，另外编《东方文学词典》时，我把阿拉伯一些古代诗人、文人的简介也都整理出来了，所以将来拼拼凑凑，写《通史》也不会是一件特别困难的事情。

这么多年来，我还是做了些事的。所以到我退休的时候，埃及高教部给了我一个表彰奖。其实也就是一张纸，但我觉得挺舒服的，这至少证明外国人承认我还是有一定成就的。自己良心上过得去，总算做了一些事，而且我感到欣慰的是，自己还教了这么多学生。做教师有个好处，叫"桃李满天下"。其实古人说的"天下"哪儿有那么大，最多有几个省大，孔子的弟子有七十二个好像就很了不起了。我们这个"桃李满天下"，是确确实实的。到国外去，看到使馆、学校、工地……好多人，都是我们的学生。虽然有些人我不大认识，叫不出名字，但他们认识我，说起仲老师，大家还都知道。仅是这一点，也让我感到很欣慰，觉得这一生没有白活，还是做了一些事，而且到临死之前，还可以继续再做一些事。

今年正好赶上我们阿语系创立60周年，也就是全国的阿语进入高校的60周年，所以我认为全国的阿语界应当总结一下，坐下来展望一下前途，好好谈一谈，我们怎么样共同来做些事情，把中国的阿语真正搞上去。

中国的阿语人才不是太多了,而是太少了。我们的阿拉伯语教学要深、要高、要精、要尖,要用更少的时间培养出更多高深精尖的人才。所以每个人应当负起责任来,站好自己的岗,把好自己的关,无论教学的、行政的、学的、教的,应当各司其职,完成好自己的任务。这就叫任重道远,也是我们责无旁贷的事。

访谈整理:徐文、付志明

忆念恩师倍觉亲,桃李满园芬芳沁*

——北京大学英语系王逢鑫教授访谈

王逢鑫教授学术小传 北京大学外国语学院英语语言文学系教授、博士生导师。1939年生于山东青岛,1957年考入北京大学西方语言文学系英国语言文学专业,攻读英国语言文学。1962年毕业后留校任教至2004年。1973年,曾赴英国埃塞克斯大学短期进修。1981年至1983年,曾在英国爱丁堡大学中文系教授中国文学、语言和文化。曾三次在巴黎联合国教育、科学和文化组织工作,1979年担任同声传译,1990年担任笔译,1999年担任审校。1992年赴加拿大从事加拿大研究。学术领域涉及:语言学(应用语言学、语义学、词汇学、词典学、句法学、语言测试等)、英美文学(诗歌、小说、散文

* 原载《语言学研究》第五辑,北京大学外国语言学及应用语言学研究所编,高等教育出版社,2007年4月。

等)、跨文化研究(美国研究、英国研究、加拿大研究等)及翻译(口译与笔译)理论与实践,在这些领域均有著述。毕生从事教育事业和中外文化交流。主要著作有《英语意念语法》、《英语同义表达法》、《英语模糊语法》、《英语情态表达法》、《活用英语动词》、《英汉比较语义学》、《英语词汇的魅力》、《英语构词的玄妙》、《英汉意念分类词典》、《汉英饮食文化词典》、《汉英旅游文化词典》、《汉英口译教程》、《高级汉英口译教程》、《英语文化》等。

采访人(问):王老师您好,首先感谢您能接受这次访谈。请您先介绍一下当时进入北京大学西语系学习的情景。

王逢鑫(答):我于1957年考入北京大学西方语言文学系英语语言文学专业。当时考大学选择专业,除了个人兴趣爱好之外,还有一个重要因素,就是冲着名人去的。我在济南读高中时经常读书看报,得知北大西语系有一批著名学者,十分仰慕。系主任冯至先生是有威望的德国文学专家、翻译家,又是诗人,还是《杜甫传》的作者。我喜欢杜甫的诗歌,也买了冯先生写的《杜甫传》,认真阅读,加深了对这位古代伟大诗圣的理解。朱光潜先生在《文艺学习》上发表过关于《古诗十九首》的介绍文章。我读了以后,以为他是中国古典文学批评家。后来才知道他是学贯中西的大学问家。此外,我还听说过赵萝蕤、杨周翰、李赋宁等教授、专家的名字。我因敬仰这些学者的大名,梦寐以求,想在他们的门下学习英语。那是一个群星灿烂的时代。

问:上学期间,当时都有哪些教授给你们开设了课程,印象比较深刻的有哪些?

答:1957年至1962年,我在北大西语系攻读英语语言文学。当时的北大西语系英语专业是1952年院系调整后重组改建的,聚集了来自北京大学、清华大学、燕京大学、辅仁大学和北京师范大学的一批卓越优秀的教师,可以说是群英荟萃。给我授过课的教师包括朱光潜、俞大绚、赵诏熊、林筠因、周珊凤、张祥保、杨周翰、李赋宁、赵萝蕤、张谷若、吴柱存、徐锡良、齐声乔、乔佖、祝畹瑾、张珑、罗经国、龚景浩和陶洁等人。还有两位长期生活在中国的美籍教师:罗伯特·温德和叶文茜。他们中间有国内驰名的翻译家、文学批评家和语言学家,更有不少年富力强、水平高超、而且经验丰富的基本语教师。他们不仅给我传授了丰富的英语知识,还教给我许许多多更加重要的东西,包括怎样做人、怎样治学和怎样以英语当工具为社会服务。

我读大学时,理科学制为六年,文科为五年。由于一个接一个的政治运动,一次又一次的体力劳动,占去了许多宝贵的时间,我们的英语专业学习实际仅用了两年半。尽管政治运动紧张,体力劳动繁重,压得我们难以喘息,我们依然在短短的两年半内取得了优秀的学习成绩。李赋宁先生说57级是历届毕业生中英语水平较高的一个班。我们班同学利用所学的知识和技能,在毕业后的三十余年里,在各自的工作岗位为国家做出了自己的贡献。老同学见面,免不了要回忆当年老师们的循循善诱和谆谆教诲。大家不约而同首先提到的老师,是英语专业的"三女将"。她们是周珊凤先生、张祥保先生和林筠因先生。我们按照老北大的传统,把敬爱的老师称为"先生",而不管是男是女。三位先生一辈子献身英语基础教学,以其渊博的学识和敬业的精神,培养了一批又一批有用人才。她们常年处在教学第一线,以大量的、繁琐的、平凡的工作,给我们打下了扎实的、过硬的英语基本功。她们的共同特点是谦虚谨慎,不善于言谈;埋头苦干,不夸夸其谈;严格要求学生,一丝不苟;严格要求自己,以身作则。

从1952年院系调整以后,周珊凤先生一直在北大西语系教大一英语。赵诏熊先生和李赋宁先生都说:有周珊凤先生在一年级把关,我们就放心了。她几十年如一日,清晨最早来到教室,等在那里,给每个学生纠音。她永远是脸上略带微笑,一个一个人检查,一个一个音检查,非常耐心,不厌其烦。她不知听过多少人多少遍读单音,读单词,读句子,读课文;不知给多少人多少遍纠正单词发音、句子重读和语调。我们在没有英美专家授课,没有英美人可以交谈,没有英语原声磁带可听,更没有英语录像可看的50年代,练就一口纯正的英语,与周先生的认真教学是分不开的。1973年,我初访英伦三岛。见到的英国人总爱问:"你的英语这样好,是在哪里学的?"我总是自豪地回答:"在北京大学,是中国老师教的。"1922年来华工作、1952年来北大任教的美国教授温德先生,最佩服周先生的纯正发音和标准语调,更对她的语音知识之渊博赞不绝口。温德先生是非常博学的老教授,讲一口漂亮的英语。但是有人向他请教英语语音问题时,他总是推荐周先生,说她才是这方面的专家。

1972年2月21日,美国总统尼克松访华。随行人员除政府官员外,还有庞大的记者团,包括《华盛顿邮报》专栏作家赖斯顿等著名文字记者,以及一大批摄影记者和电视记者,此外还有许多从事现场电视转播的技术人员。他们在北京的一个活动项目,是来北京大学参观。而他们在北大参观的一个重要的项目,是在俄文楼观摩英语教学,其中有周珊凤先生的基础英语课。我担任向导,为浩浩荡荡的参观队伍带路。听完周珊凤先生的英语课后,两个美国记者边走边议论。一个人说:"想不到中国有这样优秀的英语教师!"另一个人说:"听那位女教授讲英语,简直就是一种享受。"我非常自豪,中国有这样出色的英语教师。周先生一直是教一年级的,是英语新生入门的引路人和启蒙者,是基础阶段把关的女将。她不仅要求学生发音正确,而且要求拼写无误。我在一年级时,曾将 separate 写成 seperate,她要求我重抄五遍,加深印象,使我永记不忘。更重要的是,周先生的严谨学风教育了我。以后,我在写作时注意拼写,在教学中同样严格地要求学生。她善于用有限的、简单的词,表达尽量丰富的、复杂的思想。我毕业后曾在周先生指导下担任一年级教学小组长。周先生要求我每天用简单的英语写小短文或小故事,用来给学生当听写、听力或阅读材料。她总是细心批改,连一个标点符号都不放过。我从中受益匪浅,大大提高了英语写作水平。

问: 张先生和林先生的事情您再详细谈一下吧。

答: 张祥保先生专门教二年级英语。赵诏熊先生和李赋宁先生经常说,有张先生在二年级把关,学生的质量是有保证的。张先生擅长语法教学,给我们打下了牢固的、一辈子受益的语法基础。我们读英二时,正值大破大立的大跃进时期。英语教学的常规被打破了,原先使用的基础英语教科书被搁置一边。有人认为旧教材内容充满"封资修",脱离实际,必须另辟蹊径。经过大辩论,我班决定利用《北京周报》登载的关于人民公社、教育革命和台湾局势等方面的文章为教材。这些文章虽与当时的政治形势密切相关,但是句型复杂,词汇生僻,不适宜用作教材。领导给张先生提出了难题,要她在短短一周内编出与这些文章配套的语法教材和练习。张先生不愧为高手、快手,果然在规定时间内发给了我们油印的配套教材。我在毕业后与张先生共事多年,慢慢悟出了其中的诀窍。张先生对英语基本语法和句型了如指掌,熟知哪些是中国学生在学习英语过程中最关键的、不可缺少的部分。她坚信不论政治局势怎样变化,不论使用什么题材的文章,万变不离其宗,要教给学生最基本的语法和句型。1974年,我们带领工农兵学员去农村开门办学。张先生在一周内,给我们编出一套适宜于农村用的基础英语教材,其中贯穿了英语最基本的语法和句型。我称之为"语法为纲"。有位同事索性叫它为学英语所必需的、去掉一切水分的"干货"。她在那种只讲眼前效果,违反科学规律的特殊的历史条件下,坚持教给学生尽量系统和全面的英语基础知识,是具有远见卓识的,难能可贵的。她在英语语法教学中,强调精讲多练。要求学生掌握了最精华的语法条条,就要反复练习,大量练习,熟能生巧,做到脱口而出，提笔就写。我们班在破旧立新的1958年，放弃了传统的基础英语教材，大有违背循序渐进的科学规律的危险。但是由于用了张先生编写的概括英语学习基本规律的教材，再加上她的高超驾驭，使我们在非常时期采用非常办法依然获得了真才实学。我个人从张先生那里不仅学到了掌握英语所必需的语法知识，而且受到她的启示，萌发了写《英语意念语法》的朦胧想法。我还从张先生那里学到一个高招，就是在保证质量前提下的高效率。我当学生时，赞叹张先生编写教材的高速度和高质量。我当老师后，以张先生为楷模，讲求质量，讲求效率，成为一名在英语教学研究方面的勤奋的耕耘者。

三年级的把关教师是林筠因先生。她是赵诏熊先生的夫人，原来在北京外语学院英语系任教。我们升入英三时，她调来北京大学西语系教英三。周先生和张先生已给我们打下了英语语音、语法和词汇的坚实基础。我们需要熟练地运用已学知识，提高口头和笔头表达能力。林先生在课堂上注意因材施教，灵活多变，提高学生的兴趣，发挥学生的主动性和创造性。在精读课上，我们学的是英美人写的原文，句型复杂多样，词汇量相当大。每读一篇课文，有两节练习课。毕业后老同学相聚时，经常津津乐道林先生上的练习课有多么生动活泼。那时流行的方法是活用词练习，其目的是培养复用英语的综合能力。常见的做法是用机械的方法造句或翻译单句，尽量用上所学的活用词。一般来说，是在缺乏语境的情况下为练活用词而练活用词，枯燥无味。林先生第一次上练习课时，就别开生面。她发给每人一张小纸条，上面有她用打字机打的十个活用词。但是发给每个人的纸条上的十个活用词是不一样的。她根据每人的特点选择难易不等的活用词做练习。水平高的学生给的活用词难一些，而水平稍差一点的学生给的活用词容易一些。每人准备两分钟，将十个活用词编成十句有连贯思想内容的话，要求每句话包含一个活用词。然后轮流上讲台当众口述。我们班的同学心领神会，第一次就做得很成功。这样的练习方法是将孤零零的词汇机械练习，变成有意义的练习。持续两周以后，她缩短了准备时间，每人只给一分钟。难度加大了，但是我们依然做得很好。再过两周后，她将同桌的两人组成谈话伙伴，依旧发给每人一张内容不同的、有十个活用词的纸条，既包括本课的，也包括前几课学过的活用词。每对谈话伙伴给两分钟时间准备，一人每次用一个活用词说一句话，有来有往，编成有情节的对话，各说十句。这样又把有意义的词汇练习，与一定的情景结合起来，变得生动活泼。当众表演时，每对谈话伙伴的合作都很默契。两星期过后，准备时间缩短到一分钟，虽然难度增加,其效果仍然不错。最后,林先生打乱班里学生的排列组合,让平时不常来往的同学临时组成搭档,而且仅给一分钟的准备时间。由于熟练地掌握了活用词,又加上学会了即兴编故事的本领,尽管两人未曾有过合作的经历,但是结果依然是出乎意料的好。课后总结时,大家异口同声地说:"真是神了!"我至今不忘这种充分调动每个学生积极性和创造性的生动教学方法。当然,我不是认为这是唯一的好方法,并不是在任何时候都可以生搬硬套的,也不是对待任何学生都能奏效的。但是林先生用这种方法,培养了我们过硬的基本功,锻炼了我们的应变能力。她是成功者,而我们是受益者。

问:您能不能讲一讲对俞大綑先生的印象?

答:西语系英语专业的"三女将"确实名不虚传,造就了一批又一批基本功扎扎实实的学生。她们默默奉献,无私奉献,使她们的众多弟子终身获益。"三女将"的背后有一位更加卓越的"女帅",她就是俞大綑先生。俞先生是一位知识造诣深、教学水平高的英语教学专家。她教课生动,善于讲故事,娓娓动听,引人入胜。她还是一位善于领导和组织英语教学的帅才。她在60年代初,根据周扬的指示总结了建国后十余年正反两方面的经验教训,主持编写了大学专业英语教材第五册和第六册。这两本教科书集中了我系教师的智慧,也体现了她个人的教学思想。她的丈夫是鼎鼎大名的曾昭抡教授。他出身望族,是曾国藩的孙子。他曾出国留学,成为我国老一辈的化学家和教育家,担任过高等教育部副部长。1957年,他在大鸣大放时成为被毛泽东批判的"或策划于密室,或点火于基层"的"六教授"之一,因而被打成极右分子。他被错误地认为"阴谋夺权",而罢掉高教部副部长的职务,调往武汉大学任教。俞先生本人是全国政协常委,经常参加重要会议。有一次,她拿给我们看她与毛泽东等国家领导人在一起的照片,脸上露出喜悦之情。她年纪已在六十岁左右,仍然积极忘我,不知疲倦地教我们。她没有子女,就把我们当成自己的孩子一样。1962年在北京举行世界第26届乒乓球锦标赛,这是一次使处于极度困难时期的中国人民大长志气的竞赛。我们想看电视现场转播,但是没有电视机。那时候,电视机刚刚出现,是件极为奢侈的物品,一般人家是买不起的。俞先生自己爱看乒乓球比赛,也邀请我们到她家里看电视。她熟知庄则栋、李富荣、徐寅生、张燮林、丘钟慧、孙梅英等著名运动员的打法,边看边发表自己的见解。她对乒乓球非常内行,绝不是一个只读圣贤书的大知识分子。我至今耳边常常回响俞先生在中国乒乓健儿赢球时发出的爽朗笑声。

班里有的同学家境贫寒,买不起作业本,就自己用废纸订本子用。她慷慨解囊,经常接济生活困难的学生,给他们买本买笔。她还发给全班学生每人一个格式统一的作业本,要求大家按照规范做作业。她精心地批改我们的作文和笔头练习,根据每个人的特点写出评语。每次发下作业本,看到俞先生用红笔写的仔细批阅,我对自己的进步和不足一目了然。读了她的评语,我觉得是一种鼓舞,一种鞭策。更令人感动的是,每次测验以后,她将批阅的试卷分别贴在每个学生的作业本上,让我们在后面改正错误。其目的在于叫我们养成良好习惯,重视保存资料。一位大教授,从不拒绝做如此细小、重复的工作。这种无言的身教,一直是我在英语教学中的学习榜样。然而不幸的是,她在"文革"初期被红卫兵揪斗,身体受到毒打,人格受到侮辱,精神受到摧残。她不愿忍受这种无端迫害和非理羞辱,而自杀身亡。她的去世,是我国英语界的一大损失,一大悲剧。

1959年秋季,我们升入英三。学校开展的教育改革中出现了"左"的倾向,使一些老教授受到了过头的批判。俞先生首当其冲。有人把俞先生的细心讲解,说成是"繁琐哲学"。我记得在一次全系大会上,有位英二的学生批判俞先生讲授英语定冠词 the 时"故弄玄虚"。她详尽地讲述定冠词 the 的各种不同用法,被说成是"把本来简单的问题搞复杂了"。等我自己当英语教师时,真正明白定冠词 the 确实是中国人学习英语的一个难题。俞先生并没有错。这位宽宏大量的老教授虽蒙受不白之冤,却没有责怪无知的学生。我们班也有人认为俞先生强调学习英美作家写的原文,是脱离实际;过多地讲述英美文化背景,是灌输"封资修"知识。批判的结果是:我们放弃英美原著,而再次以《北京周报》的文章为教材,集中力量学习上面刊登的《红旗》杂志的"列宁主义万岁"等三篇政论文章的英语译文。我们再次打乱了英语学习规律,忽视了英语文化背景知识。可是,俞先生没有因受到不正确的批判而影响情绪,她依然满怀激情地教我们,想方设法给我们传授系统的语言知识和尽量全面的文化背景知识。

问:还有哪些教授给您留下的印象比较深刻?

答:当时的诸位老师不但教给我如何做学问,对学业要一丝不苟,更重要的是他们言传身教,告诉我如何做一个正直老实的人。我一生难忘我的这些老师对我的教诲。为了让更多的人知道他们的为人与成就,我计划在每位老师的百年诞辰或逢五逢十的诞辰之时,写纪念文章,表达我对他们的怀念。下面我再主要谈一下朱光潜先生、李赋宁先生和赵诏熊先生。

问:朱光潜先生可是中国知名学者、翻译家、文艺批评家和美学家。

答：是啊。解放后，他一直在北大西语系任教。刚才我也提到了，我在中学时曾读过他写的介绍《古诗十九首》的文章，从杂志上逐字逐句抄录下来，仔细阅读，非常敬羡朱先生的渊博知识。1957年，我考上北大西语系英语专业后，得知朱先生给高年级学生开设翻译课，心中盼望朱先生早点给我们上课。但始终未能如愿以偿。1959年，我们上三年级时，系里搞教育改革，取消了传统的文学翻译课。要求学生们以政治任务带动学习，用翻译《毛泽东选集》（第四卷）中的某些篇章段落取代翻译课。学生们分成若干小组，一组负责翻译一段文章。每人先译初稿，然后集体讨论，再由一人综合大家之长，凑成一篇译文。由系里几位有翻译造诣的教师批阅，每位教师负责一组。记得好像有朱光潜、张谷若、李赋宁等先生。我听过朱先生几次讲评，觉得果然名不虚传。听他的讲解受益匪浅。每次看到朱先生批改过的翻译练习，都是反复阅读，仔细品味。后来，朱先生就不再给学生上翻译课了。

朱先生精通英语、德语和法语。解放后又自学俄语。他著述十分丰富。据说当时主持文艺工作的周扬同志认为：让朱先生教英语翻译课是大材小用，是浪费人才。学校领导调他到哲学系专搞美学研究，翻译黑格尔的深奥的美学经典著作。朱先生的学问博大精深，在美学研究方面独树一帜，自成一家。但是，朱先生因在解放前曾挂名"国民党中央监委"，而在解放后戴上"历史反革命"的帽子。这个"历史问题"使他在历次政治运动中均成为重点批判的"老运动员"。1960年，文艺界批判巴人、李何林等人的"修正主义"文艺思想。北京大学西语系也搞了"对号入座"，多次召开了全系师生大会，批判朱光潜的"反动"文艺思想。我当时对朱先生的美学著作从未读过，对他的学术思想一无所知。听几位激进的师生上台振振有词地批判，但不懂他们所云。我记得，有次全系大会批判朱先生的"异化"观点。几位师生慷慨陈词，十分激烈。批判会结束时，主持者让朱先生上台"表态"。朱先生说："你们所批判的与我在文章中所说的根本不是一码事。大家批判了一通'异化'观点，但没弄明白什么是'异化'。可笑的是，有人还批到马克思头上。他所批判的那些话正是马克思说过的原话。"我当时对批判的内容一无所知，现已过去了这么多年，一点也记不起来了。但是对朱先生的那段精彩"答辩"却仍然记忆犹新。

1970年，到了"文革"中期，北京大学在停课四年以后，开始复课闹革命。学校招收了第一批工农兵学员。当时不叫"学生"，而叫"学员"。他们经常喊的口号是"上大学，管理大学，改造大学"，简称"上、管、改"。其实这口号并不是学生的发明，而是"四人帮"手下的几个文人的杜撰。西语系的学员主要是来自解放军的陆、海、空三军的战士。当时大学里一个批判运动接着一个批判运动,上课并不多。有一次,全系批判解放后17年教育部门的"修正主义"路线。朱先生在这场批判教育战线17年"修正主义"路线的运动中,又成了众矢之的。西语系的宣传队军代表别出心裁地说:"朱光潜在解放前17年为帝国主义和国民党反动派效力,在解放后17年为修正主义路线服务。要批判他的两个'17年'。"为此,他专门召集了一次全系大会,批判朱光潜的"修正主义"思想。

一天晚上,全系师生整队进入会场。每人提着一个小凳,依次坐下。墙上挂着横幅标语,上面写着一行醒目的大字:"朱光潜修正主义思想批判会"。会场内气氛严肃,大家不敢交头接耳,也不敢互递眼色。军代表宣布批判会开始,让年迈的朱先生面对群众站立,后来有位好心的宣传队员递给他一个凳子,叫老先生坐下听批判发言。在会上发言的全是学员。笨拙的发言稿内容大都是从报纸上直接抄袭来的,老生常谈,千篇一律。聪明些的,剪辑人家的文章,重新排列组合,但是听来也都是似曾相识,毫无新意。发言者气势汹汹,慷慨激昂,仔细一听都是空洞乏味,无的放矢。一个发言刚结束,会场上立即口号声此起彼伏,不外乎"坦白从宽,抗拒从严,顽抗到底,死路一条",及"打倒朱光潜",或"朱光潜不投降,就叫他灭亡"之类的喊声。这些震耳欲聋的口号,乍听起来令人毛骨悚然,但听久了也就习以为常了。几乎每个发言者在结束时都毫无例外地引用刘禹锡的《酬乐天扬州初逢席上见赠》中的两句古诗:"沉舟侧畔千帆过,病树前头万木春"。本来,刘禹锡的这两句千古绝唱,以沉舟和病树比喻自己,表现出在惆怅中依然达观。他二十三年遭贬,已是不幸,却安慰白居易不必为他忧伤,表达出诗人的豁达胸怀。"文化大革命"中,这两句美妙诗句被"四人帮"的笔杆子们歪曲滥用。第一个在批判文章里想到用这两句古诗的人,充其量不过是个庸才。但是,后来在大大小小的各种批判会上,被不少人一再妄加引用。这两句佳句被糟踢了,批判者们沦为可怜又可悲的蠢才。有位女学员不愿步别人后尘在结尾时也引用这两句古诗,而想独辟蹊径,就别出心裁地引用了李白的两行古诗。但是可叹她才疏学浅,仅能背诵几首唐诗,恐怕还不求甚解。只听得她在批判发言结束时说:"正是:'两岸猿声啼不住,轻舟已过万重山'。朱光潜不交代自己的修正主义错误罪行,就会自取灭亡!"我本来听惯了"沉舟"和"病树"两句古诗,猛然听到"猿声"与"轻舟",心中一怔。李白在《早发白帝城》里的这两句脍炙人口的佳句,显然是被她用错了场合。我环视周围年纪大些的教师。只见他们脸上不约而同地露出惊讶而无可奈何的神情。我想笑,但不敢笑。这时,会场上又响起连续不断的口号声,倒像是"两岸猿声啼不住"。此时,批判会即将结束。一个接一个的内容空洞而雷同的批判发言,罗列了一连串莫须有的罪名,扣了一顶顶吓唬人的大"帽子",但是毫无针对性。我抬头看见朱先生扑哧一笑,他大概此时如释重负,心情如同"已过万重山"的"轻舟"。朱先生的扑哧一笑,永远印在我的脑海里。

问:据说"文革"期间,给李赋宁先生罗列的罪名是"美国中央情报局战略特务",您能详谈一下当时的情景吗?

答:我在北大近五十年时间里,李赋宁先生给我影响最深,也是我最敬爱的老师之一。1958年"大跃进"时期,西语系搞"拔资产阶级学术权威白旗"运动,曾在二教103举行全系师生大会,批判李赋宁先生的"白专"道路。我们班同学坐在前排,这是我入大学后第一次近距离见到心目中仰慕已久的李赋宁先生。那是一位满面善相、平易近人、和蔼可亲的学者。我无论如何也无法将他与被视为邪恶的"白专"联系到一起。当时,我对批判者的"慷慨"言辞不甚理解,只是记住了李先生自我检查中的一句话,终生难忘。他说他的人生奋斗目标是"为人类知识宝库添砖加瓦"。批判者说这是错误的,只有"为全人类解放事业献身才是人生奋斗目标"。我觉得两者并不是矛盾的。我心中暗想:我应当像先生那样勤奋好学,成为有学问的人,为人类知识宝库添砖加瓦。几十年来,我就是效仿先生,努力这样做的。在1958年出版的《西方语文》创刊号上,登载了先生的关于乔叟作品中的颜色词研究的论文。我曾以崇敬的心情阅读此文。当时,我仅是个刚入校不久的一年级大学生,不知乔叟是什么人,也不知什么是颜色词。但是,我觉得这里面有很高深的学问。只有好好学习,才能读懂。后来有人写文章批评李先生的论文。我看了批评文章后,觉得没有什么说服力。只觉得还是李先生有道理。世界本来就是多彩的,既然乔叟作品中用了那么多的颜色词,为什么不可以研究?没想到,我在80年代末从语义学角度专门研究了英语和汉语的色彩词,还撰写了论文。这也许是早年受到先生启发的结果吧。

问:李先生给你们开设什么课程?

答:我在低年级时,先生没有给我们上过课。但是,我经常在阅览室里看见先生面前摆着一堆厚厚的工具书,他坐在那里几个钟头,一动不动,认真读书、写作和备课。许多人撰文回忆先生专心治学的精神。他坐在书桌前看书,就是一个无声的楷模,就是一道亮丽的风景线。看到先生的榜样,学子们浮躁的心情立刻平静下来,全神关注,认真读书。我一生努力学习先生,研究学问要像他那样兢兢业业,一丝不苟。

我读大学时，听过先生两门课，终身受益。一门课是英国文学史和英国文学选读，这是英语专业学生的必修课。先生以他渊博的知识，点化了我们这些对外国文学知之甚少的学生，使我们掌握了系统的英国文学史知识。先生教我们如何欣赏莎士比亚等大文豪的巨作，使我们顿开茅塞，领略了这些千古不朽的世界名著的精华所在，学会了如何辨别真善美与假恶丑。另一门课是汉译英，这也是英语专业学生的必修课。当时，由于受政治运动影响，我们选用翻译刚刚出版的《毛泽东选集》（第四卷）中的文章，作为教学内容。先生在1958年担任过中国共产党第八届代表大会的英语和法语翻译，具有丰富的实践经验。他给我们讲授汉英翻译的原则和方法，并细心批改我们的作业。我近二十余年，一直讲授汉英口译课，在许多方面曾得到先生的真传，因而教起课来游刃有余，得心应手。

问：请您接着讲李先生的事情吧。

答：上大学期间，由于众所周知的历史原因，除了仅有的温德先生和叶文茜两位久居中国的美籍教师之外，我们再也见不到英美人的影子，听不到英美人的声音。李先生利用他在国内英语界的地位和人缘，经常为我们请兄弟院校著名教授来做讲演。记得有北京外语学院的许国璋、王佐良和周珏良，复旦大学的徐燕谋，南京大学的陈嘉，以及中山大学的戴镏龄等人先后来北大讲演。这使得我们这批孤陋寡闻的学生大开眼界。他们的治学经验，对我一生献身英语教学和研究起了推动作用。

60年代初，国家领导人注意到培养外语人才的战略意义，开始重视外语教学与研究。1963年暑假和1964年暑假，高教部委托北大西语系先后在秦皇岛和青岛举办全国高等院校英语师资培训活动。李先生组织和率领北大西语系英语专业的骨干教师，讲授如何进行英语专业高年级教学。先生亲自授课，传授知识和经验。我有幸参加了这两次讲学活动，亲身体会到如果这种讲学活动能够延续下去，将会对促进我国英语教学起到多么巨大的作用。可惜，"四清"运动和"文革"使得讲学活动中断。

1963年，李先生出任北大副教务长，负责全校文科教学工作。当时的大学生主要学习俄语。先生强调英语对大学生的重要性，重视公共英语教学。亲自过问和指导公共英语教学，还以身作则，在百忙中为理科学生上课。我当时在公共英语教研室教书，经常看到先生亲临教研室指导工作。先生对推动北大公共英语教学做出了重大贡献。

1964年冬，西语系师生到平谷县参加农村社会主义教育运动。与贫下中农同吃、同住、同劳动，访贫问苦，为贫下中农写家史。我与李赋宁、殷宝书、吴柱存、齐声乔等先生住在一起。当时农村的生活条件非常艰苦,上厕所是个严重问题。房东家仅有一个露天的用秫秸围起来的简陋茅厕,男女公用,十分不便。吴柱存先生曾总结说,上这样的茅厕有三怕:一怕天寒地冻,二怕女人看见,三怕猪拱。每晚睡觉前,我同几位老师到田地里,找个避风的地方,自行解决"方便"。这样一来,后两怕倒是没有了,可是第一怕却更加严重了。李先生患痔疮,这样的恶劣环境对先生的身体是一种摧残。

1966年,"文革"开始。广大知识分子受到迫害,先生也难逃厄运。可能是在1967年,李先生被新北大公社的人抓了起来,关进位于民主楼后面临时搭建的席棚内。这个地方叫做"黑帮大院",或称"牛棚"。季羡林先生在《牛棚杂记》一书中,对新北大公社如何迫害无辜的干部和教师做过深刻的揭露。李先生从来不对大家讲述他是如何被抓进"黑帮大院"的,也从来不对大家讲述他在牛棚里是如何受到迫害的。我一直以为他是以"资产阶级反动学术权威"的罪名被关进牛棚的。1977年"文革"结束后,西语系开展"说清楚"运动。大家请求李先生讲一讲他是怎样受迫害的。听了李先生的讲述,大家才知道他十年前是被人诬陷为"美国中央情报局战略特务"而被抓进牛棚的。我班同学陈文如和郑培蒂也被新北大公社的人关进黑帮大院。她们曾说,新北大公社的打手们经常命令李先生、吴柱存、陈文如和郑培蒂四人在炎炎烈日之下用双手合力推举一块大钢板。他们晒得浑身是汗,但是不敢有一点松弛。稍一放松,狠心的打手就会用棍子抽打。我当时住在红一楼,离黑帮大院不远,经常看见打手们押送被关进牛棚的人,对他们任意呵斥,甚至拳打脚踢。夜深人静时,能听见从黑帮大院传来凄惨的叫声。那是像法西斯匪徒一样的打手们在肆虐施威,毒打无罪的"黑帮"。李先生曾在"文革"中遭受这种非人道的凌辱。

1968年秋,工宣队进入北大,领导"复课闹革命"。李先生已从牛棚解放出来。我同先生被分配到西班牙语专业一年级参加运动。当时,红卫兵批判李先生的"知识为知识分子安身立命之本"的观点。我对红卫兵胡乱上纲的批判表示了不同意见,遭到红卫兵的斥责。他们说我"为资产阶级知识分子辩解和开脱"。我曾同李先生谈心,安慰先生。他说他的观点来自他的老师吴宓先生。这是我第一次听说他与吴宓的师生情谊。

1969年冬,西语系师生下乡到延庆张山营公社上板泉村。我同李先生,以及三名英语专业一年级学生住在同一个老乡家中。那年冬天非常寒冷,我们天天挖洞,打柴,开批判会。生活十分贫乏。我们照顾先生,不让他在户外劳动。我有机会同先生闲谈,学到不少书本上学不到的知识。

学路回望
Xueluhuiwang
——北京大学外国语言文学学科史访谈录

1976年10月,全国人民打倒了"四人帮",获得了新生。1977年,全系师生一致推选敬爱的李先生为西语系主任。

问:"文革"之后,李先生是如何建设北大西语系的?

答: 20世纪70年代末,中国从"文革"十年浩劫中摆脱出来不久,百废待兴,我国人民盼望过上好日子,唯一的出路在于改革开放。恢复高考,使许多被剥夺受教育权利的有为青年获得了接受高等教育的机会。在"文革"十年中,北京大学西语系曾是遭受严重破坏的"重灾区",需要重建。在此历史关头,德高望重的李赋宁先生出任西语系主任,真是众望所归。他带领全系师生稳定教学秩序,进行教学改革,很快取得了良好效果。他非常着急的一件事,就是提高师资业务水平,建设一支优秀的师资队伍。在"文革"十年中,老年和中年教师终日参加批判会,到干校劳动,没有机会学习进修,业务荒疏了。刚毕业的青年教师业务水平不高,急需提高。西语系师资的现状,令人堪忧。没有好的老师,是教不出好的学生的,这是天经地义的道理。

李赋宁先生主持制订西语系十年发展规划,其中的重要内容是提高师资业务水平。他身体力行,亲自为英语教研室的中青年教师开课。为了帮助已经荒疏学业的中青年进修提高,李先生开设了精读课。他精选了过去会被视为"封资修大毒草"的英语名篇,给我们逐字逐句地讲解。他帮助我们重新找回久违的文学作品。他的详细而精辟的讲解,给我们这群渴求知识的英语教师送来了丰富的精神食粮,给我们留下了永生难以磨灭的印象。

他还聘请外国专家授课,帮助提高师资业务水平。他根据自己的教学经验,让在西语系任教的英国专家Craig Campbell为青年教师开设一门"散文与写作"课。选一些优秀英美散文,详细讲解,让学习者模仿,进行写作。李先生讲过,抗战前清华开设大一英文(读本和作文),主要是为了训练学生的读、写能力,并通过范文学习提高学生的文学修养,以实行"通才教育"。20世纪40年代,西南联大外国语文学系延续这一传统,将"英国散文及作文"定为必修课程。我旁听Craig Campbell开设的"散文与写作"课,从他精辟的讲解中获得不少益处。他每讲一篇散文,就让学员们模仿,写一篇作文。我很感激他让我这个旁听者也可以写作文,并替我批改。我从他的批改中学习到不少东西。Craig Campbell像许多见过李先生的外国人一样,非常钦佩李先生,也赞赏用读散文并模仿范文来提高英语水平的做法。他曾出过一个作文题目:A Person I Admire。令人惊奇的是,全体听课者都不约而同地写了李先生。Craig Campbell在我的作文评语中写道:"我的确是与你一样尊重和敬仰李教授。读了这篇文章,我对他的爱戴之情变得更加强烈。我们有了他,是多么幸运呀!"

回想我从1957年考入北京大学西语系,有幸参加李赋宁先生的课,聆听他的教诲。1962年毕业后留校任教至今,又有幸与李先生共事数十年,可以随时向他请教。他用他的渊博学识教育了我,用他的高尚人格启迪了我。的确,我是幸运的。

我敬仰李赋宁先生,不仅仅是因为他学识渊博。我所敬仰的人,是我在1979年用英语写的一篇文章的标题。我写的我所敬仰的人,正是李赋宁先生。有学问的学者很多,但不是每一位都让人敬仰。有的教授学问大,而架子也大,只会使人望而生畏。有的教授学问大,但是并不让人感到亲近,反而令人敬而远之。一位好老师教书育人,不是光凭灌输和传授知识,而是要为人师表,以身作则,用自己的人格魅力感染和教育学生。我敬仰李先生,更是因为他具有谦虚(modesty)、诚信(honesty)和高贵(nobility)的美德。我在1979年用英语写的文章"A Person I Admire"里曾赞颂了李先生的谦虚、忠厚和高贵之美德。

李赋宁先生虚怀若谷,不管对教师,还是对学生,都是平易近人;不管是对校内的同事,还是对校外的素不相识的来访者,都是一视同仁。他以谦虚著称,团结了比自己年长和年轻的同事,赢得了众多莘莘学子的热爱和尊敬。我在校园内,曾多次听到外系的老师称赞李先生是位没有架子的大学者。我在兄弟院校讲学时,曾有不少外校的老师告诉我李先生如何耐心地解答他们的疑难问题,并请我转达他们对李先生的敬意。我在90年代初完成了一部词典,名为《英汉意念分类词典》,想到两个英语译法:*A Notional English-Chinese Lexicon* 和 *An English-Chinese Notional Lexicon*,一时定不下来。我碰巧在路上遇见李先生,就向他讨教。他很耐心地与我讨论和比较,讲解英汉语序的不同,使我茅塞顿开。

1996年6月7日,李赋宁先生为北京大学英语系研究生讲演,题目为:《吴宓、温德、瑞恰慈、燕卜荪与中国英语教学》。先生的谆谆教诲给莘莘学子们无限启迪。我从师四十余载,那天聆听先生用英语侃侃而谈,回忆往事,展望未来,心情格外激动。为祝贺恩师李赋宁先生八十华诞,我写了一首《七绝·听李赋宁先生讲演有感》,表达了我对先生的崇敬之情:

  冬去燕归春又回,银丝灰发育新辈。
  耄耋之年犹伏枥,平易为人更高贵。

诗中第一句"冬"字为双关语,既指自然现象,又指"温德"(Robert Winter)。"燕"也为双关语,既指自然现象,又指"燕卜荪"(Sir William Empson)。先生看了诗后,说"冬去燕归春又回"一语双关,是个绝句。我听了先生的表扬,十分高兴。

李赋宁先生待人接物,充满真诚,没有丝毫的虚假。事无巨细,他都遵循诚信的原则。从大处讲,他忠于祖国,解放初时义无返顾地放弃在美国的名誉和地位,返回贫穷落后的祖国,为国效劳;他忠于教育事业,在大学为国家培养了一批又一批英语人才,一干就是半个世纪,兢兢业业,毫无怨言。从小处讲,他以诚信对待周围的人。他在家中是模范丈夫,是好爸爸。他与徐师母的真挚爱情,是有口皆碑,是我们大家学习的楷模。我至今仍记得:70年代末我住在城里菜市口一带,每天清晨挤公共汽车赶到学校,7点钟左右从西校门进入校园时准会看到李先生与徐师母在办公楼前散步。1985年,我家搬到蔚秀园,与李先生住所离得很近,经常看见李先生与老伴在园内散步。2001年初,我家搬到蓝旗营小区,又与李先生住所离得很近,天天看见他们老夫老妻形影不离,相依为伴去清华大学的荒岛散步。

李赋宁先生的高贵,表现在坚守原则,威武不屈。在"文革"十年中,他曾遭人陷害,以强加的罪名,被关进"牛棚"。有人诬陷他,说他是"特务"。他遭受毒打,遭受逼供信的折磨。但是他不像有些人那样,为了免受眼前的皮肉之苦,而胡说自己曾经如何如何,甚至无中生有,乱咬别人。他相信党的政策不会诬陷一个好人,最终会把他的问题搞清楚,还他一个清白。但是当时这样做,只会招惹更狠的毒打。他却表现出高贵的气节,令人敬佩。这正是为什么在"四人帮"倒台后大家一致要推选他担当西语系主任。李先生的高贵,十分难得。

李赋宁先生的谦虚、忠厚和高贵之美德,永远是我们学习的榜样。2005年4月30日下午,北京大学外国语学院举行缅怀李赋宁先生逝世一周年追思会。李先生的弟子、好友和亲属共聚一堂,回忆李先生的人生历程和高尚品格。我即兴写了一首诗:

忆念恩师倍觉亲,桃李满园芬芳沁。
挥笔赋诗咏师表,天堂安宁记我心。

问:张谷若先生当时给你们开设翻译课了吗?您对他的印象如何?
答:张谷若先生(1903—1994)出生于山东烟台,是我国20世纪著名的翻译家。生前在北京大学英语系任教授。20世纪30年代,因出色地翻译了英国作家哈代的《德伯家的苔丝》和《还乡》而一举成名。他一生翻译了400万字的英国古典文学名著。他还翻译了英国作家哈代的《无名的裘德》、狄更斯的《大卫·考坡菲》和《游美札记》、菲尔丁的《弃儿汤姆·琼斯史》等著名小说。他的译著除小说外,还包括诗歌和戏剧,例如莎士比亚的长诗《维纳斯与阿都尼》和肖伯纳的《伤心之家》。此外,他还将唐诗译成英语。

在我的众多恩师中,有一位就是张恩裕教授,即张谷若先生。我上高中时曾经读过张谷若先生翻译的英国作家哈代的名著《苔丝》,知道这位翻译家是北大西语系的名教授。1959年秋,他在我读大三时教我们英汉笔译。四十多年过去了,张恩裕先生的音容笑貌仍然如在眼前。我依稀记得他给我们第一次上翻译课的情景。一位身穿布衫,脚穿布鞋,着装朴素,而笑容可掬的五十来岁的长者来到我们的教室。他用略带山东口音的普通话自我介绍。我这个山东籍的学生听了感到格外亲切。我注目观察他那慈祥而总带微笑的面孔,听他不时发出的爽朗笑声。我们本来只知道系里有位教翻译课的张恩裕教授,又知道系里有位著名翻译家张谷若先生。但是不知道原来是同一个人。张恩裕教授说他又叫张谷若。我立时联想起曾在高中和大学一二年级时读过的哈代的《德伯家的苔丝》和《还乡》等世界名著。译者是鼎鼎大名的翻译家张谷若先生。我将这些名著与眼前的这位学者联系起来,顿时萌生仰慕之情。由于时间久远,他讲的话语大部分都忘却了。但是有三点内容对我一生的学习、工作和科研产生过巨大影响。

第一,张恩裕先生鼓励青年学生勤读书、勤思索。他介绍了古人欧阳修的"枕上"、"马上"和"厕上"的学习方法。提倡抓紧利用一切可利用的时间读书和思考。我几十年来,就是遵循了先生的教导,挤时间用心读书和思考问题。

第二,张恩裕先生说要想学好英语,必须学会利用工具书和词典。学好英语,总得用破几本词典。他说不仅要学会利用英汉词典和汉英词典,更要学会利用原文词典,就是英英词典。他介绍了我前所未闻的Roget's Thesaurus,那是英国人Peter Mark Roget按照语义意念分类编纂的"找字词典"(word finder)。我后来到王府井东安市场的旧书店花五角钱买到一部袖珍本,用了一辈子。我在汉译英和用英语写作时,主要就是使用这本词典。老一辈学者中有些人由于时代的局限性,从来没有留过学,没有出过国,甚至一辈子没有机会同英美人交谈过。他们学好英语的一个重要方法,就是勤查词典。

第三,张恩裕先生说英美人写的东西都可以拿来学,知识是随时随地学来的,并不都是从教科书上学的。比如,拿英美报纸上的一则广告,也可以学到活生生的知识。我上大学时,正处于政治运动高潮,废除了传统的课本,没有固定的教材。我随手拈来一张报纸、一本杂志或一本书,都可以学到知识。一生就是这样做的,知识是日积月累的。

问:1971年的春天和秋天,北大西语系曾推出了两出校园英文剧,并产生了广泛影响。您能不能给我们详细谈一下当时的情景?

答:这都要感谢赵诏熊先生。1957年秋,我考入北大西语系英语专业之后,先后经历了反右、大跃进、反右倾等一系列政治运动,又参加了修建十三陵水库和密云水库、大炼钢铁、下乡麦收等体力劳动。1960年秋读四年级时,又在位于通县宋庄的北大农场养了半年猪,完全荒废了学业。50年代末,我国大学文科实行五年学制。我们班同学在大学时期前四年里,参加政治运动和体力劳动两年半,实际上仅读了一年半的书。

1961年秋,正值自然灾害时期,我们读五年级,赵诏熊先生给我们上精读课,还担任我们的班主任。尽管我们当时身体虚弱,不少人因吃不饱而缺乏营养,得了浮肿病,大家却非常珍惜在大学最后一年的宝贵光阴。我们久仰赵诏熊先生的大名,听说他于30年代就在清华大学外文系任教,是位德高望重的老先生。我们有幸在毕业前聆听他的教诲,都想抓紧时间,跟他多学点知识。同学们如饥似渴地学习英语。

50年代时,我国英语界采用传统法,教学强调语法的正确性,而忽视语用的得体性。60年代初,一些有远见卓识的教授,例如北外的许国璋和北大的李赋宁等人倡导中国人要学习地道的英语。赵诏熊先生在课堂上身体力行教给我们地道的英语,同时反复告诫我们不要创造中国式的英语。有位同学在作文中写了这样的句子:Every day, he can be seen here and there, like a headless fly. 想表达"他整天像个没头的苍蝇一样到处瞎撞"的意思;又写了 He found his book fly away without wings. 想表达"他发现他的书不翼而飞"的意思。赵诏熊先生剖析了这两个典型错误句子,强调不能字对字地翻译,那样会闹笑话。汉语里有"像个没头的苍蝇一样到处瞎撞"和"不翼而飞"这样的比喻,但是英语里没有相应的 headless fly 和 to fly away without wings 的表达方法。

中国的每位英语学习者都要面临"词汇关"的问题。没有一定数量的单词,就无法顺畅地阅读原著,就无法流利地表达思想。阅读时,生词是"拦路虎"。不明白意思,就看不懂。可是一遇到生词就查字典,会耽误很多工夫,影响速度。赵诏熊先生教给我们在上下文里推测词义,要根据情节合情合理地判断,而不可漫无边际地瞎猜。他在精读课上,使用大量的实例给我们示范,告诉我们如何进行逻辑推理,比较准确地猜测词义。我在赵诏熊先生的教导下学会了在语境中推断词义,省去不少查字典的时间,提高了效率,使自己一生受益匪浅。

　　20世纪30年代,赵诏熊先生在清华大学任教时曾开设"西洋戏剧"课,介绍以莎士比亚为代表的西方戏剧。许渊冲先生回忆说:"赵诏熊讲戏剧时,已经为'莎士比亚'课打了基础。他说《罗密欧与朱丽叶》写的是青春恋,《安东尼与克柳芭》写的是黄昏恋,真是一语中的。"赵诏熊先生曾给我们讲解萧伯纳的戏剧,讲得活灵活现,栩栩如生,有些情景至今依然历历如在眼前。

　　1971年春,美国青年举行反对越战的大规模示威活动。报载一位美国大学生烧毁兵役证的照片,还报道美国大学生发出了"One, two, three, four, we don't want your war"(一、二、三、四,我们不要你们的战争)的正义呼声。5月初,我们北大西语系英语专业的几位青年教师深受感动,决定用英文剧来反映这一历史现实。我与几位留校任教的同窗好友详细讨论了故事梗概,请刚从江西鲤鱼洲五七干校返京的赵诏熊先生执笔。他欣然应允,用英语撰写剧本。他是西洋戏剧专家,精通英语戏剧语言,仅用两三天时间就完成了初稿,运用丰富的想象力编写了一个感人的故事。语言简练、地道、琅琅上口。剧本标题为"We Don't Want Your War!"剧情是美国大学生与参加过越战的退伍士兵在首府华盛顿举行反战活动的事。我们连夜将剧本打字、油印和装订成册,分发给刚入校不久的第一批工农兵学员,当教材使用。我们挑选了一些语音和语调比较好的同学,在课后组织他们进行排练。5月中旬,英语专业学生在大饭厅举行首场演出,连续上演三晚。大饭厅内座无虚席,场场爆满。当时的大学生英语水平不高,听不懂全部台词。我记得由一位老师担任同声传译。台上的演员慷慨激昂,台下的观众群情高涨。当反战的美国大学生烧毁兵役证时,全场报以长时间热烈的掌声。当台上的演员高喊"One, two, three, four, we don't want your war"时,全场观众也有节奏地随之高呼。台上台下,口号声连成一片,十分动人。

　　1971年秋,我国恢复在联合国的合法席位。消息传来,西语系英语专业师生非常兴奋。我们决定用英文剧来反映这一划时代事件。赵诏熊先生根据大家讨论的故事情节,花了两天时间用英语写了标题为"All for the Majority"(一切为了多数人)的剧本。戏剧讲的是纽约唐人街的华人在我国驻联合国代表团抵达纽约后如何表达激动心情的故事。11月份,英语专业学生在大饭厅上演此戏数场,同样轰动了北大校园。我至今珍藏着赵诏熊先生撰写的这两个剧本,里面凝聚着他的心血、热情、智慧和才华。随着光阴流逝,油印剧本的纸面已经变黄、变脆,但是,赵诏熊先生在我的记忆中仍然新鲜。

我在1994年重阳节时,曾学写《五律·祝贺恩师赵诏熊先生九十华诞》一首,祝贺赵诏熊先生九十寿辰。诗中写道:"皓首九旬翁,讲坛五十载。勤恳育桃李,学子遍四海。坦荡轻名利,豁达敞胸怀。先生楷模在,后人跟踵来。"

问: 十分感谢您结合自己的切身经历来回顾北大英语系的历史发展,并与我们分享了自己动人的师生情谊,相信这对于后学会有很大帮助。我们个人也从这一访谈中获益良多。

答: 我很高兴回忆了我的几位恩师。我从1957年考入北大,一直在这里学习和工作,将近五十年。我有幸受到他们的教诲,他们教给我如何做人和如何做学问,使我终生受益。我像我的诸位老师一样,将自己的一生献给了教育事业。我也是桃李满天下,我为此自豪。

采访整理:孙继成　沈　弘

朴实学风、浪漫情怀*

——北京大学西班牙语系赵振江教授访谈

赵振江教授学术小传　北京大学外国语学院西班牙语系教授、博士生导师。1940年出生,北京顺义人。1959年考入北京大学西语系法语专业,次年转入西班牙语专业,1964年毕业留校任教。曾任北京大学西语系主任,外国语学院学术委员会主席,中国作家协会对外文学交流委员会委员,国家教委高等院校专业外语教学指导委员会委员,中国西班牙、葡萄牙、拉丁美洲文学研究会会长等职务。著作有《西班牙与西班牙语美洲诗歌导论》、《拉丁美洲文学史》(合著)、《山岩上的肖像:聂鲁达的爱情·诗·革命》(合著)、《拉丁美洲文学大花园》(合著)等,译著有阿根廷史诗《马丁·菲耶罗》、《拉丁美洲诗

---

* 原载《国外文学》,2007年第3期,总第107期。

选》《西班牙黄金世纪诗选》《西班牙当代女性诗选》以及米斯特拉尔、聂鲁达、帕斯、希梅内斯、阿莱克桑德雷（以上五位均为诺贝尔文学奖得主）、卢文·达里奥、加西亚·洛尔卡等人的诗集十余部以及《火石与宝石》《金鸡》等小说。1987—1989和1996—1997年两次赴西班牙格拉纳达大学，从事翻译、修订和校注西文版《红楼梦》（全三卷）的工作。译作和著作曾多次获得北京大学科研成果奖和国家新闻出版总署外国文学优秀图书奖。智利—中国文化协会曾于1995年授予他"鲁文·达里奥"勋章；西班牙国王于1998年授予他"伊莎贝尔女王"勋章；阿根廷总统于1999年授予他"五月"骑士勋章；智利总统于2004年授予他"聂鲁达百年诞辰"勋章，以表彰他对中外文化交流做出的贡献。2004年，被国家人事部和教育部评为全国模范教师。

采访人（问）：赵老师，您好！谢谢您在百忙之中接受我们的访谈。首先，请您谈谈您是哪年进入北京大学西语系学习的，当初为什么选择了学习西班牙语？

赵振江教授（答）：我和段若川、赵德明两位老师一样，是1959年考入北京大学西方语言文学系法语专业的。当时北京大学还没有西班牙语专业。1959年古巴革命成功了，和中国建立了外交关系（这是第一个讲西班牙语的国家与我国建立外交关系）。1960年，全国掀起了一股学习西班牙语的热潮。北大的西班牙语专业就应运而生了。半年后，也就是在我们学习了一年半法文之后，系里决定把我们三个从法语专业调到西班牙语专业。当时很明确，将来要留校做教师。其实我本人在1959年报考的第一志愿是北京大学中文系。后来有人告诉我，我本来已被中文系录取，是西语系把我要过来的。

问：这是为什么呢？

答：当年招生，根据学生将来从事的工作，不同的系有不同的政治标准。比如，当年东语系主要是为外交部培养翻译人才的，招生是按绝密专业的标准。而西语系本来好像是机密专业，但是到了1959年，又改成了普通专业。系里做人事工作的人就到学校去反映情况，要求学校从其他系给西语系调一些学生"骨干"。我高考的第二志愿是北京大学西语系法语专业，于是就把我从中文系调到了西语系。最初，全国就只有北京外国语学院（即今天的外国语大学）有西班牙语专业。它当时属于外交部领导，主要培养外交翻译人才。北大的西班牙语专业，从1960年开始招生，

"文革"前一共只招了三届，1960年、1964年、1965年。目前，我可以算是对这个专业最了解的人了。赵德明老师虽然跟我一样，但是，他后来到智利留学去了。我留校教书的时候，他还没回国。他是"文化大革命"开始后才回来的。徐曾惠老师是1964年从北京外国语学院分配来的。那年，西班牙语专业招生，我也提前结束了学生生活，开始了自己的教学生涯。

问：当时您学了几年西班牙语？

答：从理论上说，读了不到四年，因为先读了一年半法语。实际上，充其量也不足三年半。因为其中还有一年被调出来"半脱产"，当团总支副书记、系学生会主席（还是民兵营长）。所以真正念书的时间是很少的，而且当时的师资条件极差：只有两位从法语改行的老师（蒙复地和刘君强），他们只学了六个月西班牙语，就开始教书，所以当时的西班牙语专业号称是西语系的"大庆"，就是说，和大庆一样，是"白手起家"办起来的。

问：学了六个月的就教了您三年半？

答：到了三年级，就都是外国人教我们了。中国的教员已经教不了了，只有聘请外国人来教了。也不光是北大，当时北京外国语学院也是如此，主要靠外国老师教。那时候，大部分外教是我们驻外机构介绍来的西班牙语国家的流亡者。第一批由官方派遣来华任教的西班牙语外教是古巴人。那是1964年，北大第二次招收新生，我被调出来任教，就是与这位古巴外教合作。他叫伊布拉因·桑切斯，36岁，他先来的，没过多久，夫人带着三个孩子也来了。当时在北京有一个古巴专家小组，在中国推广视听教学法。"文化大革命"一开始，他们就回国了。多年来，这位老先生对那段经历念念不忘。2003年我随北大的两位副校长访问古巴时，还请他吃过饭。老先生对中国，可谓一往情深。有一位阿根廷人，对我们系的教学，也有很大的贡献，叫杜契斯基，他的夫人是乌拉圭人，叫席尔瓦。他教的时间最长，有好几年。他好像是俄国犹太人的后裔。"文革"开始后，他就回国了。后来做过导游，陪旅游团来过中国。我翻译的《马丁·菲耶罗》在阿根廷参展时，他还在阿根廷报刊上写文章，介绍我们当年的学习生活。另一位阿根廷外教叫罗梅洛，他的弟弟是巴拉圭很有名的诗人。他当时是阿根廷布宜诺斯艾利斯教师—律师协会主席。他的身份很高，但不会教书，上课的时候只会叫我们朗读，一个一个地念，他就听着，也不管，后来任期未满就回国了。还有一位演员，叫奥莱吉娅，是智利人，是跟着她丈夫来的。她的丈夫是歌唱家，叫阿朗西比亚，在北京外国语学院任教，她就到我们这里来教口语。第一位西班牙外教叫雷盖赫，是西班牙内战后流亡到国外的。他倒是一位教授，但比较保守，对拉丁美洲的一些词汇和用法不屑一顾。还有一位叫里维拉的,是秘鲁的印第安人,从瑞典请过来的,好像是个油漆工。"文革"中,他在友谊宾馆参加了李敦白组织的"白求恩—延安"战斗队,是个"造反派",后来被辞退回国了。等到"文革"后期,又来过两个。其中一位叫阿尔瓦罗·门多萨,是秘鲁特鲁希略大学的教授。这个人的水平是很高的,是左派学生运动的领袖。另一位叫乌加尔特,是秘鲁语言学院院士。他们对北大西班牙语系的建设都是有贡献的。

问:您那个时候学习西班牙语的人不多吧?

答:招生的时候并不少。具体数字,我记不清了,就 1960 年那一届,大概有 15 到 20 人吧。当时只有两个中国老师:蒙复地和刘君强。沈石岩老师是后来从北大留学生办公室调过来的。来了没多久,就到古巴哈瓦那大学进修去了。回来时就是 1965 年了,也就是快到"文革"了。

问:把您这样调来调去的,您当时有什么想法吗?

答:那时候,国家的需要就是个人的志愿,个人就应该也必须服从国家的安排。包括像段若川老师这样的,她父亲是外贸学院的法语教授,是留法的。学校倒还曾经问她,给她换专业,她父亲会不会有意见,她根本没跟父亲说,就同意了。还有一件事,对现在的年轻人来说,可能是不可思议的:当时系里找我们谈话时,明确表示,我们将于 1964 年,与同年入学的人一起毕业,领大学毕业生的工资。可是等到了 1964 年,我们也提前调出来教书了,却没人管这回事了。我照常每月领 18 元 5 角的助学金,段老师每月依旧从她父亲那里要 20 元的生活费。当时就从没想过向系里去说工资的问题。一直拖到 1965 年,我们才领到了见习助教的工资,每月 46 元。等一年后,我们该转为正式助教(工资 56 元)的时候,"文化大革命"了,更没人管这事了。因此,一直拖到 1968 年才转正。

问:段老师怎么会到北外去了呢?

答:赵德明、段若川和我,三个人的情况是完全不同的。一开始,我和赵德明留在本校,段若川和另一位法语三年级的同学(后来那位同学放弃了西班牙语,又回法语专业了)去北外,当时就算是"国内留学"吧,因为那里的学习条件比北大好。后来,赵德明又被派到智利留学去了,只有我一直留在了系里。回头想想我们这个系,确实是创业艰难。能有今天这样的局面,是很不容易的。有点令人遗憾的是,现在我们这三个人,一个走了,两个退休了,系里又面临着艰难的形势了。

问:您刚才提到当时是只有两位老师吗?

答:对了,实际上是三位,还有一位女老师,叫周素莲,是菲律宾华侨。菲律宾曾是西班牙的殖民地，年纪大些的人都会点西班牙语。她教得还是蛮好的，发音很标准，人也很和气。她丈夫也是华侨，1957年被划成了右派，"文革"一开始，她就走了。我们从法语调过来的时候，60级西班牙语专业的学生已经上了一个学期的课，我们就没学过语音阶段，就让这位周老师专门教了我们两周语音课。后来慢慢就能跟上了，因为法语跟西班牙语毕竟有许多相通的地方。

问：当时那些老师都采取一些什么样的授课方式呢？那时候有教材吗？

答：当时用的是北外的一套油印教材。那时候北外有一对西班牙夫妇，可以说是中国西班牙语教学的奠基人。男的叫梅连多，他的夫人叫玛丽娅·雷塞亚。西班牙内战后，他们流亡到苏联。他们应该是共和国的"儿童团"吧。大约是1952年，梅连多已经在苏联获得了博士学位，玛丽娅·雷塞亚的博士还没念完，听说新中国需要西班牙语教师，他们就来了。他们都是非常好的老师。上世纪的60年代，中苏分歧愈演愈烈，他们便离开了中国，去了阿尔及利亚。"文革"后，玛丽娅·雷塞亚又回到了中国，那时梅连多老师已经去世。玛丽娅·雷塞亚曾在北外和二外任教。1973年，西班牙与中国建交，对她的贡献给予了充分的肯定，为她颁发了"智者阿丰索十世"勋章。后来，她在西班牙退休，住在马拉加的女儿家里，现在已经去世了。我在格拉纳达大学任教时还常见她。因为段老师是她的学生，所以她总认为我也是她的学生，我们的关系非常好，我在西班牙翻译《红楼梦》的时候，她常让我到她家里去玩。董燕生教授、黄志良大使等人去西班牙的时候，也都曾去看望她。

问：最早的教材就是这两位编的吗？都是用西班牙语写的吗？

答：是他们主编的。但是有中国老师与他们合作，是用汉语的。他们编的这套教材，我个人认为，科学性还是很强的。他们还编了一套语法书，包括两本，一本是练习，一本是语法讲解。练习中举的例句几乎全是古典名著中的句子，只是内容显得老了些。当时还有外贸学院的张雄武先生编的一本语法书，"文革"前就出版了。所有学习西班牙语的学校都是用这些油印的教材。至于其他的教材，诸如听力、口语、翻译之类，就是临时应付了。比如听力课，一般是老师读一些小故事，让学生听，然后回答与故事相关的问题。当时一个班都没有一台录音机。听录音，要先向录音室申请、登记，由他们统一播放，大家在教室里听广播。

问：那时候一个班有多少人？

答："文化大革命"以前，每届大约20人。我从1964年开始教学工作,前面说了,与古巴外教合作。当时,古巴派来的专家小组在北大、北外、经贸大学授课。他们在一起备课,使用的就是视听法:不发教材,不专门教语音,上来就说话。这种视听法是一个比利时人首先采用的。开始第一个月效果很好。当时我和徐曾惠老师跟这位古巴人一起教 64 级那个班,后来徐老师到平谷搞"四清"去了。实际上就是我与他合作,什么课都是我俩一起上,那时候也无所谓工作量,整天跟学生泡在一起,我就住在学生宿舍,在 40 楼。这种教学法有一定的效果,但也有局限性。开始的时候,外教用动作比划,说一些句子,学生能理解,像"起来、坐下、开门、关窗"等等。但后来涉及抽象的词汇就不行了,很容易造成歧义。所以任何教学法都不是绝对的、万能的,都有一定的局限性。尤其是成年人学外语,明明可以一点就通、举一反三,为什么非要像对待小孩一样呢?

问:那时候的西语专业毕业生分配的去向怎么样?比如说您那届的学生都去哪里了?

答:我们这一届,除了留在北大的四个,比较集中的就是在拉丁美洲研究所了。那个时候拉美所属于中联部,不属于社科院。这就是为什么他们那里主要是搞政治经济研究的原因。像拉美所的所长苏振兴、副所长徐世澄,还有白凤森、石瑞元等人都是我们班的。其余的人去了北京第二外语学院、国际广播电台、国家科委、中调部等单位。其实,各学校的西班牙语毕业生的就业情况大致相同,都是由国家统一分配的。当时虽然也填写志愿,但最后大家都会填上一条:"服从分配"。在那种情况下,不服从分配也是不可能的,是没有前途的。

问:您觉得当时北大的西语专业有什么明确的方向、特色,或者说区别于其他院校的主要的优势吗?

答:其实当时能应付教学就已经很不容易了。作为一所全国顶尖的综合性大学,它的学习环境、学术氛围和综合素质是其他学校所没有的。比如,我上学的时候,作为外语系的学生,中国文学史是必修的,从古到今。当时授课的就是金开诚、袁行霈等老师,如今都是著名的专家学者。此外,像普通语言学、文艺学概论等课程,也是其他外语院校所没有的。又如,我们上的欧洲文学史,当时是每一位老先生讲自己擅长的那一部份,冯至先生讲德国文学,吴达元先生讲莫里哀喜剧,赵萝蕤、李赋宁、杨周翰先生讲英国文学……在我的记忆中,当时全国的文科学生的最高理想,就是考上北京大学中文系,文科学生可选择的专业相对较少,北大中文系的录取分数是全国最高的。西语系的招生标准要低一些。但作为过来人,我对从中文系调到西语系,并不后悔,也不遗憾。因为如果留在中文系,我或许做不了这么多的事情。在那样的条件下,研究外国文学还好过些,与国内的阶级斗争毕竟没有直接的关系。

问：您认为您在教学科研中取得了哪些成果？

答：除了语言教学,主要是在两个方面：一个是文学史研究,一个是文学翻译实践。西班牙语专业的所有课程我几乎都教过,精读、泛读、口语、文化概况(西班牙、拉美)。但后来我教的基本就是文学课了,文学、文学史、文学翻译；我自己做的研究基本上也是同一个范畴。我认为,做科研,首要的是根据自己的主客观条件,选准一个大的方向,然后一步一步地去做。先是一个点,然后是一条线,最后便能连成一个片。否则,如果东一榔头,西一棒子,零敲碎打地做,那就很难做出什么像样的成果。这是我一直跟学生、跟你们这些年轻教员们强调的。就个人而言,我的大方向就是西班牙语诗歌。开始时是一个诗人、一个诗人地研究,然后再扩展到一个时代或一个流派,最后把各个时代连接起来,就可以做诗歌史了。

问：刚才您提到了文学翻译,您也是翻译名家了,而且在诗歌翻译方面颇有造诣,那么您在翻译方面对年轻的后学们有什么建议和指导呢？尤其是在诗歌翻译方面。

答：翻译实际上是个很难的事情。我每次重读自己译过的东西,都会有不满意的地方。前些天,阿根廷要出一本西、英、汉三种语言的《马丁·菲耶罗》,今天上午我还在看我的译文,还是有许多要修改的地方,不是因为误译,而是文字上还要推敲。我本身是喜欢中国诗歌,古典的、现代的都喜欢。无论是古代还是现代的诗歌都讲究韵律,讲平仄。因此,任何一部稿子的译文,都要反复朗读、反复推敲才行。而且每看一遍,都会发现要改动的地方,所以说翻译是无止境的。对翻译来说,"没有最好,只有更好"。还有就是,你觉得好的,别人未必觉得好；你觉得不好的,别人说不定还觉得好呢。个人的欣赏趣味不一样,见仁见智是很自然的事情。至于诗歌翻译,我认为：诗歌翻译要像创作,要让中国读者读起来自然、流畅,该清晰的要清晰,该朦胧的要朦胧。当然,这是我个人所追求的,是很难做到的。现在有时恰恰相反,我倒觉得,非但我们的翻译不像创作,有的创作倒像蹩脚的翻译了。这个话题,要说起来就很长了,而且可能会众说纷纭、莫衷一是。

问：您的翻译事业可谓硕果累累,我们知道您得过几个国家的勋章,您能谈谈具体情况吗？

答：智利—中国文化协会在 1995 年曾为我颁发了"鲁文·达里奥《蓝色》百年"骑士勋章,并聘任我为他们驻北京的形象代表,原因是我翻译并介绍了智利的两位诺贝尔文学奖获得者——米斯特拉尔和聂鲁达的诗歌。说起此事，我一直觉得有趣。那年夏季的一天，北京大学外事处（现在叫国际合作部）通知我和段若川，说智利—中国文化协会副会长夫妇要来学校见我们，叫我们于某日某时到勺园2号楼的会客室。我原以为，段若川刚从智利回来不久，她又认识智中文协的会长和副会长，一定是人家想见见她。我们按时到了勺园，外事处的同志与我们是老朋友，见面后很亲热并说："两位老师，你们都是老'外事'了，等智利朋友来了，你们直接交谈就行了，我又不懂西班牙语，就不在这里陪你们了。"待一切准备好之后，她就走了。没过一会儿，对外友协的一位女翻译就领着两位智利老人来了。彼此寒暄几句之后，那位老先生便迫不及待地从背着的旅行袋里掏出一枚勋章，挂在了我的脖子上，然后又掏出授勋证书和一张聘任我做他们驻京代表的聘书，并说来北京大学的目的就是为了给我授勋。这一切不过是几分钟的事情，我当时真是茫茫然不知所措。我不知道世界上还有没有比这更简单的"授勋仪式"了。幸亏当时还有一位对外友协的翻译在场，并拍下了一张照片，否则，就连个见证人都没有了。

第二枚是西班牙国王胡安·卡洛斯于1998年为我颁发的"伊莎贝尔女王"骑士勋章。目的是为了纪念中西建交25周年，也是对我翻译加西亚·洛尔卡和《红楼梦》的表彰和鼓励。说起《红楼梦》的翻译，酸甜苦辣，五味俱全。1987年3月，我突然接到西班牙格拉纳达大学秘书长的来信，信中称我是"翻译《红楼梦》的最佳人选"，要我尽快去那里承担此事。我当时莫名其妙，他们怎么会知道我是何许人呢？后来才知道，是中国驻西班牙使馆文化参赞张治亚先生的举荐。此前，张先生在中国驻阿根廷使馆任文化参赞，我翻译的《马丁·菲耶罗》在布宜诺斯艾利斯参展时，他正在任上，因而对我有一定的了解。当时，对格拉纳达大学的邀请，我不大敢接受。原因很简单，第一，我虽然喜欢读《红楼梦》，但我不是红学家；第二，我的西班牙语水平，怎么可能翻译《红楼梦》呢！后来，有人告诉我，他们已经有了外文局提供的译文，只要对照中文校一下就行了，我这才接受了邀请。谁知到了那里，根本不是这么回事。他们认为外文局提供的稿子不能用，要重新翻译。骑虎难下，只好硬着头皮勉为其难了。我第一次与格大秘书长（后来曾任副校长、校长）谈话，就要求他给我找一位西班牙语水平很高的合作者，最好是诗人。幸运的是，我和我的"搭档"配合默契。他比我小20岁，此人毛病不少，有点野，语言水平不错，是个小诗人。我关心他，他尊重我，这就为西文版《红楼梦》的质量提供了基本保障。前后三年半的时间，夜以继日，这项工作完成得还可以，第一卷印刷2500

册,一个半月售完,受到了各方面的好评。记得有一年的暑假,别人都走了,整个招待所里,就剩下我一个人坚持工作,一只猫带着一窝小猫陪着我。平时有食堂,它们不缺吃的,可那时食堂关门了,我每天买面包和火腿时,就多买一份给它们。三年半的时间,黑发变成了白发,做了这么一件事,值!

第三枚是1999年阿根廷总统为我颁发的"五月"骑士勋章。主要是因为我翻译了阿根廷的高乔人史诗《马丁·菲耶罗》。这本书的出版也有一段鲜为人知的故事。

最早接触这部史诗,是上世纪60年代,阿根廷外教选了史诗的片断作泛读教材,我就对它产生了兴趣。1976年前后,我开始试着将它译成中文。此后,时译时停,时断时续,最终在墨西哥进修(1979—1981)结束时完成了初稿。当时根本没想到能出版。1984年11月10日是史诗作者何塞·埃尔南德斯诞生150周年,阿根廷要把这一天定为传统文化节,并展出世界上各种文本的《马丁·菲耶罗》。台湾先得到了这个信息,为了摆脱政治孤立的困境,他们早早地就将1000册中文版的《马丁·裴耶乐》送到了阿根廷。我驻阿使馆知道后去交涉,提出不应让台湾的书参展。主办方回答说:"我们不管大陆还是台湾,反正要有中文版的《马丁·菲耶罗》。你们要有,我们就展览你们的,你们没有,就得展览他们的。"时任文化参赞的张治亚先生就和中国西、葡、拉美文学研究会联系,希望国内出版《马丁·菲耶罗》,不能让台湾当局的企图得逞。但当时离展出时间只剩下不到半年的时间,必须在三个月内出版,才能按时将书送到阿根廷。那时候还是手工排版,没有激光照排。如果不作为特殊任务,是无法完成的。事关国家的声誉,怎么办呢? 在无可奈何的情况下,文学研究会的副会长陈光孚先生就给六位领导同志写了信,请求玉成此事。胡耀邦同志收到信后,立刻作了批示。后来,文化部外联局协同湖南人民出版社按期保质保量地出版了此书,并由中国作协、中国文联、对外友协、中国外国文学学会,中国西、葡、拉美文学研究会、北京国际俱乐部等单位共同主办了发行仪式。我们的《马丁·菲耶罗》在阿根廷受到了热烈的欢迎。阿根廷《马丁·菲耶罗》译者协会还给我颁发了译者证书和一枚精致的纪念币。

第四枚是"聂鲁达百年诞辰"勋章,是智利总统于2004年7月颁发的。我事先一点也不知道,所以颁发的时候我不在北京。大使馆怎么也找不到我,是后来智利驻华使馆的文化专员送到我家里来的。

问:您还是全国模范教师,那是在哪一年呢?

答：2004年。说起来也挺有意思。在这以前，无论在西语系还是在外语学院，我从来没当过任何级别的优秀教师，因为我一直都是个基层干部，所以从来不参加评选。2004年，外语学院的第一任领导班子换届了，我这个学术委员会主任也换届了。有一次系里开会，我因故缺席，会后丁文林老师告诉我，说大家评选我做系里的优秀教师，报到院里去了。反正明年就退休了，评就评吧，我也没在意。谁知道从学院、学校又评到了北京市，后来又从北京市评到了全国，居然成了"全国模范教师"，真是不敢当！在市里召开的教师节座谈会上，我发现别人都是老模范，因为人家都互相认识，只有我，谁也不认识。只认识市委书记和市长，可人家不认识我。说实在话，我觉得，我所做的一切都是一个教师该做的事。比如，在我当系主任的时候，是蹬三轮车给新生运过行李，这是很正常的事情：当时西语系做迎新工作的几乎全是女同志，没人会蹬三轮车，再说，连季先生还给新生看过行李呢……至于得了几枚勋章，荣誉属于国家，我个人做的都是分内之事。

问：关于学生方面，执教这么多年，您觉得不同时代的学生有什么不同之处？您如何看待这些差异，在实际的教学工作中如何对待处理这些差异？

答："文革"前的学生，没有别的，就是一天到晚学习，没有多少自己选择的可能性，其他的诱惑也很少。现在的学生当然不一样了。我觉得特别重要的就是特别强调要抓好一年级。一年级是关键，打基础。打不好这个基础就给他以后带来麻烦。因为咱们这个专业基础要学两三年。对一年级的学生来说，除了打语言基础之外，最重要的是教他们适应从中学到大学的转变。至于对每个学生，他往什么地方去发展，要因材施教。对如何做人，要有统一的要求，对如何选择人生道路，如何选择适合自己的工作和职业，则不应有统一的要求。但是有一条，既然是西班牙语系的学生，就应该学好西班牙语。这是基础，是将来工作的手段。当然，有时也会有特殊情况。比如，前几年，有一个学生，是个很聪明的孩子。他先考了中国科技大学，不喜欢所学的专业，第二年重考，又考上了北京大学，说明他有很高的智商。但他到我们系以后，对西班牙语不感兴趣。他对历史有兴趣。一年级就通读了《二十四史》。像这样的学生，最好叫他转系，去学历史，将来很可能是个人才。你叫他学西班牙语，结果不及格，只好退学了。对个人、对国家，都是一个损失。要知道，现在对历史这么感兴趣的学生并不多啊！

问：您跟每一届学生都有深厚的师生情谊，都有些佳话流传。您能谈谈这方面的体验吗？

答：这没有什么。师生关系，如韩愈所说：闻道有先后，术业有专攻。老师，不过是在某一点上是老师，也就是早学了几年，多知道一点而已。我觉得现在的学生，有很多方面都比我强。比如，我的电脑坏了，我不知所措，就得向他们请教。教学相长，历来如此。一个老师，越不摆架子，学生越尊重你。要是你自己成天端着个架子，学生表面上好像不得不尊重你，背后说你什么，谁知道啊？

问：您不同于一般的教员，您做过西语系的系主任。您能谈谈这方面的经验和体会吗？

答：1992年，西方语言文学系领导班子换届。在民意测验中，主张叫我当系主任的不少。学校人事部征求我的意见，我当时不愿接受。除了工作能力欠缺以外，我还提出了"不同意学校的一些做法"。比如，当时规定男生（包括男教员）不许进女生宿舍；每天早晨六点半学生要集体跑步，从南校门出去，从西校门进来，等等。但是，最后，学校还是任命我当了系主任。副主任是赵登荣、顾嘉琛和鲁维纲。我认为，做任何领导都一样，能力有大小，但不谋私利是最根本也是最重要的条件。

比如，我们专业的一位毕业生，叫赵传君，是1970年的工农兵学员。毕业后分配到黑龙江大学。由于那里没有西班牙语专业，他就学了英语，又学了经济。1993年来看我时，他已经是黑龙江大学经济学院院长、哈尔滨市招商局局长、北极星贸易集团总公司董事长兼总经理。当时，我正要从蔚秀园搬到燕北园。他就问我经济上有什么困难，需要他帮什么忙……我当时特别想举办一个"纪念冯至先生逝世一周年暨冯至学术思想研讨会"，便对他说，我本人什么也不需要，如果有可能，希望他能赞助系里召开这个研讨会。他慨然应允。我便以个人的名义，向他"讨"了8000元，举办了这次活动，当时的8000元还是挺管用的呢。原西语系的老师们可能还记得这件事，当时社科院外文所也来了不少人。

又比如，评职称，这是个敏感问题，更不能有私心。那一年，系里有三个人选，只有两个晋升名额。三个人选中有段老师，最后她没有评上（因为将她排在了最后）。这样，只有她一个人不满意，对我有点意见，但其他人都不会有意见。她也只是当天有些生气罢了，事后，很快也就没意见了，因为换了她，也得这样做。其实，我要是在文科学术委员会里活动活动，给她拉几票，是很容易的，但我不能那样做。那样做，她的教授可能上去了，我的人格就下来了。你们说是不是？

当然，不谋私只是做领导的基本条件。不谋私不等于就能做好工作。

就个人而言,我没有什么本事,但我清楚这一点,知道自己能吃几碗干饭。怎么办呢,依靠群众。那时,我定期召开不同的座谈会。和大家交流,听取大家的意见。有时开教授座谈会,有时开青年教师座谈会,听取他们的意见,了解他们的心声,这样做起事情来就更加心中有数。

管理工作是为教学和科研服务的。干部应该以身作则,尤其要放下架子,时刻想着自己是为全系师生服务的。前面说了,迎新时,我用三轮车给新生运过行李;和鲁维纲(副系主任)等人去协和医院太平间抬过德语外教蔡思克先生(奥地利籍)的遗体;和鲁维纲去校医院抬过德语外教赵林克蒂教授(德国人),帮助她换病床……谁叫你是系主任,又有把子力气呢。法语专业的王东亮老师回国来系里工作,一个人带着个小孩儿,一大堆行李,不容易呀。法语教研室主任王文融老师要去机场接,我就和她一起去,因为我的力气比她大多了。你们知道吗,在"五七干校"时,我是专门负责生产劳动的旱田排副排长。

问:您当时是系主任,又要上课,还要指导研究生,怎么还能每年都出书呢?您是怎么安排时间的呢?

答:这其实没什么窍门。一是集中,二是放手。集中就是集思广益,确定每月、每周该做的事情,就是要开会研究。一旦确定之后,就要分工,分兵把口,各尽其责,该谁做谁做。但有一条,如果出了什么事情,第一把手要敢于承担责任,不要推诿,不要叫下面的人负责。当时我们系里的班子非常团结,非常融洽,大家都挺舒畅。这也是做好工作的重要条件。

问:赵老师,我们再问您最后一个问题,作为一个老教师,您对系里的师资队伍建设有什么建议?

答:目前,我们系的师资队伍确实有一个断档。这不是哪一个人造成的,因为在相当长的一段时间里,留不下人,这也不是北大一个学校的情况。但在全国的西班牙语界,我们的情况更突出一些。就你们这些年轻教员而言,当前首先要考虑的是,没有博士学位的人要尽快攻读博士学位。这要有一个通盘的考虑。同时,我也建议院、校领导应该考虑:是否可以给一些基本语教得很好、科研能力相对较弱的人评"高级讲师"的职称。对这样的教师可以不要求博士学位,也不要求他们写多少科研论文。他们的主要任务就是教好基本语。要知道,许多能搞科研、会写论文的教授并不一定能教好基本语。另外,在选择科研项目时,学术视野要宽一些。不见得大家都研究文学,研究文学的,也不见得都研究小说、诗歌、散文、杂文、戏剧、电影等都可以研究;至于文化的范畴就更宽了,语言学、教学法等,都有很多可做并值得做的课题。以前我曾说过,年轻的教员,每隔一段时间应该聚一次，有什么经验、想法、困难，可以互相交流，互相启发，互相帮助。这样能增强团队精神和凝聚力。目前我们系是有一些困难，但只要努力奋斗，这些困难是可以克服的。我对我们西班牙语系的前途是充满信心的。

       采访人：范　晔、贾永生、张慧玲
        访谈整理：吕文娜

言传身教，师道传承*
——北京大学英语系刘意青教授访谈

刘意青教授学术小传　　北京大学外国语学院英语系教授、博士生导师、全国高等教育学会外国文学专业委员会副会长、外国文学学会理事、燕京研究院研究员。1941年12月生于四川重庆。1959年进入北京大学西语系英语专业学习，1964年毕业并留校任教，后相继获得美国纽约州立大学奥本尼分校美国文学硕士学位和美国芝加哥大学英语系哲学博士学位。曾多次赴英、美、加等国从事学术交流，特别是1996年获加拿大SACS资助赴加进行文学、文化考察，1999年又以Fulbright讲习教授身份赴美讲学。主要研究领域为英国18世纪文学、英美19世纪小说、《圣经》文学和加拿大文学。翻译、撰写和主编

* 原载《国外文学》，2008年第1期，总第109期。

了多部著作,如《圣经故事100篇》、《女性心理小说家塞缪尔·理查逊》、《英国十八世纪文学史》、《欧洲文学史》第一卷、《〈圣经〉的文学阐释——理论与实践》等。此外,在《北京大学学报》、《外国文学评论》、《国外文学》和《外国文学》等刊物上发表学术论文三十余篇。

采访人(问):刘老师您好,首先感谢您能接受这次访谈。在考入北京大学英语系学习之前,您是在哪里读的中学?

刘意青教授(答):我于1959年考进北京大学西语系英语专业。考大学前,我在北京女一中学习,由于我的外语成绩比较好,于是就想上外语专业。当时报考外语专业就几个选择:在北京,外语专业比较好的学校就是北京外国语学院和北京大学;北京之外,还有复旦、南开和中山大学等。当时到外地读书对我而言不太可能。如果就近读书,就要在北外和北大之间做出选择。我的父亲刘世沐先生是清华大学毕业的,深知综合大学的好处,他希望我能够到一所综合性大学学习,以便受到更好的人文教育。北外是个专业比较单一的学校,主要以外语为主,其他人文教育较少,主要目标是培育翻译人才。虽然我父亲是北外的教授,但他主张我第一志愿报考北京大学,主要是看上了北大是一所综合实力比较强的学校,可以让我得到比较全面的教育。

问:北京女一中是教会学校吗?

答:不是,北京女一中是50年代北京市比较好的学校,后改为男女同校教育。现在叫北京161中学;另外比较好的中学还有师大女附中。当时有一所教会学校叫贝满中学,后改名北京女十二中。我在中学六年学的是俄语,不是英语。当时的俄语教师都是比较棒的,他们都是哈尔滨白俄教育出来的学生,专业知识都比较好。

问:学习了六年俄语,到了北大你是如何学习英语的?当时学校有何帮扶措施吗?

答:1959年进入北大西语系的大部分同学在中学学的都是英语,学习俄语的只有三四个人。学校当时也没有专门的帮扶措施,在学习上只有靠我们自己猛力追赶。大一时,我们被搞得比较狼狈。我们要改掉俄语的发音,有些英语字母还和俄语字母混淆在一起,很久以后,我才纠正过来。大二时,英语阅读量加大了,也开设了文学课,我才慢慢顺过劲来。在这一转变过程中,我们每个人的路子都不同。由于我在中学时就比较喜欢文学,看的东西和阅读过的翻译作品也比较多,过去的文学底子有助于提高自己的英语阅读能力。于是在大量的英语阅读过程中,我的英语就开始慢慢走上了正轨。一开始,英语对我确实比较困难,好在俄语我学得比较好,所以转化也比较快。

问:当时您父亲没有给您补习过英语吗?

答:没有,我父亲不太相信在学校之外搞拔苗助长的做法,在家里,他确实没有教过我英语。但等我进到北大之后,他倒是给我推荐过一些阅读材料,让我在假期里大量阅读,还给我开过书单,剩下的就根本没有管我。

问:一年级的时候,你们都有哪些课程?

答:进校后,主要还是精读课。周珊凤和龚景浩老师给我们开设了语音课,帮助我们进行纠音,集中学习了一个月,后来纠音至少搞了一学期。纠音方法主要是通过朗读纠音和听那种钟声牌的大转盘式录音机。每个宿舍都配了一台,老师基本上都是到宿舍来进行纠音,主要在男生宿舍那里(我们班 32 人,女生才 5 人),他们早晨起来或晚上睡前都可以播放磁带。每天早晨大约有一节课的时间进行纠音。然后就是精读课、泛读课和写作课。

问:您对哪些课程印象比较深刻?

答:给我印象比较深刻的是杨周翰先生开设的那门英国历史课,大概是在一年级开设的,讲课用的也不是英语,而是汉语。二年级还开设了欧洲文学史,也是用中文讲的,是吴达元和西语系的其他老师合力开设的一门课,一人讲一节,闻家驷、吴达元、杨周翰、李赋宁各人讲自己拿手的那一部分。这些课对我们帮助很大,让我们懂得了好多背景知识,为我们后来的文学课打下了一定的基础。这些课都比较好。

问:你们那时也有选修课吗?

答:现在的好多课程那时候都有,整个课程的格局也都在。我记得大三时也有选修课。大一的精读课老师是周珊凤和龚景浩老师,大二是张祥保和陶洁老师,到了大三就比较有意思了,精读课是林筠因和孙亦丽老师上的,泛读课是由玛西利亚·叶给我们上的,汉语名字叫叶文茜。她和温德先生是当时英语专业仅有的两个外国专家。另外,还有吴柱存老师教过我们泛读课,当时我们念的都是英国文学的简易读物,比如 *Oliver Twist*,*Pride and Prejudice*,*Tess*,*Great Expectations*,这些都是在吴老师的指导下阅读的。然后,就是罗经国老师教的《英国文学史》,主要依靠的是 William J. Long 的那本文学史,后来还用了陈嘉先生的《英国文学史》和《英国文学选读》。到了四五年级的时候,那是一个比较"左"的时期,上课要与政治相结合,上课用的完全是政治性材料,精读课本还用过一阵子毛泽东的《论持久战》英译本(*On Protracted War*),是赵诏熊先生教的。

问：当时的精读课您还用过哪些教材？

答：一年级和二年级用的是许国璋编的《英语》，三年级用的是俞大絪先生编写的教材，四年级和五年级用的是徐燕谋编的教材，这些都是一套教材，也是当时教育部承认的外语教材。徐燕谋编的教材比较难，是乔宓老师教的。乔宓老师就是山西乔家大院的人，出身望族，上海圣约翰大学毕业，英文比较好。还有齐声乔老师在四年级教我们的散文阅读课，整个学期读的都是 Lytton Strachey 写的那本 Queen Victoria。那时候，这本书在大图书馆里比较多，我们都人手一册。齐老师当时是党员教授，也是党总支委员。四年级还有张恩裕老师教的翻译课。他也叫张谷若，翻译过哈代的《还乡》和《苔丝》，是有名的翻译家。

问：当时张先生是如何教授翻译课的？

答：他主要让我们在翻译之后要不断地修改，然后再拿他自己的译文和我们对比，说我们的翻译为何不好，比如《还乡》中的描写白雪皑皑的山头的英文该如何翻译，我们又是如何翻译的，他给我们批改的作业都比较细致。

问：当时有写作课吗？

答：有写作课，是由吴兴华老师给我们开设的高级写作课。这也是我得到好处最多的一门课。当时吴先生是摘帽"右"派，好久都不能上课。他劳动改造之后，正好赶上回来给我们上课，他的英文特别好，我们也特别幸运。吴先生是燕京大学英语系毕业的。赵萝蕤老师也很崇拜他，人家还叫他"吴三"，英文很好。他主要是给我们出题写作，然后是批改和讲评。他出的写作题目都特别灵活，经过他的修改，你马上会觉得英语还会这么好，我怎么当时没有想到这样写，会让你看到英语水平提高的跳跃性。当时我和李肇星都算英语作文比较好的，都喜欢文学，也喜欢编故事。吴先生注意调动我们的写作积极性，比如他给我们印发了20世纪上半叶的一篇英文散文，文章特别好。讲述的是在一个圣诞夜的晚上，一匹老马拉着一辆车在伦敦的冰雨中缓缓而行，最后倒毙在夜灯幽幽的街上。读完这个故事后，他就让我们按照这个故事的格调仿写一篇文章。我就把白居易的那篇《卖炭翁》改写成了一个英语故事。他特别喜欢我的这篇作文：大年三十的晚上，一个老头从山里面拉着一车炭到城里去卖，希望能换回几个钱来过年。老人浑身都黑黑的，穿着一双破烂的鞋子，脚趾头都露在外面。到了城里之后，他怯怯地敲开了一家富人的朱红大门，而这家的家丁却粗暴地抢走了他的炭和车，没有给他买炭钱，还把他赶了出来。后来，这个可怜的老人蹒跚着离开，往自己山里的家中走去，在其身后的雪地上,留下了一串黑黑的脚印。我觉得这个故事和那个圣诞夜死去的老马意境类似,所以他给了我很好的评语。李肇星的文章是把杜甫的那首"一丛深色花,十户中人赋"改写成了英语作文。我不知道其他学生是不是喜欢这种教学方法,反正我比较喜欢。他的作文修改让我得益不少,我十分感谢他。

问:还有其他公共课吗?

答:有。我们有马列哲学课、政治经济学课、体育课、劳动课等。每学期的劳动量都很大,要到农村干农活。记得1959年我们一入学就到十三陵修水库,每年的六七月还要帮助农民抢收稻谷麦子之类,四年级我们有两个月长期在农村生活,算作教学的一部分。大学五年之内,这前前后后我们在农村的时间加起来差不多有一个学期。在农村,我们什么都干过,和农民生活在一起。另外,在校时,政治学习也比较多,每个周六下午我们都反右倾,上面的政治动向我们也不清楚,坐在那里读报、讨论、表态。

问:困难时期,你们学生是如何度过的?

答:1960年、1961年正赶上困难时期,我们学生中发生了身体浮肿,也没法学习。当时我是二度浮肿,一度浮肿是脸肿,二度是腿肿,三度是浑身肿。一度浮肿还可以上课,二度浮肿就要在宿舍里躺着,我就在床上躺了一周,三度浮肿就要到校医院里躺着。那时候,其他活动都减少了,以便节省体力,减少消耗。所以,把这些时间都加在一起,在我们五年的大学生活中,认真读书的时间总共不到四年。

问:哪些老师的课对您的影响比较大?

答:除了上面提及的英国历史、英国文学史、写作课、翻译课之外,罗经国老师教授的英国文学选读给我的印象也比较深刻,让我对文学有了整体的把握,并开始喜欢它,是他使我逐渐进入英国文学的研究领域。另外,还有一门课给我的印象比较深刻,那就是钱学熙开设的高级英语语法课。钱先生是一个比较有意思的人,他是个自学成才的教授,苏州人,北京话讲不好,英语讲得挺慢,并且还是闭着眼睛说,满头大汗地说。当时他是由吴宓教授推荐来的,他们的私交比较好。我这里要说明的意思是,北大有一个特别的传统,就是包容性很强,拥有许许多多各种各样的教授。他一般一节课就讲一个长句子,还喜欢在黑板上进行长句子分析,老是在黑板上板书,什么 subject, predicate, object 等等。上课他大部分用汉语讲,如果用英语他就讲得比较慢,经常一边擦汗一边讲,一般一节课能讲完一个句子就不错了。

当时的老师水平参差不齐,什么样的老师都有。比如,讲 Queen

Victoria 的齐声乔老师,可能他是北方人,中农出身,当时在西南联大时他就参加了党的地下组织,他自己喝酒也蛮厉害,口语不太好。讲课的时候,他的口音重得不得了。我是班长,有一次下课后,他告诉我说:"刘意青你们这个班我教不了。"当时,班上几个同学的英语比较好,学生发现的问题他都回答不出来。他上课的方法就是照着 Lytton Strachey 的书一路念下来,不做任何讲评。他是党员,尽管他也知道这部散文文笔很好,但因为它吹捧了英帝国主义的维多利亚女王,所以他从党员的政治角度出发早就有了定论:这是资产阶级的东西,需要我们大力批评。所以他念到一个地方就会说一遍"Shameless"(无耻),这就是他的评论。

　　我还记得俞大絪老师做过一次阅读示范课,给我们的印象极好。俞先生当时年龄大了,没有给我们任课。她这次的示范课讲的是 Robin Hood。俞先生上课方法特别活泼,英语讲得特别流畅。那次她上课把学生分成两组,讲完后,让我们对这个故事进行复述比赛,看看哪一组能够一点不漏地复述出来。我代表我们这个组复述,俞先生给了我一百分。她把两个组的复述要点都板书在黑板上,让每组的成员对比赛结果一目了然,心服口服。俞大絪老师的口语非常活泼生动。

　　另外,赵诏熊先生并不是一个教课的能干人。尤其是在我们最后的时候,派他给我们讲《论持久战》的英文译文。我当时做班长,他经常课前让我把一大堆生词抄写在黑板上,都是些比较长的词。上课的时候,他总会讲到报上宣传的一个军队干部郭兴福带兵练武的教学法。赵先生讲课讲到最后总会扯到郭兴福身上,十分有趣。赵先生是研究西方戏剧的专家,学问比较渊博,但就是讲不大出来。讲课时,他还有一个特点:他讲的每一句话往往开始声音比较高,接着,头就低下来了,越讲身子弯得越低,声音也越小,最后就小得听不到了,几乎每一句都是这样讲的。当时学生对他的意见大极了,老是让我这个班长给他转达意见。主要原因是教材的生词比较多,是政治化的翻译选本。这也是教学和政治硬性结合的产物,这种教材也可能直接制约了赵先生教学方法的发挥。

　　除了以上两位老师,林筠因先生教过我们大三的精读课,是和青年教师孙亦丽一起教的,还配有外教叶文茜。当时系里安排老教师传带帮年轻教师上课,林先生带孙亦丽老师,张祥保先生带陶洁老师,周珊凤先生带王式仁老师。老教师给我们上课的情景大体上就这么多了。

　　问:当年成绩比较突出的同学都有哪些人?

　　答:李肇星当时成绩比较好,他爱好文学,中学时就向《少年文艺》投过稿,他思想比较敏锐,还保持着记英文日记的习惯,人比较聪明。在学问上我们也比较谈得来。毕业后,他就到北外上了两年的高级翻译班,相当于硕士程度,毕业后他就和另一个同学赵祥龄一起到了外交部工作。成绩突出的还有吴嘉水、陈孝楷等。

问:当年接受硕士教育的机会比较少吧?

答:是的,但体制上也有。60年代初,罗经国就是赵萝蕤先生的硕士生,但罗经国老师在1978—1980年到了美国纽约州立大学做访问学者时才获该校英语系英语语言文学硕士学位。后来,我们毕业时,李赋宁先生也招过硕士生,我和李肇星都参加了这次考试,但都没被李先生录取。

问:能谈谈当年您刚参加工作的情景吗?

答:我1964年毕业留校的时候正赶上"四清"运动,我被学校分派到农村工作了一年半,1966年春天回来后,给学生开了一个学期的泛读课,4月份就生了孩子。坐完月子回来后,正好是"文化大革命"的"6·18工作组"事件。"5·16"第一张大字报贴出来的时候,我正在家里坐月子。以后,"文革"中我就跟着学生"上山下乡"。"文革"开始后,我基本上是开精读课,也开过听力课。那时候,我们是包班制,一个老师负责一个小班。中间曾在祝畹瑾领导下教课,后又在孟广年领导下教学,我和王逢鑫、孟广年、陈文如各负责一个班。

问:您是在什么时候出国进修的?回国后都开了哪些课程?

答:1981年学校有一个和美国交换学习的机会,系里就派我去了美国。我用了一年半的时间(1981—1982)在纽约州立大学奥本尼分校拿到了美国文学的硕士学位。由于念学位,当时是延了半年才回国的。回国后,我就开设了英美文学史、精读课、泛读课等。讲英国文学史的时候,罗经国老师也在教这门课。这门课后来由胡家峦和丁宏为上。

问:后来又是什么原因促使40岁的您重回美国攻读了博士学位?

答:从1982年春到1986年夏,我回国教了四年半书,总觉得自己的知识不够用,就想继续深造学习,我父亲也比较支持我的这个想法。当年我硕士毕业时,就已被布朗大学接受为博士生了。但由于北大一定要让我回来工作,于是我就放弃了。我读博士的时间是1987年9月到1991年12月。由于我是在美国拿的硕士,所以在申请博士的时候,我就不需要考托福了。我当时申请到了四所学校,后来我选择了芝加哥大学英语系。当时北大认为我已有了硕士学位,就不适于出国深造了,不给我放行,后来还是在我在美国认识的著名数理逻辑专家王浩的担保下才得以成行。他当时也是北大的荣誉教授。基于他对我的学历和为人的了解,王浩给北大领导写了一封信,说美国大学已经批准了我的读博申请,机会难得,他乐于保证我会尽快学成归来,还能为北大继续效力十年,之后,学校才给我放行了。

问:深受同学们欢迎的圣经文学阐释课是您哪年开设的?当时您为什么要开这门课?

答:好像是1994年或1995年吧。当时我发现圣经文学阐释是一门新学科,中国人当时还没有开课。当年我在芝加哥大学读博期间学过这门课,尽管比较难,但比较有意思。后来我到加拿大访学时,David Jeffrey教授又给我提供了这门课的参考用书,于是我就移植了这门课,学生对这门课反响还不错。后来系里决定也给研究生开设圣经课,于是我就接下了这一任务。

问:请问您还给研究生开设了哪些课?

答:英国18世纪文学、18世纪小说、加拿大小说、美国早期文学等。我硕士读的是美国文学,所以也开了一两次美国文学课程。

问:关于北大英语系的历史,您建议要采访哪些教授?

答:你可以试着采访一下孟广年、陈瑞兰这些退休的老人,还有戴行钺、李肇星等老校友。

问:您以父亲的名义在外院设立了"刘世沐奖学金",能谈一下设立这一奖学金的初衷么?

答:"刘世沐奖学金"是我遵照父亲的遗愿设立的,总金额为十万元人民币,用以奖励外国语学院品学兼优的学生,奖金额度为每年一万元,每年评选3—5名。

问:周珊凤先生是您特别敬仰的老师,您能具体谈一谈周先生吗?

答:好的。两年前去世的周珊凤先生是我非常钦佩的老师。记得刚参加工作时,有时遇到自己无法解答的问题,我就拿去请教周先生,每次周先生都很认真地解答我的难题;如果一时解答不了,她就会答应给我查,过后再告诉我。有一次,由于时间实在太晚了,周先生一下子不能查到答案,结果第二天清晨我发现她已经把答案贴在了我家的门上。当时她住在燕东园,离我住的平房还有一定距离。她这种急人所急的助人精神深深地教育了我。

另外,周先生对名利的淡薄、对自己的严格要求,这在英语系也是众人皆知。她从不把个人情绪带进工作中,即使和意见相左的人共事,她也能大度而愉快地进行合作,从不会因个人的好恶来臧否他人,为人极为宽容大度,坦率而纯真,工作也任劳任怨。周先生纯正的美国发音以及给学生纠音的一番苦心,一直在我系师生中传为佳话。

周先生的大局观念也值得我们认真学习。当年上山下乡时,周先生的儿子去了山西,女儿去了新疆。按照当时的政策,周先生完全可以要求组织把其中的一个孩子调回到自己的身边工作。当时周先生的丈夫得了直肠癌,家里的煤气罐都没有劳力去换。在同事们的劝说下,周先生去了海淀安置办公室,申请把自己的一个孩子调回到身边来照顾生活。但安置办的工作人员态度比较粗暴,说现在回城的人很多,除非周先生家里死一个,或者瘫一个,否则就不能申请调回孩子。周先生告诉我之后,我就安慰她,并请系里出面给她再申请一下。后来,周先生的一个孩子调回北京海淀工厂工作,女儿调到河北,两人都成了普通职工。

从80年代中期开始,北大附中有个规定:如果北大的老师能在北大附中上点课,附中就可以照顾他的孩子到附中学习。我看到周先生的书香门第没有了传承,于是建议她把自己的外孙办到北大附中学习。我还表示自愿替她去附中做贡献。但后来她也没有去做这件事,并且还说如果做贡献,还是她自己去做,不能让我们替她做。她说,孩子们都已经这样了,还是让他们保持现状为好,我们身边不是有这么多工人、农民子弟吗?

80年代,周先生的美国母校Bryn Mawr College在校庆期间请她赴美参加校庆活动,并给了周先生一个全额奖学金的学生推荐名额。回国后,周先生没有把这个名额给自己的亲属,而是慷慨地送给了系里,让系里领导进行选拔,并希望出国学习的人在学成之后能够回来为北大服务。可惜后来出去的年轻教员辜负了周先生的期望,学成后留在了美国,没有回北大效力。

周先生还立遗嘱把自己的身体捐献给了祖国的医学事业,她的一生都表现得比较潇洒自若。

问:今昔对比,您认为北大英语系有哪些经验教训可资借鉴?

答:1. 建设一支业务精深、师德模范的教师队伍;2. 领导要尽力爱护教师。

问:就英语系的进一步发展,您有何建言?

答:1. 年轻教师的工资太低;2. 应该给教师争取安排学术休假。

问:十分感谢您结合自己的切身经历来谈北大英语专业的历史发展,从您身上,我们也感受到了英语系老师"无私奉献、精心治学"的师道传承,再次感谢您。

采访人:孙继成 沈 弘
访谈整理:孙继成

后　记

　　北京大学外国语言文学学科历史悠久，最早可上溯到成立于1862年的京师同文馆。历史上，本学科随着中国近现代史的动荡而历经变迁，新中国成立后又呈百川归海之势，在北京大学汇聚了中国20世纪最优秀的一批外国语言文学大师，包括朱光潜、曹靖华、冯至、马坚、季羡林、金克木、田德望、闻家驷、俞大絪、吴达元、赵萝蕤、杨周翰、李赋宁等知名教授。从1952年的"院系调整"到1999年北京大学外国语学院成立，虽然经历过"文革"那样的政治运动冲击，本学科经过数代学者教师们的坚持和努力，依旧硕果累累，为现代中国培养了大量优秀的外语人才，也为我国的外语教学和外国语言文学研究事业做出了重要的贡献。

　　为了探寻本学科自创建起的源流和变迁，梳理本学科各个历史时期的发展脉络，北京大学外国语学院于2005年底成立"北京大学外国语言文学学科史项目组"，希望以调查研究工作为基础，更好地了解前辈给我们留下的丰厚的人文遗产，把代代相传的一些优秀传统继续发扬光大。

　　项目组一边进行文献档案的调研，一边开展学科史访谈的工作，走访了本学科各个专业一些退休教授。接受采访的前辈学者通常既是本学科某些重要发展阶段的见证人，也是在外国语言文学教学、研究和翻译领域颇有建树的国内知名学者。这些"口述历史"提供的生动信息使我们得以从不同侧面把握学科发展的脉络，而一代名师在治学上的经验和体会也是留给后辈学人的一笔重要精神财富。

　　在对丰富充实的访谈材料进行适当的整理编辑后，项目组与北京大学主办的《国外文学》杂志和北京大学外国语学院外国语言学及应用语言学研究所主办的《语言学研究》杂志合作，自2007年初起，陆续发表了一组访谈文稿。在外国语学院的鼓励和支持下，我们将这18篇已经发表的访谈稿汇总，并补充比较成熟、有待发表的另三篇访谈稿，结集出版这部《学路回望——北京大学外国语言文学学科史访谈录》（以下简称《访谈录》）。

　　这部书稿是阶段性的调研成果，是正在进行中的访谈工作的结集汇编。有些同样知名或更有学术影响的教授学者，或因身体原因或因时间安排因素，还未能来得及采访。另外，由于《国外文学》杂志是季刊，而《语言学研究》每年才出一辑,从事外国文学研究教师的访谈稿明显多于从事语言教学、语言学研究教师的访谈稿,而这是与本学科的实际情况不相符的。今后将继续开展访谈工作,并在有机会再次结集出版的时候尽量做出弥补。

另外需要说明的是,北京大学外国语言文学一级学科涵盖多个有独立发展历史的二级学科,包括英语语言文学、印度语言文学、亚非语言文学、日本语言文学、阿拉伯语语言文学、俄罗斯语言文学、德语语言文学、法语语言文学、西班牙语语言文学等。各专业历史有长有短,规模也大小不一,《访谈录》在兼顾学科代表性的同时(每个专业至少有一两篇访谈稿),也更多地收录了比较大的专业如英语语言文学和亚非语言文学方面的访谈文稿。

书稿的编排,依照"长者为尊"原则,以接受访谈教师的出生先后为序。从第一篇"世事多变幻,人生更斑斓"到最后一篇"言传身教,师道传承",相隔二三十年的两代人,讲述了近七十年的学科历史。每一个接受访谈的教师虽然谈到的主要是个人的求学治学经历,以及自己所学专业的一些轶闻典故,但从不同角度、不同年代折射的却是与国家的命运息息相关的整个学科的命运:从东北流亡的学子到西南联大的师生,从新中国的成立到海外学人的回归,从"反右"的风暴到鲤鱼洲的"五七干校",从1977年恢复高考到新世纪的新气象……

《访谈录》能够结集出版,得到了各方面的帮助和支持。首先应该提到的是接受采访的前辈学者,他们积极配合采访,为我们提供了生动具体的第一手材料,并极其认真地核实相关的信息。项目组的同事和参加访谈的老师和研究生们,在整理录音材料、加工访谈文稿方面付出了艰辛的劳动。兼职为《国外文学》和《语言学研究》杂志工作的刘锋、魏丽明、高一虹、张薇和王辛夷等老师为访谈稿的编辑和发表做出了重要的贡献。北京大学外国语学院的领导始终如一地支持学科史项目组的工作,并为学科史访谈工作提供了各种便利。北京大学出版社张冰和初艳红女士在选题申报和书稿的编辑出版上,给予了很大的帮助。在此,我们一并致以最诚挚的谢意。

北京大学即将迎来110周年华诞,奉上这部朴素平实的《访谈录》,作为我们虔敬的纪念。

王东亮
2008年4月